अ

अंक *(aṅk) m.* 1. number, numerical figure 2. marks (as in examination)

अंकन *(aṅkan) m.* 1. numbering 2. stamping

अंकुर *(aṅkur) m.* 1. sprout, shoot (of a plant) 2. germ

अंकुश *(aṅkuś) m.* 1. iron hook with which elephants are driven 2. spur, impetus

अँखुआ *(aṁkhuā) m.* 1. sprout, shoot 2. germ

अंग *(aṅg) m.* 1. limb, part of the body 2. body 3. part
अंगरक्षक *m.* bodyguard

अँगड़ाई *(aṁgṛāī) f.* twisting or stretching the body

अँगना *(aṁganā) m.* courtyard

अँगरखा *(aṁgrakhā) m.* a long coat worn by men

अंगार *(aṅgār) m.* burning coal

अंगीकार *(aṅgīkār) m.* assent

अँगीठी *(aṁgīṭhī) f.* portable oven or stove

अंगुल *(aṅgul) m.* finger's breadth

अंगुली *(aṅgulī) f.* finger, toe

अँगूठा *(aṁgūṭhā) m.* 1.thumb 2. great toe

अँगूठी *(aṁgūṭhī) f.* ring

अंगूर *(aṅgūr) m.* grape

अँगोछा *(aṁgochā) m.* cloth for wiping, towel

अंचल *(añcal) m.* 1. border or end of a garment (of a veil or saree) 2. end 3. region

अंजन *(añjan) m.* collyrium

अंजनी *(añjanī) f.* stye

अंजर-पंजर *(añjar-pañjar) m.* skeleton, bones and joints

अंजलि *(añjali) f.* palms of the hand joined together

अ

अंजाम *(añjām) m.* result

अंजीर *(añjīr) f.* fig

अंटशंट *(aṇṭśaṇṭ) m.* meaningless

अंटा *(aṇṭā) m.* 1. marble ball 2. pill (as of opium)

अंडकोश *m. f.* testicle, scrotum

अंडज *(aṇḍaj) a.* oviparous

अंड-बंड *(aṇḍ-baṇḍ) a. & m.* nonsense, meaningless

अंडा *(aṇḍā) m.* 1. egg 2. bulb

अंडाशय *(aṇḍāśay) m.* ovary

अंडी *(aṇḍī) f.* 1. a kind of rough silken cloth 2. castor fruit

अंतः *(antaḥ) pref.* (takes several forms in *sandhi*) inner

अंतःपुर *m.* harem, seraglio

अंत *(ant) m.* 1. end 2. death

अंतहीन *a.* endless, infinite

अंतड़ी *(antṛī) f.* intestine

अंततः*(antataḥ) adv.*/**अंततोगत्वा** *(antatogatvā) adv.* ultimately, at last

अंतरंग *(antaraṅg) a.* 1. interior, internal 2. intimate

अंतर *(antar) m.* 1. difference 2. distance 3. spacing

अंतरतम *(antartam) a.* nearest

अंतरा *(antarā) m.* 1. (in music) the second line of a composition

अंतरात्मा *(antarātmā) f.* inner self, soul

अंतराल *(antarāl) m.* 1. interval 2. space 3. gap

अंतरिक्ष *(antarikṣ) m.* (outer and interplanetary) space

अंतरिक्ष यात्रा *f.* space travel

अंतरिक्ष यान *m.* spaceship

अंतरिम *(antarim) a.* interim

अंतर्गत *(antargat) a.* included, contained, within

अंतर्जातीय *(antarjātīy) a.* intercaste

अंतर्ज्ञान *(antarjñān) m.* intuition, enlightenment

अंतर्देशीय *(antardeśīya) a.* inland

अंतर्द्वंद्व *(antardvandva) m.* inner conflict

अंतर्धान *(antardhān) m.* disappearance

अंतर्निहित (*antarnihit*) *a.* implicit, implied

अंतर्मुखी (*antarmukhī*) *a.* introvert

अंतर्यामी (*antaryāmī*) *a.* all-pervading, all-knowing

अंतर्राष्ट्रीय (*antarrāṣṭrīya*) *a.* international

अंतर्हित (*antarhit*) *a.* buried

अंतस्तल (*antastal*) *m.* 1. mind 2. the core of heart

अंतिम (*antim*) *a.* last, final

अंतेवासी (*antevāsī*) *m.* resident pupil

अंत्यज (*antyaj*) *m.* untouchable, born in the lowest caste

अंत्याक्षरी (*antyākṣarī*) *f.* a verse competition

अंत्येष्टि (*antyeṣṭi*) *f.* funeral rites

अंत्र (*antra*) *m.* entrails, intestines

अंदर (*andar*) *adv.* in, inside

अंदाज़ (*andāz*) *m.* 1. estimate, guess 2. style

अंदेशा (*andeśā*) *m.* 1. concern, anxiety 2. fear

अंधकार (*andhkār*) *m.* darkness

अंधविश्वास (*andhviśvas*) *m.* superstition

अंधड़ (*andhaṛ*) *m.* violent dust-storm

अंधा (*andhā*) *m.* blindman

अंधाधुंध (*andhādhundh*) *adv.* 1. blindly 2. indiscriminately

अंधानुकरण (*andhānukaraṇ*) *m.& f.* blind following

अंधानुयायी (*andhānuyāyī*) *m.* blind follower

अँधेर (*aṁdher*) *m.* 1. oppression, outrage 2. lawlessness **अँधेरखाता** *m.* /**अँधेरगर्दी** *f.* unfairness, injustice

अंबर (*ambar*) *m.* 1. sky, space 2. cloth

अंबा (*ambā*) *f.* 1. mother 2. goddess Parvati

अंबार (*ambār*) *m.* 1. heap, pile 2. stock, store

अंबुज (*ambuj*) *m.* 1. lotus 2. conch 3. 'water-born'

अ

अंबुधि (*ambudhi*) *m.* storehouse of water, sea, ocean

अंश (*aṃś*) *m.* 1. part, portion 2. degree 3. share

अंशदान *m.* contribution

अंशुमान् (*aṃśumān*) *m.* sun

अकंटक (*akaṇṭak*) *a.* thornless

अकड़ (*akaṛ*) *f.* stiffness, pride

अकथ (*akath*) *a.* 1. unmentionable 2. unutterable

अकथनीय (*akathnīya*) *a.* inexpressible, unmentionable

अकबकाना (*akbakānā*) *v.i.* to be perplexed, to be astonished

अकरणीय (*akarṇīya*) *a.* not fit to be done, not worthy of doing

अकर्मक (*akarmak*) *a.* 1. intransitive 2. inefficient, unskilled

अकर्मण्य (*akarmaṇya*) *a.* 1. inactive 2. lazy

अकलुष (*akaluṣ*) *a.* blotless, unblemished

अकस्मात् (*akasmāt*) *adv.* suddenly, unawares

अकाट्य (*akāṭya*) *a.* irrefutable, incontrovertible

अकादमी (*akādamī*) *f.* academy

अकारण (*akāraṇ*) *a.* without cause

अकारथ (*akārath*) *a.* 1. unproductive 2. ineffective

अकाल (*akāl*) I. *m.* famine, drought II. *a.* untimely

अकाल मृत्यु *f.* untimely/premature death

अकाल वृष्टि *f.* untimely rain

अकिंचन (*akiṁcan*) *a.* destitute, poor, needy, pauper

अकुलाहट (*akulāhaṭ*) *f.* restlessness, uneasiness

अकुशल (*akuśal*) *a.* 1. unskilled 2. inefficient

अकूत (*akūt*) *a.* 1. unlimited 2. inestimable

अकृतज्ञ (*akṛitajñya*) *a.* ungrateful

अकेला (*akelā*) *a.* 1. single, sole, solitary 2. lonely

अक्खड़ (*akkhaṛ*) *a.* unpolished, rude, rough

अ

अक्ल (*aql*) *f.* intelligence, understanding, sense

अक्लमंद (*aqlmand*) *a.* intelligent, wise, sensible

अक्लांत (*aklānt*) *a.* untiring

अक्षत (*akṣat*) *a.* 1. uninjured, unhurt 2. whole

अक्षम (*akṣam*) *a.* incompetent, unfit, incapable

अक्षम्य (*akṣamya*) *a.* unpardonable

अक्षय (*akṣay*) *a.* undecaying, imperishable, inexhaustible

अक्षर (*akṣar*) *m.* 1. letter (of alphabet) 2. syllable 3. the Supreme Being

अक्षरशः (*akṣarśaḥ*) *adv.* to the letter, literally

अक्षांश (*akṣāns*) *m.* degrees of latitude

अक्षुण्ण (*akṣuṇṇa*) *a.* 1. uncurtailed, intact 2. unbroken

अक्स (*aks*) *m.* reflection, shadow

अक्सर (*aksar*) *adv.* often, frequently

अखंड (*akhaṇḍ*) *a.* 1. whole, entire 2. unbroken, indivisible

अख़बार (*akhbār*) *m.* newspaper

अख़बारनवीस *m.* journalist

अखरना (*akharnā*) *v.t.* to be disagreeable or displeasing

अखरोट (*akhroṭ*) *m.* walnut

अखाड़ा (*akhāṛā*) *m.* wrestling pit, gymnasium

अखाद्य (*akhādya*) *a.* unfit for eating, uneatable

अखिल (*akhil*) *a.* entire, whole

अख़्तियार (*akhtiyār*) *m.* 1. power 2. right

अगणित (*agaṇit*) *a.* countless

अगम (*agam*) *a.* unfathomable

अगम्य (*agamya*) *a.* 1. inaccessible 2. unintelligible

अगर (*agar*) *conj.* if, in case

अगरबत्ती *f.* incense stick

अगरु (*agru*) *m.* aloes wood

अगल-बगल (*agal-bagal*) *adv.* side by side

अगला (*aglā*) *a.* next, following,

अ

forthcoming

अगवानी (*agvānī*) *f.* 1. reception, welcome

अगुआ (*aguā*) *m.* 1. leader, pioneer 2. guide

अगोचर (*agocar*) *a.* invisible, not manifest

अगोरना (*agornā*) *v.t.* to watch, to guard, to take care of

अग्नि (*agni*) *f.* fire

अग्नि कुंड *m.* firepit, fireplace

अग्नि-परीक्षा *f.* crucial test

अग्नि संस्कार *m.* cremation rites

अग्निहोत्र *m.* oblation to a sacrificial fire

अग्निहोत्री *m.* one who maintains a perpetual fire in his house

अग्र (*agra*) *a.* foremost, forward, frontal, front

अग्रगण्य *a.* first and foremost

अग्रदूत *m.* herald, harbinger

अग्रज (*agraj*) *m.* elder brother

अग्रणी (*agraṇī*) I. *a.* foremost, leading II. *m.* leader

अग्रता (*agratā*) *f.* priority

अग्राह्य (*agrāhya*) *a.* 1. unacceptable 2. inadmissible

अग्रिम (*agrim*) I. *m.* advance, earnest money II. *a.* foremost

अघ (*agh*) *m.* sin, evil

अघाना (*aghānā*) *v.i.* to be satiated, to be fully satisfied

अघोरी (*aghorī*) *m.* a believer in Aghor order, glutton, gormandizer

अचंभा (*acambhā*) *m.* wonder

अचकचाना (*ackacānā*) *v.i.* 1. to be surprised 2. to hesitate

अचकन (*ackan*) *m.* a tight-fitting long coat

अचरज (*acraj*) *m.* wonder

अचल (*acal*) *a.* motionless

अचला (*aclā*) *f.* earth

अचानक (*acānak*) *adv.* suddenly, accidentally

अचार (*acār*) *m.* pickle

अचूक (*acūk*) *a.* unerring, unfailing

अचेत (*acet*) *a.* senseless

अच्छाई (*acchāī*) *f.* virtue, goodness, merit

अच्छाई-बुराई *f.* merit-demerit

अच्युत (*acyut*) I. *a.* immortal, eternal II. *m.* God Vishnu

अछूत (*achūt*) *a.* & *m.* untouchable

अछूता (*achūtā*) *a.* 1. untouched 2. pure, undefiled

अछेद्य (*achedya*) *a.* 1. impenetrable 2. indivisible

अज (*aj*) I. *a.* & *m.* self-existent, Supreme Being II. *m.* male goat

अजगर (*ajgar*) *m.* python

अजनबी (*ajnabī*) *m.* stranger, alien

अजन्मा (*ajanmā*) *a.* 1. unborn, unbegotten 2. eternal

अजब (*ajab*) I. *m.* wonder II. *a.* strange

अजय (*ajay*) *a.* undefeatable, unconquerable, invincible

अजर (*ajar*) *a.* not liable to decay, undecaying, ever young

अजर-अमर *a.* free from decay or death, ever young and immortal

अजवायन (*ajvāyan*) *f.* caraway plant and its seeds

अजस्र (*ajasra*) *a.* incessant, perpetual, continuous

अजात (*ajāt*) *a.* 1. unborn 2. illegitimate, bastard

अजातशत्रु *m.* & *a.* one having no enemy

अजान (*ajān*) *a.* 1. ignorant, innocent 2. simple 3. unknown

अज़ान (*azān*) *f.* call to prayer (given from the mosque)

अजायबघर (*ajaibghar*) *m.* museum

अजित (*ajit*) *a.* unconquered

अजिल्द (*ajild*) *a.* unbound

अज़ीज़ (*azīz*) I. *a.* dear, loving, II. *m.* dear friend

अजीब (*ajīb*) *a.* strange

अजीब-ओ-ग़रीब *a.* strange, peculiar

अ

अजीर्ण (*ajīrṇ*) *m.* indigestion
अजीव (*ajīv*) *a.* lifeless
अजूबा (*ajūbā*) *m.* wonder
अजेय (*ajey*) *a.* unconquerable
अजैव (*ajaiv*) *a.* inorganic
अज्ञ (*ajña*) *a.* 1. without knowledge, ignorant 2. foolish, silly
अज्ञात (*ajñāt*) *a.* unknown
अज्ञान (*ajñān*) I. *a.* 1. ignorant 2. foolish, unwise II. *m.* want of knowledge
अज्ञेय (*ajñeya*) *a.* unknowable
अटकना (*aṭaknā*) *v.i.* 1. to hesitate 2. to be entangled
अटकल (*aṭkal*) *f.* guess
अटपटा (*aṭpaṭā*) *a.* strange, odd
अटल (*aṭal*) *a.* 1. immovable 2. fixed 3. steadfast
अटारी (*aṭārī*) *f.* an upper room on the roof of a house, attic
अटूट (*aṭūṭ*) *a.* 1. unbreakable, strong 2. boundless, huge
अट्टालिका (*aṭṭālikā*) *f.* 1. uppermost floor, attic 2. big building
अठखेली (*aṭhkhelī*) *f.* playfulness
अठन्नी (*aṭhannī*) *f.* 50 paise coin, half rupee
अड़ंगा (*aṛaṅgā*) *m.* 1. obstruction, hindrance 2. barrier
अड़चन (*aṛcan*) *f.* 1. hitch, difficulty 2. obstacle
अड़ना (*aṛanā*) *v.i.* 1. to halt 2. to hesitate 3. to be restive
अड़हुल (*aṛhul*) *m.* a plant and its reddish flower, shoe-flower
अडिग (*aḍig*) *a.* steady, firm
अड़ियल (*aṛiyal*) *a.* stubborn, headstrong, mulish
अड़ोस-पड़ोस (*aṛos-paṛos*) *m.* neighbourhood
अड्डा (*aḍḍā*) *m.* 1. halting place 2. stand
अणिमा (*aṇimā*) *f.* smallness
अणु (*aṇu*) I. *m.* 1. minute particle 2. molecule, atom II. *a.* micro
  अणु बम *m.* atomic bomb
  अणु युद्ध *m.* atomic war

अणुवीक्षण यंत्र *m.* microscope

अतएव (*ataev*) *conj.* hence, therefore, so

अतर्क्य (*atarkya*) *a.* 1. beyond reasoning 2. indisputable

अतल (*atal*) *a.* bottomless, very deep

अता-पता (*atā-patā*) *m.* clue, whereabouts

अतार्किक (*atārkik*) *a.* illogical

अति (*ati*) *f.* very much, excessive

अतिक्रमण (*atikramaṇ*) *m.* 1. infringement, violation 2. encroachment 3. deviation

अतिचार (*aticār*) *m.* 1. trespass 2. defiance 3. violation

अतिथि (*atithi*) *m.* guest

अतिमानव (*atimānav*) *m.* superman

अतिरंजन (*atirañjan*) *m.* & *a.* 1. exaggeration 2. overdrawing, hyperbole

अतिरेक (*atirek*) *m.* excess, exuberance, superfluity

अतिवाद (*ativād*) *m.* 1. extremism 2. exaggeration

अतिवृष्टि (*ativṛṣṭi*) *f.* excessive rain

अतिशय (*atiśay*) *a.* too much, excessive

अतिशयोक्ति (*atiśayokti*) *f.* exaggeration, hyperbole

अतिसार (*atisār*) *m.* diarrhoea, dysentery

अतींद्रिय (*atīndriya*) *a.* beyond the scope of senses, transcendental

अतीत (*atīt*) *m.* past

अतीव (*atīv*) *a.* much, utmost

अतुल (*atul*) *a.* matchless

अतृप्ति (*atṛpti*) *f.* want of satisfaction

अत्तार (*attār*) *m.* perfumer

अत्यंत (*atyant*) *a.* excessive, exceeding, much

अत्यधिक (*atyadhik*) *a.* very much, too much, excessive

अत्यल्प (*atyalpa*) *a.* very little

अत्याचार (*atyācār*) *m.* outrage, oppression, tyranny

अ

अत्याधुनिक (*atyādhunik*) *a.* ultramodern

अत्यावश्यक (*atyāvaśyak*) *a.* urgent, essential, imperative

अत्युत्तम (*atyuttam*) *a.* the very best, very good, superfine

अथ (*ath*) *m.* beginning

अथक (*athak*) *a.* unwearied, untired, unexhausted

अथवा (*athvā*) *conj.* or, either

अथाह (*athāh*) *a.* very deep

अदद (*adad*) *m.* figure, number

अदना (*adnā*) *a.* low, lowly, inferior, insignificant

अदब (*adab*) *m.* regard, respect

अदम्य (*adamya*) *a.* irrepressible

अदरक (*adrak*) *f.* ginger

अदर्शनीय (*adarśanīya*) *a.* 1. not worth looking (at) 2. ugly

अदला-बदला (*adla-badlā*) *m.* 1. exchange 2. barter

अदहन (*adahan*) *m.* water heated for cooking

अदा (*adā*) I. *f.* carriage, posture II. *m.* discharge, payment

अदाकारी (*adākārī*) *f.* performance

अदायगी (*adāygī*) *f.* payment

अदालत (*adālat*) *f.* court of law

अदावत (*adāvat*) *f.* enmity

अदीब (*adīb*) *m.* literary writer

अदृश्य (*adṛśya*) *a.* invisible

अदृष्ट (*adṛṣṭ*) I. *a.* unseen, unforeseen II. *m.* fate, destiny

अदेय (*adeya*) *a.* not fit to be given

अद्धा (*addhā*) I. *m.* half measure, half bottle

अद्धी (*addhī*) *f.* a fine variety of muslin

अद्भुत (*adbhut*) *a.* wonderful

अद्यतन (*adyatan*) *a.* up-to-date, current, modern

अद्वितीय (*advitīy*) *a.* unique

अद्वैत (*advait*) *a.* & *m.* absence of duality or difference

अध (*adh*) *pref.* half

अधकचरा *a.* (a) undercooked (b) immature

अध:पतन *m.* downfall,

degradation, deterioration

अधम (*adham*) *a.* mean, base

अधमाधम (*adhamādham*) *a.* lowliest, vilest of the vile

अधर (*adhar*) I. *a.* lower II. *m.* 1. lower lip, lip 2. space between earth and sky

अधराधर (*adharādhar*) *m.* /**अधरोष्ठ** (*adharoṣṭha*) *m.* lower lip

अधर्म (*adharma*) *m.* 1. unrighteousness 2. sinful act

अधिक (*adhik*) *a.* 1. much 2. many 3. more 4. additional

अधिकतम (*adhikatam*) *a.* most, highest, maximum

अधिकतर (*adhikatar*) I. *a.* more than II. *adv.* usually

अधिकरण (*adhikaraṇ*) *m.* 1. tribunal 2. locative case

अधिकांश (*adhikāṃś*) *m.* majority, major part, greater part

अधिकाधिक (*adhikādhik*) I. *a.* maximum II. *adv.* at the most

अधिकार (*adhikār*) *m.* 1. right 2. authority 3. command

अधिकारी (*adhikārī*) *m.* 1. officer, official 2. authority

अधिकृत (*adhikṛt*) *a.* 1. possessed, occupied 2. authorized

अधिग्रहण (*adhigrahaṇ*) *m.* acquisition

अधिनियम (*adhiniyam*) *m.* Act (of the legislature)

अधिभार (*adhibhār*) *m.* overweight, surcharge

अधिराज (*adhirāj*) *m.* supreme ruler, emperor

अधिवक्ता (*adhivaktā*) *m.* advocate

अधिवेशन (*adhiveśan*) *m.* session (of a conference), sitting

अधिशासी (*adhiśāsī*) *a.* & *m.* executive

अधिशासी अभियंता *m.* executive engineer

अधिष्ठान (*adhiṣṭhān*) *m.* 1. abode, residence 2. establishment

अधिसूचना (*adhisūcnā*) *f.* notification

अधीक्षक (*adhīkṣak*) *m.* superintendent

अधीन (*adhīn*) *a.*/अधीनस्थ (*adhīnastha*) *a.* subordinate, under the authority (of)

अधीर (*adhīr*) *a.* impatient

अधुनातन (*adhunātan*) *a.* up-to-date, latest, recent

अधूरा (*adhūrā*) *a.* half done, unfinished

अधेड़ (*adheṛ*) *a.* middle-aged

अधोगति (*adhogati*) *f.* downward movement, descent

अधोमुख (*adhomukh*) *a.* with face downwards

अधोहस्ताक्षरित (*adhohastākṣarit*) *a.* undersigned

अध्यक्ष (*adhyakṣa*) *m.* 1. head 2. chairman, president

अध्यक्षता (*adhyakṣatā*) *f.* chairmanship, presidentship,

अध्ययन (*adhyayan*) *m.* study

अध्यवसाय (*adhyavasāya*) *m.* perseverence, diligence

अध्यात्म (*adhyātma*) *m.* spiritual knowledge

अध्यादेश (*adhyādeś*) *m.* ordinance

अध्यापक (*adhyāpak*) *m.* teacher

अध्यापन (*adhyāpan*) *m.* teaching

अध्याय (*adhyāya*) *m.* chapter

अध्येता (*adhyetā*) *m.* 1. reader, student 2. research fellow

अनंत (*anant*) I. *a.* endless, boundless II. *m* infinity

अनंतर (*anantar*) *adv.* after, then, afterwards

अनकहा (*ankahā*) *a.* unsaid, unuttered, unspoken

अनगढ़ (*angaṛh*) *a.* 1. unfashioned 2. rough, crude

अनगिनत (*anginat*) *a.* countless

अनचाहा (*ancāhā*) *a.* unwanted

अनजान (*anjān*) *a.* unfamiliar, stranger, unintentional

अनदेखा (*andekhā*) *a.* unseen

अनधिकार (*anadhikār*) *m.* absence of right, want of authority

अनन्य (*ananya*) *a.* 1. exclusive, only 2. unique

अनपढ़ (*anpaṛh*) *a.* uneducated, illiterate

अनपेक्षित (*anapekṣit*) *a.* 1. disregarded 2. unexpected

अनबन (*anban*) *f.* rift, discord

अनबूझ (*anbūjh*) *a.* unintelligible

अनभिज्ञ (*anabhijñ*) *a.* unaware (of), ignorant

अनभ्यास (*anabhyās*) *m.* lack or want of practice

अनमोल (*anmol*) *a.* invaluable, costly, precious

अनर्गल (*anargal*) *a.* 1. unbarred 2. uncontrollable

अनर्थ (*anarth*) I. *a.* meaningless, absurd II. *m.* disaster

अनल (*anal*) *m.* fire

अनवरत (*anavarat*) I. *a.* incessant II. *adv.* continuously

अनशन (*anaśan*) *m.* 1. fasting 2. hunger-strike

अनश्वर (*anaśvar*) *a.* imperishable, indestructible

अनहोनी (*anhonī*) *f.* the impossible, improbable, unusual

अनाकर्षक (*anākarṣak*) *a.* unattractive

अनाक्रामक (*anākrāmak*) *a.* non-aggressive

अनाचार (*anācār*) *m.* misconduct, unprincipled

अनाज (*anāj*) *m.* grain, cereal

अनाड़ीपन (*anāṛīpan*) *m.* inexperience, inexpertness

अनाथ (*anāth*) I. *m.* orphan II. *a.* poor, destitute

अनाथालय (*anāthālaya*) *m.* orphanage

अनादर (*anādar*) *m.* disrespect

अनादि (*anādi*) *a.* without a beginning or origin

अनाधिकारिक (*anādhikārik*) *a.* unofficial

अनाप-शनाप (*anāp-śanāp*) *m.* nonsense, meaningless talk

अनाम (*anām*) *a.* nameless

अनामिका (*anāmikā*) *f.* ring finger

अ

अनायास (*anāyās*) *adv.* 1. without effort 2. easily

अनार (*anār*) *m.* 1. pomegranate 2. fireworks which shoot out sparks

अनार्य (*anārya*) *a.* 1. non-Aryan 2. low-born

अनावरण (*anāvaraṇ*) *m.* 1. unveiling 2. exposure

अनावश्यक (*anāvaśyak*) *a.* unnecessary, non-essential

अनावृत (*anāvṛt*) *a.* uncovered, open, unveiled

अनावृष्टि (*anāvṛṣṭi*) *f.* want of rain, drought

अनासक्ति (*anāsakti*) *f.* non-attachment, detachment

अनास्था (*anāsthā*) *f.* want of faith or devotion

अनाहूत (*anāhūt*) *a.* uninvited

अनिकेत (*aniket*) *a.* homeless

अनिच्छा (*anicchā*) *f.* unwillingness, indifference

अनिच्छुक (*anicchuk)*) *a.* unwilling, uninterested

अनिद्रा (*anidrā*) *f.* sleeplessness

अनिमंत्रित (*animantrit*) *a.* uninvited, uncalled

अनिमेष (*animeṣ*) *a.* without blinking

अनियंत्रित (*aniyantrit*) *a.* uncontrolled, unrestricted

अनियत (*aniyat*) *a.* 1. not-fixed 2. irregular 3. casual

अनिर्णय (*anirṇaya*) *m.* indecision, non-settlement, uncertainty

अनिर्वचनीय (*anirvacanīya*) *a.* unspeakable, inexpressible,

अनिल (*anil*) *m.* wind, air

अनिवार्य (*anivārya*) *a.* 1. unavoidable, inevitable 2. compulsory, essential, imperative

अनिवार्यता (*anivāryatā*) *f.* inevitability, unavoidableness

अनिवासी (*anivāsī*) *a.* & *m.* non-resident

अनिश्चित (*aniścit*) *m.* 1. undecided 2. uncertain, doubtful 3. indefinite, vague

अनिष्ट (*aniṣṭ*) *m.* evil, harm

अनुकरण (*anukaraṇ*) *m.* imitation, copying, emulation

अनुकूल (*anukūl*) *a.* 1. favourable 2. suitable, agreeable

अनुक्रम (*anukram*) *m.* order, sequence

अनुगामी (*anugāmī*) *m.* follower

अनुगृहीत (*anugṛhīt*) *a.* grateful

अनुग्रह (*anugrah*) *m.* favour, help

अनुचर (*anucar*) *m.* 1. follower 2. servant, attendant

अनुचित (*anucit*) *a.* improper

अनुच्छेद (*anucched*) *m.* 1. paragraph 2. section

अनुज (*anuj*) *m.* younger brother

अनुताप (*anutāp*) *m.* repentance

अनुत्तीर्ण (*anuttīrṇ*) *a.* fail (as in examination)

अनुत्पादक (*anutpādak*) *a.* unproductive, infertile

अनुदान (*anudān*) *m.* financial grant or contribution

अनुदेश (*anudeś*) *m.* instruction

अनुनय (*anunaya*) *f.* 1. entreaty 2. persuasion 3. courtesy

अनुपम (*anupam*) *a.* matchless, unequalled, unique

अनुपयुक्त (*anupyukta*) *a.* 1. unsuitable, unfit 2. useless

अनुपयोगी (*anupyogī*) *a.* 1. unfit, unworthy 2. of no use

अनुपात (*anupāt*) *m.* ratio, proportion

अनुपान (*anupān*) *m.* dose of medicine

अनुपूरक (*anupūrak*) *a.* supplementary

अनुपूरक प्रश्न *m.* supplementary question

अनुप्रमाणित (*anupramāṇit*) *a.* attested

अनुप्राणित (*anuprāṇit*) *a.* infused, inspired, animated

अनुप्रास (*anuprās*) *m.* alliteration

अनुबंध (*anubandh*) *m.* 1. agreement 2. contract

अनुभव (*anubhav*) *m.* experience

अनुभाग (*anubhāg*) *m.* section

अ

अनुभूति (*anubhūti*) *m.* 1. feeling 2. emotional experience

अनुमति (*anumati*) *f.* permission, leave

अनुमान (*anumān*) *m.* 1. guess, conjecture 2. estimate

अनुमानित (*anumānit*) *a.* 1. supposed 2. estimated

अनुमोदन (*anumodan*) *m.* 1. endorsement 2. approval

अनुयायी (*anuyāyī*) *m.* 1. follower 2. supporter 3. disciple

अनुराग (*anurāg*) *m.* 1. love, affection 2. attachment, fondness

अनुरूप (*anurūp*) *a.* 1. similar, resembling, like 2. conforming

अनुरोध (*anurodh*) *m.* request, entreaty, solicitation

अनुर्वर (*anurvar*) *a.* not fertile, infertile, barren

अनुलग्न (*anulagn*) *a.* enclosed, attached

अनुलोम (*anulom*) *a.* regular, direct

अनुल्लंघन (*anullaṅghan*) *m.* non-transgression, non-violation

अनुवाद (*anuvād*) *m.* translation

अनुशंसा (*anuśaṃsā*) *f.* recommendation

अनुशासन (*anuśāsan*) *m.* discipline

अनुशीलन (*anuśīlan*) *m.* careful study

अनुष्ठान (*anuṣṭhān*) *m.* celebration (especially religious)

अनुसंधान (*anusandhān*) *m.* research, investigation

अनुसरण (*anusaraṇ*) *m.* following

अनुसार (*anusār*) *m.* according to

अनुसूचित (*anusūcit*) *a.* scheduled

अनुसूचित जनजाति *f.* scheduled tribe

अनुसूची (*anusūcī*) *f.* 1. schedule 2. table of details

अनूठा (*anūṭhā*) *a.* uncommon,

rare, unique, singular

अनेक (*anek*) *a.* more than one, many, numerous

अनेकानेक (*anekānek*) *a.* many and various

अनैतिक (*anaitik*) *a.* immoral

अनोखा (*anokhā*) *a.* 1. strange, unusual 2. unique, rare

अनौपचारिक (*anaupacārik*) *a.* 1. informal 2. unofficial

अन्न (*anna*) *m.* 1. food 2. grain

अन्नदाता *m.* bread-giver, supporter, sustainer

अन्य *(anya) a.* other, different

अन्यतम (*anyatam*) *a.* best

अन्यत्र (*anyatra*) *adv.* elsewhere

अन्यथा (*anyathā*) *adv.* otherwise

अन्याय (*anyāya*) *m.* injustice

अन्योन्याश्रय (*anyonyāśray*) *m.* mutual dependence

अन्वय (*anvaya*) *m.* (*gram.*) agreement, concord

अन्वेषण (*anveṣaṇ*) *m.* investigation, research

अपंग (*apaṅg*) *a.* 1. disabled, crippled 2. infirm

अपकर्ष (*apkarṣa*) *m.* 1. deterioration 2. downfall

अपकार (*apkār*) *m.* wrong, harm

अपटु (*apaṭu*) *a.* 1. unskilled, unskilful 2. inexpert

अपढ़ (*apaṛh*) *a.* unlettered, illiterate

अपथ्य (*apathya*) *a.* 1. unwholesome 2. harmful for health

अपदस्थ (*apadasth*) *a.* turned out from office, deposed

अपनत्व (*apanatva*) *m.* feeling of oneness with others

अपना (*apnā*) *pron.* 1. one's own 2. personal

अपनाना (*apnānā*) *v.t.* to make one's own

अपनापन (*apnāpan*) *m.* /**अपनापा** (*apnāpā*) *m.* feeling of oneness with others, affinity

अपमान (*apmān*) *m.* disrespect, disgrace, insult

अपयश (*apyaś*) *m.* ill-fame,

अ

infamy, disrepute

अपर (*apar*) *a.* 1. other, another, different 2. additional

अपराजित (*aparājit*) *a.* undefeated

अपराध (*aparādh*) *m.* 1. crime, offence 2. wrong

अपराधी (*aparādhī*) *m.* guilty, criminal

अपराह्न (*aparāhna*) *m.* afternoon

अपरिग्रह (*aparigrah*) *m.* non-possession, rejection

अपरिचित (*aparicit*) I. *a.* unfamiliar II. *m.* stranger

अपरिमित (*aparimit*) *a.* limitless, infinite, boundless

अपरिवर्तित (*aparivartit*) *a.* unchanged

अपरिहार्य (*aparihārya*) *a.* indispensable, inevitable

अपरूप (*aprūp*) I. *a.* strange, bad-looking II. *m.* deformity

अपर्याप्त (*aparyāpt*) *f.* insufficient, inadequate

अपलक (*apalak*) *a.* unblinking

अपवाद (*apvād*) *m.* 1. false accusation 2. exception

अपवित्र (*apavitra*) *a.* unholy, impure, defiled

अपव्यय (*apvyay*) *m.* 1. wastefulness 2. extravagance

अपशकुन (*apśakun*) *m.* ill or bad omen

अपशब्द (*apśabda*) *m.* abuse, abusive language

अपसेवा (*apsevā*) *f.* disservice

अपहरण (*apharaṇ*) *m.* kidnapping

अपाच्य (*apācya*) *a.* indigestible

अपाठ्य (*apāṭhya*) *a.* illegible

अपात्र (*apātra*) *a.* undeserving, unworthy, unfit

अपान (*apān*) *m.* intestinal wind

अपान वायु *f.* anul wind, flatus

अपार (*apār*) *a.* boundless, limitless

अपाहिज (*apāhij*) *a.* & *m.* crippled or disabled (person)

अपुष्ट (*apuṣṭ*) *a.* 1. unnourished

2. unconfirmed

अपूरणीय (*apūraṇīya*) *a.* irrecoverable

अपूर्ण (*apūrṇ*) *a.* incomplete, imperfect

अपेक्षा (*apekṣā*) *f.* 1. expectation 2. requirement

अपेक्षाकृत (*apekṣākṛt*) *adv.* comparatively

अपेक्षित (*apekṣit*) *a.* required, requisite

अपौरुषेय (*apauruṣeya*) *a.* not of human origin, superhuman

अप्रकाशित (*aprakāśit*) *a.* not manifested, not expressed

अप्रचलन (*apracalan*) *m.* disuse, outdatednes

अप्रतिम (*apratim*) *a.* matchless, peerless, unequalled

अप्रतिहत (*apratihat*) *a.* uninterrupted, unhampered

अप्रत्यक्ष (*apratyakṣa*) *a.* 1. indirect 2. unapparent, not evident

अप्रत्याशित (*apratyāśit*) *a.* unexpected, unforeseen

अप्रसन्न (*aprasanna*) *a.* displeased, unhappy, out of sorts

अप्रसिद्ध (*aprasiddha*) *a.* not celebrated, unknown, obscure

अप्रस्तुत (*aprastut*) *a.* 1. absent 2. unprepared, unready

अप्राकृतिक (*aprākṛtik*) *a.* 1. unnatural 2. miraculous

अप्राप्य (*aprāpya*) *a.* unavailable, unobtainable

अप्रामाणिक (*aprāmāṇik*) *a.* unauthentic, unconfirmed

अप्रासंगिक (*aprāsaṅgik*) *a.* irrelevant, out of place

अप्रिय (*apriya*) *a.* unpleasant, disliked, unpopular

अफ़रा-तफ़री (*afrā-tafrī*) *f.* 1. confusion, commotion 2. panic

अफ़वाह (*afvāh*) *f.* rumour

अफ़साना (*afsānā*) *m.* fiction, story

अफ़सोस (*afsos*) I. *m.* sorrow,

अ

grief 2. regret

अफ़ीम (*afīm*) *f.* opium

अब (*ab*) I. *adv.* now, presently II. *interj.* what now!

अभ्रक (*abrak*) *m.* 1. talc 2. mica

अबला (*ablā*) *f.* delicate/weak woman

अबाध (*abādh*) *a.* unobstructed, uninterrupted

अबाबील (*abābīl*) *f.* swallow

अबीर (*abīr*) *m.* a special kind of red (mica) powder (used at the Holi festival)

अबेर (*aber*) *f.* lateness, delay

अबोध (*abodh*) *a.* 1. innocent 2. stupid, silly

अब्बा (*abbā*) *m.* father (usually among Muslims)

अभंग (*abhang*) *m.* a rhythm or tune in music

अभक्ष्य (*abhakṣya*) I. *a.* uneatable, II. *m.* forbidden food

अभद्रता (*abhadratā*) *f.* ungentlemanliness, impoliteness

अभय (*abhaya*) I. *m.* fearlessness II. *a.* fearless

अभयारण्य (*abhayāraṇya*) *m.* sanctuary

अभागा (*abhāgā*) *a.* unlucky, unfortunate, ill-fated

अभाव (*abhāv*) *m.* 1. scarcity 2. non-existence

अभिकर्ता (*abhikartā*) *m.* agent

अभिग्रहण (*abhigrahaṇ*) *m.* occupation, acquisition, seizure

अभिचार (*abhicār*) *m.* black magic, sorcery

अभिजात (*abhijāt*) *a.* noble, well-born, aristocratic

अभिज्ञ (*bhijña*) *a.* knowing, conversant, aware

अभिज्ञान (*abhijñān*) *m.* recognition, identification

अभिनंदन (*abhinandan*) *m.* ovation, felicitation, homage

अभिनंदन ग्रंथ *m.* felicitation/commemoration volume

अभिनंदनीय (*abhinandanīya*) *a.* to be felicitated, laudable

अभिनय (*abhinaya*) *m.* acting, dramatic action

अभिनव (*abhinav*) *a.* new, novel, recent

अभिनेता (*abhinetā*) *m.* actor, player

अभिन्न (*abhinna*) *a.* 1. not different. 2. inseparable

अभिप्राय (*abhiprāya*) *m.* intention, purpose, aim, import

अभिप्रेत (*abhipret*) *a.* intended, meant

अभिभावक (*abhibhāvak*) *m.* guardian, patron, protector

अभिभूत (*abhibhūt*) *a.* overwhelmed

अभिमान (*abhimān*) *m.* 1. pride 2. vanity, conceit

अभियंता (*abhiyantā*) *m.* engineer

अभियान (*abhiyān*) *m.* campaign, expedition

अभियुक्त (*abhiyukt*) *a.* & *m.* accused, charged (person)

अभियोग (*abhiyog*) *m.* accusation, charge

अभिराम (*abhirām*) *a.* pretty, handsome, charming

अभिरुचि (*abhiruci*) *f.* 1. interest 2. taste 3. liking

अभिलाषा (*abhilāṣā*) *f.* 1. desire, wish, longing, craving 2. aspiration

अभिलेख (*abhilekh*) *m.* record

अभिलेखागार (*abhilekhāgār*) *m.* archives

अभिवृद्धि (*abhivṛddhi*) *f.* 1. increase 2. development 3. growth

अभिव्यक्ति (*abhivyakti*) *f.* expression, manifestation

अभिशाप (*abhiśāp*) *m.* curse, imprecation

अभिषेक (*abhiṣek*) *m.* consecration

अभिसंधि (*abhisandhi*) *f.* intrigue, plot, conspiracy

अभिसार (*abhisār*) *m.* rendezvous, (of lovers) meeting

अभिसारिका (*abhisārikā*) *f.* a

अ

woman on her journey of love

अभिहित (*abhihit*) *a.* called, designated

अभी (*abhī*) *adv.* presently, just now, immediately

अभीप्सा (*abhīpsā*) *f.* 1. aspiration 2. desire, longing

अभीष्ट (*abhīṣṭa*) *a.* desired, wished (for), longed (for)

अभूतपूर्व (*abhūtpūrva*) *a.* unprecedented

अभेद्य (*abhedya*) *a.* impregnable, impermeable

अभौतिक (*abhautik*) *a.* non-material, unearthly

अभ्यंतर (*abhyantar*) I. *a.* inner, internal II. *m.* inner part

अभ्यर्थना (*abhyarthanā*) *f.* 1. prayer, entreaty 2. reception

अभ्यस्त (*abhyast*) *a.* practised, habituated, experienced

अभ्यागत (*abhyāgat*) *m.* visitor, guest

अभ्यास (*abhyās*) *m.* 1. practice, exercise 2. habit

अभ्युत्थान (*abhyutthān*) *m.* 1. rising 2. elevation 3. prosperity

अभ्युदय (*abhyudaya*) *m.* 1. rise 2. commencement

अभ्रक (*abhrak*) *m.* mica

अमंगल (*amaṅgal*) *a.* inauspicious, evil

अमचूर (*amcūr*) *m.* dried powder of mango peel

अमन (*aman*) *m.* peace

अमर (*amar*) *a.* immortal, free from death

अमराई (*amrāī*) *f.* mango-grove

अमरूद (*amrūd*) *m.* guava tree and its fruit

अमर्त्य (*amartya*) *m.* immortal

अमर्ष (*amarṣ*) *m.* 1. anger 2. intolerance 3. impatience

अमल (*amal*) I. *m.* 1. deed, action 2. use II. *a.* clear

अमात्य (*amātya*) *m.* minister

अमानत (*amānat*) *f.* 1. deposit 2. something given in trust

अमानवीय (*amānavīya*) *a.* inhuman

अमानुषिक (*amanuṣik*) *a.* inhuman, brutal, beastly

अमान्य (*amānya*) *a.* untenable, invalid, null and void

अमावस (*amāvas*) *f.* /**अमावस्या** (*amāvasyā*) *f.* last day of the dark fortnight

अमिट (*amiṭ*) *a.* indelible

अमित (*amit*) *a.* immeasurable, huge, immense

अमिताभ (*amitābh*) I. *a.* most shining, most glorious II. *m.* a title of Lord Buddha

अमीन (*amīn*) *m.* a petty revenue officer, bailiff

अमीर (*amīr*) *a.* rich, wealthy

अमुक (*amuk*) *a.* a certain thing or person

अमूमन (*amūman*) *adv.* generally, usually

अमूर्त (*amūrt*) *a.* formless, shapeless

अमूल्य (*amūlya*) *a.* priceless, invaluable

अमृत (*amṛt*) *m.* nectar

अमोघ (*amogh*) *a.* infallible, unfailing

अम्मा (*ammā*) *f.* /**अम्मी** (*ammī*) *f.* mother

अम्ल (*amla*) I. *a.* sour II. *m.* acid

अम्लान (*amlān*) *a.* 1. not faded or withered 2. cheerful

अयथार्थ (*ayathārth*) *a.* unreal, false, untrue

अयाल (*ayāl*) *m.* mane (of a horse)

अयुक्त (*ayukta*) *a.* 1. not united, separate 2. foul

अयोग्य (*ayogya*) *a.* unfit, unworthy, worthless

अरंडी (*araṇḍī*) *f.* 1. castor oil seed 2. a castor oil bush

अरक्षित (*arakṣit*) *a.* unprotected, unguarded, insecure

अरगनी (*arganī*) *f.* rope for hanging clothes

अरण्य (*araṇya*) *m.* wood, forest

अरथी (*arathī*) *f.* bier

अरदली (*ardalī*) *m.* peon

अरदास (*ardās*) *f.* prayer

अ

अरना (*arnā*) *m.* wild buffalo
अरमान (*armān*) *m.* longing, yearning, intense desire
अरविंद (*arvimd*) *m.* lotus flower
अरसा (*arsā*) *m.* period, time
अरसिक (*arasik*) *a.* devoid of taste, dull
अरहर (*arahar*) *m.* a pulse, pigeon pea
अराजक (*arājak*) *a.* anarchical
अराजकता (*arājakatā*) *f.* anarchy, disorder, chaos
अराजपत्रित (*arājpatrit*) *a.* non-gazetted
अरि (*ari*) *m.* enemy, foe
अरुचि (*aruci*) *f.* 1. want of appetite 2. want of interest
अरुण (*aruṇ*) *m.* 1. dawn, rising sun 2. colour of the rising sun
अरुणोदय (*aruṇodaya*) *m.* rising of the sun, sunrise
अरे! (*are*) *interj.* an exclamation of surprise
अर्क (*ark*) *m.* the sun
अर्गला (*argalā*) *f.* draw-bar, lock for fastening a door
अर्घ (*argha*) *m.* 1. oblation 2. price, value
अर्चन (*arcan*) *m.* /**अर्चना** (*arcanā*) *f.* adoration, propitiation
अर्ज़ (*arzī*) *f.* request
अर्जन (*arjan*) *m.* earning
अर्ज़ी (*arzī*) *f.* application, petition
  अर्ज़ीनवीस *m.* petition-writer
अर्थ (*artha*) *m.* 1. meaning, sense 2. money, wealth
  अर्थवत्ता *f.* significance
  अर्थ व्यवस्था *f.* economy
  अर्थशास्त्र *m.* economics
अर्थात् (*arthāt*) *conj.* that is (i.e.), that is to say, namely
अर्थाभाव (*arthābhāv*) *m.* dearth of money
अर्दली (*ardalī*) *m.* orderly, peon
अर्द्ध (*arddha*) *m.* & *a.* /**अर्ध** (*ardha*) *m.* & *a.* half, semi
  अर्द्धरात्रि *f.* midnight
अर्धांगिनी (*ardhāṅginī*) *f.* wife
अर्पण (*arpaṇ*) *m.* 1. offering

2. surrender

अर्बुद (*arbud*) *m.* one thousand million, 100 crores

अर्वाचीन (*arvācīn*) *a.* new, modern, recent

अर्श (*arśa*) *m.* 1. piles, hemorrhoids 2. sky, heaven

अर्हता (*arhatā*) *f.* qualification

अलंकार (*alaṅkār*) *m.* 1. ornament 2. figure of speech

अलंकृत (*alaṅkṛt*) *a.* decorated, embellished

अलकतरा (*alakatarā*) *m.* coal-tar, tar

अलक्षित (*alakṣit*) *a.* unseen, unobserved

अलग (*alag*) *a.* 1. detached, unconnected 2. separate

अलग-थलग *a.* aloof, isolated

अलगनी (*alganī*) *f.* a rope or bamboo to hang clothes on

अलगोज़ा (*algozā*) *m.* a kind of flute, flageolet

अलफ़ाज (*alfāz*) *m.* words

अलबत्ता (*albattā*) *conj.* however, nevertheless, albeit

अलबेला (*albelā*) *a.* 1. playful, sportive, fanciful 2. peculiar

अलभ्य (*alabhya*) *a.* 1. unavailable 2. precious, costly

अलमारी (*almārī*) *f.* almirah

अलसाना (*alsānā*) *v.i.* to feel sleepy or drowsy

अलसी (*alsī*) *f.* linseed

अलहदा (*alahdā*) *a.* separate

अलाव (*alāv*) *m.* bonfire, camp fire

अलावा (*alāvā*) *adv.* besides, excepting

अलि (*ali*) *f.* & *m.* 1. bumble bee 2. female friend

अलौकिक (*alaukik*) *a.* 1. supernatural 2. uncommon

अल्प (*alp*) *a.* small, little, short

अल्पकालिक *a.* ephemeral

अल्पकालीन *a.* temporary

अल्प बचत *f.* small savings

अल्प विराम *m.* comma

अल्पज्ञ (*alpajña*) *a.* having shallow knowledge

अल्पायु (*alpāyu*) *a.* shortlived, of young age

अ

अल्पाहार (*alpāhār*) *m.* light refreshment

अल्हड़ (*alhaṛ*) *a.* innocent, childlike, simple

अवकाश (*avkāś*) *m.* 1. leave, vacation, recess 2. leisure

अवकाश-प्राप्त *a.* retired

अवगत (*avgat*) *a.* apprised, aware

अवगाहन (*avgāhan*) *m.* 1. bathing 2. immersion

अवगुंठन (*avguṇṭhan*) *m.* veil, mask

अवगुण (*avguṇ*) *m.* demerit, disqualification, defect

अवज्ञा (*avajñyā*) *f.* defiance, disobedience

अवतरण (*avtaraṇ*) *m.* 1. incarnation 2. landing 3. quotation

अवतार (*avtār*) *m.* incarnation, embodiment

अवदान (*avdān*) *m.* 1. contribution 2. donation

अवधारणा (*avdhāraṇā*) *f.* concept

अवधि (*avadhi*) *f.* period, duration

अवधूत (*avdhūt*) I. *m.* who has renounced worldly affairs II. *a.* free from worldly attachment

अवध्य (*avadhya*) *a.* not to be killed

अवनति (*avnati*) *f.* 1. downfal 2. deterioration, degradatior

अवनि (*avni*) *f.* earth

अवमानना (*avmānanā*) *f.* insult defamation, contempt

अवमूल्यन (*avmūlyan*) *m.* devaluation

अवयव (*avayav*) *m.* 1. part, portion 2. part of the body

अवर (*avar*) *a.* inferior, lower

अवर सचिव *m.* under secretary

अवरुद्ध (*avruddha*) *a.* hindered restrained, obstructed

अवरोध (*avrodh*) *m.* 1. detention 2. blockade

अवरोह (*avroh*) *m.* 1. descent coming down 2. descending scale in Indian music

अवर्णनीय (*avarṇnīya*) *a.* indescribable, inexpressible

अवलंब (*avlamb*) *m.* support

अवलेह (*avleh*) *m.* medicinal mixture, jelly

अवलोकन (*avlokan*) *m.* 1. perusal 2. looking (at), beholding

अवश (*avaś*) *a.* 1. helpless 2. uncontrolled

अवशिष्ट (*avśiṣṭ*) I. *a.* remaining II. *m.* remnant, residue

अवशेष (*avśeṣ*) *m.* 1. relic, remains 2. remainder, residue

अवश्यंभावी (*avaśyambhāvī*) *a.* unavoidable

अवश्य (*avaśya*) *adv.* without fail, definitely, certainly

अवसर (*avsar*) *m.* opportunity, occasion

अवसाद (*avsād*) *m.* 1. lassitude, dejection 2. sediment

अवसान (*avsān*) *m.* 1. end, termination, close 2. death

अवस्था (*avasthā*) *f.* 1. condition, state 2. position 3. age

अवहेलना (*avhelanā*) *f.*/**अवहेला** (*avhelā*) *f.* 1. disregard, disrespect 2. defiance, flouting

अवांछनीय (*avāñchanīya*) *a.* undesirable

अवांतर (*avāntar*) *a.* 1. extraneous, irrelevant 2. secondary

अवाक् (*avāk*) *a.* speechless

अवाम (*avām*) *m.* general public

अविकल (*avikal*) *a* exact, unimpaired, intact

अविकसित (*avikasit*) *a.* undeveloped

अविच्छिन्न (*avicchinna*) *a.* 1. unseparated 2. unbroken

अविद्या (*avidyā*) *f.* ignorance

अविभक्त (*avibhakt*) *a.* undivided, unbroken, complete

अविरल (*aviral*) *a.* 1. continuous 2. dense, thick

अविराम (*avirām*) *m.* incessant, non-stop

अविलंब (*avilamb*) *adv.* without delay, immediately, forth-

अ

with

अविवाहित (*avivāhit*) *a.* unmarried, bachelor

अविश्वास (*aviśvās*) *m.* distrust, disbelief

अवृष्टि (*avṛṣṭi*) *f.* drought

अवेर (*aver*) *f.* delay

अवेर-सवेर *adv.* late or early

अवैतनिक (*avaitanik*) *a.* honorary

अवैध (*avaidh*) *a.* 1. unlawful, illegal 2. illegitimate

अवैधानिक (*avaidhānik*) *a.* unconstitutional

अव्यक्त (*avyakt*) *a.* not manifest, indistinct

अव्यय (*avyaya*) *a.* indeclinable, eternal

अव्यवस्था (*avyavasthā*) *f.* 1. mismanagement, disorder, disarrangement

अव्यावहारिक (*avyāvhārik*) *a.* impractical, not feasible

अव्वल (*avval*) *a.* first, foremost

अशक्त (*aśakt*) *a.* weak, feeble

अशक्य (*aśakya*) *a.* that which cannot be done

अशरण (*aśaraṇ*) *a.* without shelter, homeless

अशरफ़ी (*aśarafī*) *f.* gold coin

अशांति (*aśānti*) *f.* unrest, disorder, disturbance

अशिक्षित (*aśikṣit*) *a.* uneducated, illiterate

अशिष्ट (*aśiṣṭ*) *a.* impolite, uncivil, ill-behaved

अशुद्ध (*aśuddha*) *a.* 1. impure, contaminated 2. incorrect

अशुद्धि (*aśuddhi*) *f.* mistake, error

अशुभ (*aśubh*) I. *a.* inauspicious II. *m.* evil, calamity

अशोभन (*aśobhan*) *a.* unbecoming, undignified, inelegant

अश्क (*aśka*) *m.* tears

अश्रांत (*aśrānt*) *a.* untired, indefatigable

अश्रु (*aśru*) *m.* tears

अश्रुत (*aśrut*) *a.* 1. unheard (of 2. wonderful

अश्लील (*aślīl*) *a.* dirty, nast

obscene, smutty

अश्व (*aśva*) *m.* horse, stallion

अश्वारोही (*aśvārohī*) *m.* horseman, cavalier

अश्वेत (*aśvet*) *a.* non-white

अष्ट (*aṣṭ*) *m.* & *a.* eight

अष्टछाप *f.* a group of eight poets of Krishna cult

अष्टपदी *f.* song or poem of eight verses

अष्टसिद्धि *f.* eight achievements of Yogis

असंख्य (*asaṅkhya*) *a.* innumerable

असंगठित (*asaṅgaṭhit*) *a.* 1. unorganized 2. disunited, loose

असंगत (*asaṅgat*) *a.* 1. incompatible 2. unreasonable

असंतुलन (*asantulan*) *m.* imbalance

असंतुष्ट (*asantuṣṭ*) *a.* dissatisfied

असंदिग्ध (*asandigdh*) *a.* doubtless

असंबद्ध (*asambaddha*) *a.* unconnected

असंभव (*asambhav*) *a.* impossible

असंयम (*asaṃyam*) *m.* indulgence, intemperance, incontinence

असंवैधानिक (*asaṃvaidhānik*) *a.* unconstitutional

असंस्कृत (*asaṃskṛt*) *a.* uncultured

असगुन (*asagun*) *m.* bad omen, inauspicious sign

असफलता (*asaphaltā*) *f.* unsuccessfulness, failure, fiasco

असबाब (*asbāb*) *m.* luggage, baggage

असभ्य (*asabhya*) *a.* uncivilized, uncivil, unrefined, rude

असभ्यता (*asabhyatā*) *f.* incivility

असमंजस (*asamañjas*) *m.* suspense

असमय (*asamaya*) I. *m.* improper time II. *a.* untimely, inopportune

असमर्थता (*asamarthatā*) *f.* disablement, inability

असमानता (*asamāntā*) *f.* 1. inequality 2. disparity

असम्मत (*asammat*) *a.* 1. unwilling, averse 2. unaccepted

असर (*asar*) *m.* 1. effect 2. influence 3. impression

असलियत (*asliyat*) *f.* reality, fact

असली (*aslī*) *a.* genuine, pure

असहनीय (*asahnīya*) *a.* intolerable, unbearable

असहमति (*asahmati*) *f.* disagreement, dissent, discordance

असहयोग (*asahyog*) *m.* non-cooperation

असहयोग आंदोलन *m.* non-cooperation movement

असहाय (*asahāya*) *a.* 1. helpless 2. miserable

असहिष्णुता (*asahiṣṇutā*) *f.* 1. intolerance 2. impatience

असाधारण (*asādhāraṇ*) *a.* uncommon, extraordinary, singular

असाध्य (*asādhya*) *a.* unmanageable

असामयिक (*asāmayik*) *a.* 1. untimely, inopportune 2. premature

असामान्य (*asāmānya*) *a.* uncommon, abnormal, extraordinary, unusual

असावधानी (*asāvdhānī*) *f.* carelessness, unwariness

असि (*asi*) *f.* sword

असित (*asit*) *a.* not white, dark

असीम (*asīm*) *a.* 1. unlimited, boundless, endless 2. absolute

असुंदर (*asundar*) *a.* not handsome, ugly

असुर (*asur*) *m.* 1. demon, monster 2. wicked person

असुरक्षा (*asurakṣā*) *f.* insecurity

असैनिक (*asainik*) I. *a.* non-military, civil II. *m.* civilian

अस्त (*ast*) *a.* set, sunken, (of the sun) setting

अस्तव्यस्त (*astavyast*) *a.* helter-skelter, rough and tumble
अस्तबल (*astabal*) *m.* stable
अस्तर (*astar*) *m.* 1. lining (as for a coat) 2. base (of a painting)
अस्तित्व (*astitva*) *m.* existence, being, reality
अस्तु (*astu*) *interj.* all right, then, well!
अस्त्र (*astra*) *m.* missile (weapon)
अस्त्रागार (*astrāgār*) *m.* armoury
अस्थायी (*asthāyī*) *a.* provisional, temporary
अस्थि (*asthi*) *f.* bone
अस्थिपंजर *m.* skeleton
अस्थिर (*asthir*) *a.* unsteady, volatile, unstable, fickle
अस्पताल (*aspatāl*) *m.* hospital
अस्पष्ट (*aspaṣṭa*) *a.* not clear, indistinct, vague
अस्पृश्यता (*aspr̥śyatā*) *f.* untouchability
अस्मत (*asmat*) *f.* chastity
अस्मिता (*asmitā*) *f.* pride
अस्वच्छ (*asvacch*) *a.* dirty
अस्वस्थता (*asvasthatā*) *f.* illness, indisposition
अस्वाभाविकता (*asvābhāviktā*) *f.* unnaturalness, artificiality
अस्वीकृति (*asvīkr̥ti*) *f.* non-acceptance, denial, refusal, dissent
अहंकार (*ahaṅkār*) *m.* egoism, self-consciousness, pride
अहंकारी (*ahaṅkārī*) *a.* proud, conceited, arrogant
अहंता (*ahantā*) *f.* ego, egoism
अहम (*aham*) *a.* important, vital, significant
अहमक (*ahamak*) *a.* & *m.* blockhead, idiot, foolish
अहमियत (*ahmiyat*) *f.* significance, importance
अहर्निश (*aharniś*) *m.* day and night
अहसान (*ahasān*) *m.* obligation, favour
अहि (*ahi*) *m.* serpent, snake
अहिंस्र (*ahiṃsra*) *a.* non-violent,

अ

not fierce, harmless

अहित *(ahit) m.* harm, damage, injury

अहितकर *(ahitkar) a.* harmful, injurious, detrimental

अहिंसा (*ahiṃsā*) *f.* non-violence

अहिंसात्मक (*ahiṃsātmak*) *a.* non-violent

अहीर (*ahīr*) *m.* milkman

अहेरी (*aherī*) *m.* stalker, hunter

अहेतु *(ahetu) a.* without a cause or reason

अहेतुक (*ahetuk*) *a.* & *m* /**अहेतुकी** (*ahetukī*) *a.* & *f* without a motive or reason

आ

आँकड़ा (*āṁkṛā*) *m.* figures, statistics, data

आँकना (*āṁknā*) *v.t.* to assess, to appraise, to estimate

आँख (*āṁkh*) *f.* 1. eye 2. vision

आँगन (*āṁgan*) *m.* courtyard

आँच (*āṁc*) *f.* 1. fire 2. heat

आँचल (*āṁcal*) *m.* border or edge of a veil or saree

आंचलिक (*āñcalik*) *a.* regional

आँत (*āṁt*) *f.* intestine, entrails

आंतरिक (*āntarik*) *a.* internal

आंदोलन (*āndolan*) *m.* 1. agitation 2. movement

आँधी (*āṁdhī*) *f.* duststorm

आँव (*āṁv*) *f.* mucus voided in cases of dysentery

आँवला (*āṁvalā*) *m.* the tree emblic myrobalan and its fruit

आँवा (*āṁvā*) *m.* potter's kiln

आंशिक (*āṃsik*) *a.* partial, part

आँसू (*āṁsū*) *m.* tears

आइंदा (*āindā*) *adv.* in future

आईना (*āīnā*) *m.* mirror

आकंठ (*ākaṇṭh*) *a.* brimful

आकर्षण (*ākarṣaṇ*) *m.* 1. attraction, fascination 2. charm

आकलन (*ākalan*) *m.* estimation

आकस्मिक (*ākasmik*) *a.* & *adv.* sudden

आकांक्षा (*ākāṅkṣā*) *f.* 1. strong desire, longing 2. aspiration

आक़ा (*āqā*) *m.* master, lord

आकार (*ākār*) *m.* form, shape

आकाश (*ākāś*) *m.* 1. sky 2. space

आकाश गंगा *f.* milky way

आकुल (*ākul*) *a.* 1. eager, anxious 2. restless, uneasy

आ

आकृति (*ākṛti*) *f.* 1. appearance, form, shape 2. figure
आकृष्ट (*ākṛṣṭa*) *a.* 1. attracted 2. enticed, allured
आक्रमण (*ākramaṇ*) *m.* attack
आक्रांत (*ākrānt*) *a.* 1. attacked, assaulted 2. troubled
आक्रामक (*ākrāmak*) *a.* aggressive
आक्रोश (*ākroś*) *m.* anger, wrath
आक्षेप (*ākṣep*) *m.* blame
आख़िर (*ā<u>kh</u>ir*) I. *adv.* at last, after all II. *m.* end
आख़िरी (*ā<u>kh</u>irī*) *a.* last, final
आखेट (*ākheṭ*) *m.* hunting, chasing and killing (wild beasts)
आख्यान (*ākhyān*) *m.* narration, description
आख्यायिका (*ākhyāyikā*) *f.* short tale or story
आगन्तुक (*āgantuk*) visitor, guest
आग (*āg*) *f.* fire
आगज़नी (*āgzanī*) *f.* arson
आगत (*āgat*) I. *a.* arrived, reached, II. *m.* guest
आगम (*āgam*) *m.* 1. future 2. earning, income
आगमन (*āgaman*) *m.* arrival, coming, advent
आगामी (*āgāmī*) *a.* forthcoming, future, next, following
आगार (*āgār*) *m.* 1. house, abode 2. store
आगाह (*āgāh*) *a.* informed
आगे (*āge*) *adv.* 1. ahead, onward 2. before, previously 3. in front 4. further
आग्नेय (*āgneya*) *a.* pertaining to fire, igneous, fiery
आग्रह (*āgrah*) *m.* insistence
आघात (*āghāt*) *m.* 1. blow, percussion 2. injury 3. shock
आचमन (*ācaman*) *m.* sipping a little water from the palm of the hand by way of purification in religious ceremonies
आचरण (*ācaraṇ*) *m.* conduct, behaviour
आचार (*ācār*) *m.* 1. conduct, manner of life 2. practice, custom, established rule

आचार्य (*ācārya*) *m.* founder of a sect, professor, Guru

आच्छन्न (*ācchanna*) *a.* covered, overcast

आच्छादित (*ācchādit*) *a.* 1. covered 2. hidden

आज (*āj*) *adv.* today, this day

आजकल *adv.* recently, nowadays

आजन्म (*ājanma*) *adv.* since (one's) birth, for life

आज़माइश (*āzmāiś*) *f.* 1. trial, test 2. experiment

आज़ाद (*āzād*) *a.* free, independent

आज़ादी (*āzādī*) *f.* freedom, liberation, independence

आजानु (*ājānu*) *adv.* reaching up to the knees

आजानुबाहु *a.* having (long) arms extending to the knees

आजीवन (*ājīvan*) *adv.* as long as life lasts, for life, till death

आजीविका (*ājīvikā*) *f.* means of livelihood, subsistence

आज्ञा (*ājñā*) *f.* 1. order 2. permission

आज्ञाकारी *a.* obedient, dutiful

आज्ञानुसार (*ājñānusār*) *adv.* according to orders

आटा (*āṭā*) *m.* flour

आडंबर (*āḍambar*) *m.* pomp, show, ostentation

आड़ (*āṛ*) *f.* 1. cover 2. safety

आड़ा (*āṛā*) *a.* oblique

आड़ा-तिरछा *a.* criss-cross

आड़ू (*āṛū*) *m.* peach

आढ़त (*āṛhat*) *f.* agency, business of weighing or selling the merchandise of dealers

आणविक (*āṇavik*) *a.* atomic, molecular

आतंक (*ātaṅk*) *m.* terror, panic

आतंकवादी *m.* terrorist

आतंकित (*ātaṅkit*) *a.* terrified

आततायी (*ātatāyī*) *m.* tyrant, oppressor

आतप (*ātap*) *m.* heat (of the sun)

आतिश (*ātiś*) *f.* fire, heat

आतिशबाज़ी *f.* fireworks

आ

आतिथ्य (*ātithya*) *m.* hospitality
आतुर (*ātur*) *a.* 1. restless, impatient 2. eager
आत्म (*ātm*) *a.* pertaining to the soul, own, self
आत्मकथा *f.* autobiography
आत्मग्लानि *f.* remorse
आत्मघात *m.* suicide
आत्मज *m.* son, self-begotten
आत्म-नियंत्रण *m.* self-control
आत्म-निरीक्षण *m.* introspection, self-observation
आत्मनिर्भर *a.* self-sufficient
आत्मबल *m.* spiritual power
आत्म-विकास *m.* self-development
आत्म-संयम *m.* self-restraint
आत्मसमर्पण *m.* surrender
आत्मसम्मान *m.* self-respect
आत्महत्या *f.* suicide
आत्मा (*ātmā*) *f.* soul, spirit
आत्मानुभूति (*ātmānubhūti*) *f.* self-experience
आत्मानुशासन (*ātmānuśāsan*) *m.* self-discipline
आत्मीय (*ātmīya*) *m.* friend, relative
आत्मीयता (*ātmīyatā*) *f.* relationship, kinsmanship, intimacy
आत्मोत्सर्ग (*ātmotsarga*) *m.* self-sacrifice, self-dedication
आत्मोन्नति (*ātmonnati*) *f.* self-elevation, self-advancement
आदत (*ādat*) *f.* habit, nature, custom, practice
आदम (*ādam*) *m.* 1. Adam, the first man 2. man
आदमियत (*ādamiyat*) *f.* humaneness, civility, good breeding
आदमी (*admī*) *m.* 1. man, human being 2. individual
आदर (*ādar*) *m.* respect, esteem, honour, regard
आदरणीय (*ādarṇīya*) *a.* respectable, esteemable
आदर्श (*ādarś*) *m.* 1. ideal,

model 2. sample, specimen

आदर्शवादी *m.* idealist

आदान (*ādān*) *m.* receiving, taking

आदान-प्रदान *m.* mutual taking and giving

आदाब (*ādāb*) *m.* compliments, respects, greetings

आदि (*ādi*) I. *a.* first, initial, primitive, original II. *m.* beginning

आदिकालीन *a.* primitive

आदिवासी *m.* aborigines

आदिशक्ति *f.* the primeval power, goddess Durga

आदिम (*ādim*) *a.* 1. primitive 2. aboriginal

आदी (*ādī*) *a.* habitual, habituated, accustomed

आदेश (*ādeś*) *m.* order

आदेशानुसार (*ādeśānusār*) *adv.* as per order

आद्य (*ādya*) *a.* 1. primitive, prior, initial 2. original

आद्योपांत (*ādyopānt*) *adv.* from beginning to end

आधा (*ādhā*) *a.*& *m.* half

आधार (*ādhār*) *m.* base, basis

आधारभूत *a.* fundamental

आधारशिला *f.* foundation stone

आधारस्तंभ *m.* mainstay

आधारहीन *a.* baseless

आधि (*ādhi*) I. *f.* 1. mental agony 2. pledge II. *pref.* above

आधिदैविक *a.* supernatural

आधिभौतिक *a.* physical

आधिकारिक (*ādhikārik*) *a.* 1. authoritative 2. official

आधिक्य (*ādhikya*) *m.* excess, abundance

आधिपत्य (*ādhipatya*) *m.* 1. supremacy 2. mastery

आधुनिक (*ādhunik*) *a.* new, recent, modern

आध्यात्मिक (*ādhyātmik*) *a.* spiritual, belonging to the Supreme Spirit

आनंद (*ānand*) *m.* merriment, joy, delight, happiness

आनंददायक *a.* /**आनंदप्रद** *a.* pleasant, cheerful

आन (*ān*) *f.* 1. prestige, dignity 2. promise 3. moment

आनबान *f.* grace and elegance

आनन (*ānan*) *m.* face

आनाकानी (*ānākānī*) *f.* evasion, turning a deaf ear

आनुवंशिक (*ānuvaṃśik*) *a.* 1. hereditary, inherited 2. genetic

आन्वीक्षिकी (*ānvīkṣikī*) *f.* 1. logic, dialectics ~~2. metaphysics~~

आप (*āp*) *pron.* 1. you (honorific), he (honorific) 2. self

आपका (*āpkā*) *a.*& *pron.* your, yours

आपबीती (*āpbītī*) *f.* story of one's own experiences

आपत्ति (*āpatti*) *f.* 1. calamity 2. objection

आपत्तिजनक *a.* objectionable

आपद् (*āpad*) *f.* /**आपदा** (*āpadā*) *f.* calamity, mishappening

आपद् धर्म *m.* a course of action usually regarded as improper but allowed in distress

आपस (*āpas*) *f.* reciprocity, mutual relationship

आपा (*āpā*) I. *m.* self, ego II. *f.* elder sister

आपाधापी *f.* (a) self-seeking, selfishness (b) confusion

आपात (*āpāt*) *m.* casualty, contingency, emergency

आपातस्थिति *f.* emergency

आपादमस्तक (*āpādmastak*) *a.* from head to foot, from top to toe

आपूर्ति (*āpūrti*) *f.* supply

आप्रवासी (*āpravāsī*) *a.* & *m.* immigrant

आप्लावित (*āplāvit*) *a.* inundated, overflowed

आफ़त (*āfat*) *f.* calamity, distress, trouble

आब (*āb*) I. *m.* 1. water 2. wine II. *f.* 1. honour 2. brilliance

आबद्ध (*ābaddha*) *a.* bound

आबनूस (*ābnūs*) *m.* ebony (tree

and wood)

आबरू (*ābrū*) *f.* honour, respect

आबहवा (*ābhavā*) *f.* climate

आबादी (*ābādī*) *f.* 1. inhabited place 2. population

आबोदाना (*ābodānā*) *m.* livelihood

आभा (*ābhā*) *f.* lustre, glow, splendour, brightness

आभार (*ābhār*) *m.* gratefulness, gratitude, thankfulness

आभारी (*ābhārī*) *a.* grateful

आभास (*ābhās*) *m.* 1. appearance, likeness 2. hint

आभिजात्य (*ābhijātya*) *m.* noble birth, blue blood, nobility

आभूषण (*ābhūṣaṇ*) *m.* ornament, jewellery

आमंत्रण (*āmantraṇ*) *m.* 1. calling, sending for 2. invitation

आम (*ām*) I. *m.* mango II. *a.* general, common, ordinary

आमदनी (*āmdanī*) *f.* 1. income, receipts 2. returns, profit

आमने-सामने (*āmne-sāmne*) *adv.* opposite, face to face

आमरण (*āmaraṇ*) *a.* till death

आमला (*āmlā*) *m.* the tree myrobalan and its fruit

आमादा (*āmādā*) *a.* prepared

आमाशय (*āmāśay*) *m.* stomach

आमिष (*āmiṣ*) *m.* flesh, meat

आमुख (*āmukh*) *m.* 1. commencement, beginning 2. preamble

आमूल (*āmūl*) *a.* to or from the root, fundamental, radical

आमूलचूल *a.* & *adv.* root and branch

आमोद (*āmod*) *m.* 1. pleasure, joy, fun 2. joyousness

आमोद-प्रमोद *m.* gaiety, jollity

आयंदा (*āyandā*) *adv.* in future

आय (*āy*) *f.* income, receipts

आय कर *m.* income-tax

आयव्ययक *m.* budget

आयतन (*āyatan*) *m.* 1. volume, bulk 2. extent, length and breadth

आयताकार (*āyatākār*) *a.* rect-

आ

angular

आया (*āyā*) *f.* nurse, female attendant of children

आयात (*āyāt*) *m.* import

आयात-निर्यात *m.* import and export

आयात शुल्क *m.* import duty

आयाम (*āyām*) *m.* dimension

आयु (*āyu*) *f.* lifetime, age

आयुक्त (*āyukta*) *m.* commissioner

आयुध (*āyudh*) *m.* weapon

आयुष् (*āyūṣ*) *f.* life-time, duration of life, age

आयुष्मान् *a.* & *m.* longlived

आयोग (*āyog*) *m.* commission

आयोजन (*āyojan*) *m.* arrangement

आरंभ (*ārambh*) *m.* beginning, commencement, start

आरंभिक (*ārambhik*) *a.* 1. initial 2. elementary 3. starting

आर-पार (*ār-pār*) *adv.* across

आरक्त (*ārakta*) *a.* red, reddish, rosy

आरक्षण (*ārakṣaṇ*) *m.* 1. reservation 2. guarding, protecting

आरज़ू (*ārzū*) *f.* wish, desire

आरती (*ārtī*) *f.* hymns recited in adoration of God

आरसी (*ārsī*) *f.* mirror, looking glass

आरा (*ārā*) *m.* 1. saw 2. shoemaker's knife or awl

आराधना (*ārādhanā*) *f.* worship, religious service

आराध्य (*ārādhya*) *a.* to be worshipped, adorable

आराम (*ārām*) *m.* 1. rest 2. garden

आरामतलब *a.* idle, lazy

आरामदेह *a.* comfortable

आरी (*ārī*) *f.* 1. a small saw 2. shoemaker's awl

आरूढ़ (*ārūṛh*) *a.* mounted

आरोग्य (*ārogya*) *m.* healthfulness, freedom from disease

आरोप (*ārop*) *m.* allegation, accusation, charge

आरोह (*āroh*) *m* 1. ascent, elevation 2. (in music) ascending mode

आरोहण (*ārohaṇ*) *m.* 1. rising, ascending 2. riding

आर्जव (*ārjav*) *m.* straightforwardness

आर्त (*ārt*) *a.* distressed, pained

आर्तनाद *m.* cry of distress

आर्थिक (*ārthik*) *a.* 1. economic 2. monetary 3. financial

आर्द्र (*ārdra*) *a.* wet, moist, humid, damp

आर्य (*ārya*) *m.* & *a.* Arya, Aryan, of noble/good family or breed, respectable person

आर्ष (*ārṣ*) *a.* belonging to or authorised by ancient sages

आर्ष ग्रंथ *m.* the books revealed to ancient sages, the Vedas

आलंबन (*ālamban*) *m.* support, dependence

आलथी-पालथी (*ālthī-pālthī*) *f.* mode of sitting on hams, squatting with crossed legs

आलम (*ālam*) *m.* 1. the world, universe 2. crowd, gathering, multitude 3. state, condition

आलमपनाह *m.* emperor

आलस (*ālas*) *m.* laziness, sloth

आला (*ālā*) I. *m.* a small recess in a wall II. *a.* fine, best

आलिंगन (*āliṅgan*) *m.* embracing

आलिम (*ālim*) *m.* a learned man

आलू (*ālū*) *m.* potato

आलूबुखारा (*ālūbukhārā*) *m.* plum

आलेख (*ālekh*) *m.* writing, script

आलोक (*ālok*) *m.* 1. light, illumination 2. enlightenment

आलोकित (*ālokit*) *a.* lighted, illuminated, bright, lit

आलोचना (*ālocanā*) *f.* 1. criticism 2. review

आलोचनात्मक (*ālocanātmaк*) *a.* critical

आलोड़ित (*āloṛit*) *a.* 1. stirred up, shaken, agitated 2. investigated

आवंटन (*āvaṇṭan*) *m.* allotment

आवक (*āvak*) I. *m.* receipt II. *a.* inward, incoming

आवधिक (*āvdhik*) *a.* durative, periodical

आवधिक जमा *m.* term deposit

आवभगत (*āvbhagat*) *f.* hospitality, welcome, reception

आवरण (*āvaraṇ*) *m.* 1. covering, cover 2. concealment 3. shield

आवश्यक (*āvaśyak*) *a.* necessary

आवश्यकता (*āvaśyakatā*) *f.* need, necessity

आवागमन (*āvāgaman*) *m.* coming and going

आवाजाही (*āvājāhī*) *f.* coming and going, interchange of visits

आवारा (*āvārā*) *a.* vagrant, wanderer, loafer

आवारागर्दी *f.* loafing, loitering

आवास (*āvās*) *m.* 1. abode, dwelling, residence 2. home

आवाहन (*āvāhan*) *m.* 1. act of calling 2. call

आविर्भाव (*āvirbhāv*) *m.* manifestation, appearance (as of a deity), advent

आविष्कार (*āviṣkār*) *m.* invention

आविष्ट (*āviṣṭa*) *a.* absorbed

आवृत्त (*āvṛtta*) *a.* 1. covered, veiled 2. repeated, recurring

आवृत्ति (*āvṛtti*) *f.* repetition, recurrence, frequency

आवेग (*āveg*) *m.* 1. impulse, emotion 2. hurry/haste

आवेदन (*āvedan*) *m.* 1. application, petition 2. request

आवेदन-पत्र *m.* written application, petition

आशंका (*āśaṅkā*) *f.* 1. doubt, suspicion 2. terror, fear

आशनाई (*āśnāī*) *f.* illicit love, intimacy

आशय (*āśaya*) *m.* 1. intent, sense, meaning 2. receptacle

आशा (*āśā*) *f.* hope, expectation

आशाजनक *a.* hopeful

आशान्वित (*āśānvit*) *a.* hopeful

आशावादी *a.* & *m.* optimist

आशातीत (*āśātīt*) *a.* beyond hope or expectation

आशिक़ (*āśiq*) *m.* lover, suitor

आशियाना (*āśiyānā*) *m.* nest, home

आशीर्वाद (*āśırvād*) *m.* blessing, benediction

आशु (*āśu*) *a.* quick, speedy

आशुलिपि *f.* shorthand

आश्चर्य (*āścarya*) *m.* wonder, surprise

आश्चर्यजनक *a.* wonderful

आश्रम (*āśram*) *m.* 1. hermitage 2. shelter, home 3. one of the four stages in the life of a Hindu

आश्रय (*āśraya*) *m.* shelter, resort, retreat, asylum

आश्रित (*āśrit*) *a.* 1. sheltered 2. dependant, supported

आश्वासन (*āśvāsan*) *m.* assurance

आसक्ति (*āsakti*) *f.* intimate connection, attachment

आसन (*āsan*) *m.* 1. seat 2. posture 3. yogic exercise

आस-पास (*ās-pās*) *m.* vicinity, neighbourhood

आसमान (*āsmān*) *m.* sky

आसरा (*āsrā*) *m.* 1. support 2. shelter, refuge

आसव (*āsav*) *m.* liquor, wine

आसान (*āsān*) *a.* 1. easy, simple, facile 2. feasible 3. convenient

आसानी (*āsānī*) *f.* 1. easiness 2. convenience

आसामी (*āsāmī*) *m.* 1. accused 2. debtor 3. customer 4. tenant

आसार (*āsār*) *m.* sign, symptom, breadth of a wall

आसीन (*āsīn*) *a.* seated

आस्तिकता (*āstikatā*) *f.* theism, belief in God

आस्तीन (*āstīn*) *f.* sleeve

आ

आस्वादन (*āsvādan*) *m.* 1. tasting 2. relishing, enjoying

आह (*āh*) I. *interj.* ah! alas! II. *m.* sigh

आहट (*āhaṭ*) *f.* approaching sound of footsteps

आहत (*āhat*) *a.* 1. hurt, wounded, injured 2. struck

आहार (*āhār*) *m.* food, meal, diet

इ

इंगित (*iṅgit*) *m.* hint, sign

इंगुर (*iṅgur*) *m.* vermilion

इंतक़ाल (*intaqāl*) *m.* death

इंतक़ाम (*intaqām*) *m.* revenge

इंतज़ाम (*intazām*) *m.* management

इंतज़ार (*intazār*) *m.* waiting

इंतहा (*intahā*) *f.* 1. end 2. limit

इंतहाई (*intahāī*) *a.* extreme

इंदराज (*indrāj*) *m.* putting or writing in, insertion, entry

इंदु (*indu*) *m.* moon

इंद्र (*indra*) *m.* Indra, the god of rain and the king of the gods

इंद्र धनुष *m.* rainbow, iris

इंद्रिय (*indriya*) *f.* organs, senses

इंद्रियातीत (*indriyātīt*) *a.* trans-sensual, beyond the senses

इंसान (*iṃsān*) *m.* human being, man

इंसानियत (*iṃsāniyat*) *f.* 1. humanity, human nature 2. civility

इंसाफ़ (*iṃsāf*) *f.* justice, equity, fairness

इकट्ठा (*ikaṭṭhā*) *a.* collected

इक़रार (*iqrār*) *m.* promise, vow

इक़रारनामा *m.* agreement

इकलौता (*iklautā*) *a.* single, only

इकाई (*ikāī*) *f.* unit

इक्का (*ikkā*) I. *a.* one, alone, single II. *m.* a one-horse vehicle

इक्का-दुक्का *a.* very few, stray

इच्छा (*icchā*) *f.* desire, wish

इच्छाशक्ति *f.* will-power

इच्छानुसार (*icchānusār*) *adv.* according to one's desire

इजलास (*ijlās*) *m.* 1. sitting, session 2. court of justice

इज़हार (*izahār*) *m.* expression

इ

इजाज़त (*ijāzat*) *f.* permission
इज़ाफ़ा (*izāfā*) *m.* addition
इज़ारबंद (*izārband*) *m.* waist-string for pyjamas
इज़्ज़त (*izzat*) *f.* honour, prestige
इठलाना (*iṭhlānā*) *v.i.* 1. to strut 2. to behave conceitedly
इतमीनान (*itmīnān*) *m.* 1. satisfaction, content 2. peace, rest
इतर (*itar*) *a.* 1. inferior 2. other
इतराना (*itrānā*) *v.i.* to behave in a boastful and arrogant way
इतवार (*itvār*) *m.* Sunday
इतस्ततः (*itastataḥ*) *adv.* here and there, hither and thither
इति (*iti*) *f.* end, conclusion
इतिवृत्त (*itivṛtta*) *m.* narrative
इतिश्री (*itiśrī*) *f.* end, finish
इतिहास (*itihās*) *m.* history
इत्तफ़ाक़ (*ittafāq*) *m.* chance
इत्तला (*ittalā*) *f.* information
इत्यादि (*ityādi*) *a.* so on and so forth, et cetera, and others
इत्र (*itra*) *m.* perfume, scent
इत्रदान *m.* a vessel for keeping scent
इधर (*idhar*) *adv.* hither, here
इधर-उधर *adv.* here and there
इनक़लाब (*inqalāb*) *m.* revolution
इनकार (*inkār*) *m.* /इन्कार (*inkār*) *m.* denial
इनाम (*inām*) *m.* prize, reward
इनायत (*ināyat*) *f.* favour
इने-गिने (*ine-gine*) *a.* a few
इफ़रात (*ifrāt*) *f.* plenty, abundance
इबादत (*ibādat*) *f.* worship
इब्तिदा (*ibtidā*) *f.* beginning start
इमरती (*imartī*) *f.* a kind of sweetmeat
इमली (*imlī*) *f.* the tamarind tree and its fruit
इमारत (*imārat*) *f.* building
इम्तिहान (*imtihān*) *m.* 1. trial test 2. examination
इरादा (*irādā*) *m.* intention

इर्द-गिर्द (*ird-gird*) *adv.* all about, all around, on all sides

इलज़ाम (*ilzām*) *m.* blame

इलाक़ा (*ilāqā*) *m.* area, region

इलाज (*ilāj*) *m.* 1. remedy, medical treatment 2. cure

इलायची (*ilāyacī*) *f.* cardamom

इल्म (*ilm*) *m.* knowledge

इशारा (*iśārā*) *m.* hint, signal

इश्क (*iśq*) *m.* love, fondness

इश्तहार (*iśtahār*) *m.* 1. advertisement 2. poster

इष्ट (*iṣṭa*) *m.* 1. personal deity 2. goal 3. desire, wish

इष्टदेवता *m.* tutelary deity

इष्टमित्र *m.* close friends

इसरार (*isrār*) *m.* insistence

इस्तीफ़ा (*istīfā*) *m.* resignation

इस्पात (*ispāt*) *m.* steel

ई

ईंगुर (*iṁgur*) *m.* vermilion, red lead

ईंट (*iṁṭ*) *f.* brick

ईंधन (*iṁdhan*) *m.* fuel, firewood

ईख (*īkh*) *m.* sugar-cane

ईजाद (*ījād*) *f.* invention

ईमान (*īmān*) *m.* 1. faith, trustworthiness 2. faith, belief 3. honesty

ईमानदारी *f.* honesty, fidelity

ईर्ष्या (*īrṣyā*) *f.* jealousy, envy

ईर्ष्यालु (*īrṣyālu*) *a.* jealous

ईर्ष्यालुता (*īrṣyālutā*) *a.* jealousness

ईश (*īś*) *m.* 1. lord, master 2. God

ईशान (*īśān*) *m.* north-east (region)

ईश्वर (*īśvar*) *m.* 1. God, Supreme Being 2. lord, master

ईश्वरोपासना (*īśvaropāsanā*) *f.* worship of God

ईश्वरता (*ī'svartā*) *f.* divine nature, divinity

ईसबगोल (*īsabgol*) *m.* medicinal plant and its seeds

ईस्वी (*īsvī*) *a.* Christian

ईस्वी पूर्व *adv.* before Christ

ईस्वी सन् *m.* Christian era

उ

उँगली (*umglī*) *f.* finger
उऋण (*uṛṇ*) *a.* free from debt
उकडूँ (*ukṛūṁ*) *a.* sitting on hams with soles of the feet on the ground
उकताना (*uktānā*) *v.i.* to be fed up, to be tired or bored
उकसाना (*uksānā*) *v.t.* to instigate, to incite, to provoke
उकेरना (*ukernā*) *v.t.* to carve, to engrave
उक्त (*ukta*) *a.* spoken, said
उक्ति (*ukti*) *f.* utterance, statement, dictum, saying
उखड़ना (*ukharṇā*) *v.i.* to be rooted out, to be pulled out
उखाड़ना (*ukhārṇā*) *v.t.* to uproot
उगलना (*ugalnā*) *v.i.* 1. to spit out 2. to vomit
उगाहना (*ugāhanā*) *v.t.* 1. to collect 2. to raise money
उग्र (*ugra*) *a.* aggressive, violent
उग्रवाद *m.* extremism
उघड़ना (*ugharṇā*) *v.i.* 1. to be unveiled 2. to be uncovered
उघाड़ना (*ughārṇā*) *v.t.* to unveil, to uncover, to denude
उचक्का (*ucakkā*) *m.* & *a.* swindler, shop-lifter, pickpocket
उचटना (*ucaṭnā*) *v.i.* to come off (as plaster from a wall)
उचाट (*ucāṭ*) *a.* wearied
उचित (*ucit*) *a.* proper, fair
उच्च (*ucca*) *a.* high, lofty, tall
उच्च न्यायालय *m.* High Court
उच्च वर्ग *m.* high class
उच्च शिक्षा *f.* higher education
उच्च सदन *m.* Upper House
उच्चाटन (*uccāṭan*) *m.* eradica-

उ

tion, extirpation, uprooting

उच्चायोग (*uccāyog*) *m.* High Commission

उच्चारण (*uccāraṇ*) *m.* pronunciation, articulation

उच्छिन्न (*ucchinna*) *a.* ruined, destroyed, laid waste

उच्छृंखल (*ucchr̥ṅkhal*) *a.* 1. undisciplined 2. unrestrained

उच्छ्वास (*ucchvās*) *m.* 1. long-drawn breath 2. deep sigh

उछलना (*uchalnā*) *v.i.* 1. to leap, to jump 2. to dance about

उछाल (*uchāl*) *f.* leap, jump, hop

उजला (*ujlā*) *a.* 1. white 2. clean

उजागर (*ujāgar*) *a.* 1. shining, bright 2. famous

उजाड़ (*ujāṛ*) *a.* desolate, ruined

उजाला (*ujālā*) *m.* 1. brightness 2. light

उज्ज्वल (*ujjval*) *a.* bright, shining

उज्र (*uzra*) *m.* objection

उठक-बैठक (*uṭhak-baiṭhak*) *f.* an exercise involving sitting and standing, knee-bends

उठना (*uṭhnā*) *v.i.* 1. to rise, to get up 2. to rise up 3. to wake up

उठाईगीर (*uṭhāīgīr*) *m.* pilferer, petty thief

उठाना (*uṭhānā*) *v.t.* 1. to lift, to raise 2. to pick up 3. to erect

उड़न (*uṛan*) *a.* flying

उड़न खटोला *m.* (myth) flying cot

उड़न तश्तरी *f.* flying dish

उड़नदस्ता *m.* flying squad

उड़ना (*uṛnā*) *v.i.* 1. to fly 2. to run fast

उड़ान (*uṛān*) *f.* 1. flight 2. range of a flight

उड़ानपट्टी *f.* runway

उड़ाना (*uṛānā*) *v.t.* to fly, (a kite), to let fly (a bird)

उड्डयन (*uḍḍayan*) *m.* flying, aviation

उढ़ाना (*uṛhānā*) *v.t.* to cover with a sheet or quilt

उतरन (*utaran*) *f.* used clothes

उतरना (*utarnā*) *v.i.* to get down

उतराना *(utarānā) v.i.* to float

उतार *(utār) m.* 1. descent 2. dismounting 3. disembarkment

उतार-चढ़ाव *m.* fluctuation, ups and downs

उतारू *(utārū) a.* 1. determined, bent upon 2. ready

उतावला *(utāvalā) a.* hasty, rash

उत्कंठा *(utkaṇṭhā) f.* eagerness

उत्कट *(utkaṭ) a.* 1. intense, excessive 2. strong

उत्कर्ष *(utkarṣ) m.* 1. elevation 2. rise, progress

उत्कृष्ट *(utkṛṣṭ) a.* 1. elevated 2. outstanding 3. excellent

उत्खनन *(utkhanan) m.* 1. digging, excavation 2. rooting out

उत्तम *(uttam) a.* 1. best 2. fine, finest, excellent, grand

उत्तर *(uttar)* I. *m.* reply, answer II. *m.* north (direction)

उत्तरदायित्व *(uttardāyitvā) m.* responsibility

उत्तराधिकारी *(uttarādhikārī) m.* heir, successor

उत्तरार्ध *(uttarārdha) m.* latter half

उत्तरोत्तर *(uttarottar) a.* successive, gradual

उत्तल *(uttal) a.* convex

उत्ताप *(uttāp) m.* intense heat

उत्तीर्ण *(uttīrṇa) a.* passed (examination)

उत्तुंग *(uttuṅg) a.* high, tall, lofty

उत्तेजना *(uttejanā) f.* excitement, encouragement

उत्थान *(utthān) m.* 1. elevation, rise 2. uplift

उत्थान-पतन *m.* rise and fall

उत्पत्ति *(utpatti) f.* origin, birth

उत्पात *(utpāt) m.* 1. disturbance 2. violence, riot

उत्पाद *(utpād) m.* product, yield, output, produce

उत्पादन *(utpādan) m.* production

उत्पीड़न *(utpīṛan) m.* 1. oppression 2. harassment

उत्फुल्ल *(utphulla) a.* 1. fully or wide open 2. radiant

उ

उत्स (*utsa*) *m.* ~~1. source~~ 2. fountain, spring
उत्सर्ग (*utsarg*) *m.* 1. detaching 2. giving up 3. dedication
उत्सव (*utsav*) *m.* festival
उत्साह (*utsāh*) *m.* 1. enthusiasm, zeal 2. encouragement
उत्साहपूर्ण *a.* enthusiastic
उत्साहवर्धक *a.* encouraging
उत्साहित *a.* encouraged
उत्सुकता (*utsukatā*) *f.* eagerness
उथल-पुथल (*uthal-puthal*) *f.* upheaval, turmoil, chaos
उदधि (*udadhi*) *m.* ocean, sea
उदय (*uday*) *m.* rise
उदर (*udar*) *m.* belly, abdomen, stomach
उदात्त (*udātt*) *a.* 1. high, lofty, elevated 2. great, noble
उदात्तीकरण (*udāttīkaraṇ*) *m.* sublimation
उदारता (*udāratā*) *f.* generosity
उदासी (*udāsī*) *f.* sadness
उदासीन (*udāsīn*) *a.* apathetic
उदाहरण (*udāharaṇ*) *m.* example
उदाहरणार्थ *adv.* for instance for example
उदित (*udit*) *a.* risen, ascended
उदीयमान (*udīymān*) *a.* 1. rising, prospering 2. promising
उद्गम (*udgam*) *m.* 1. source origin 2. birth
उद्गार (*udgār*) *m.* expression of inner feelings
उद्घाटन (*udghāṭan*) *m.* inauguration, opening, uncovering
उद्घोष (*udghoṣ*) *m.* announcement, declaration
उद्दंड (*uddaṇḍ*) *a.* 1. unruly, rude 2. bold, courageous
उद्दाम (*uddām*) *a.* 1. unrestrained 2. violent, intense, strong
उद्दीपन (*uddīpan*) *m.* 1. stimulus 2. inciting 3. kindling
उद्देश्य (*uddeśya*) *m.* aim, object, motive, purpose, goal
उद्धत (*uddhat*) *a.* ill-behaved,

rude, impertinent, insolent

उद्धरण (*uddharaṇ*) *m.* quotation

उद्धार (*uddhār*) *m.* deliverance, emancipation, rescue

उद्भट (*udbhaṭ*) *a.* great, eminent

उद्भव (*udbhav*) *m.* 1. birth, descent, origin 2. growth, rise

उद्भूत (*udbhūt*) *a.* 1. produced, created 2. manifested

उद्भ्रांत (*udbhrānt*) *a.* bewildered, perplexed, confounded

उद्यत (*udyat*) *a.* ready, prepared

उद्यम (*udyam*) *m.* 1. enterprise 2. diligence 3. effort

उद्यान (*udyān*) *m.* garden, park

उद्योग (*udyog*) *m.* 1. industry 2. endeavour, venture

उद्योग-धंधा *m.* industry

उद्योग-पति *m.* industrialist

उद्योगीकरण (*udyogīkaraṇ*) *m.* industrialization

उद्वेग (*udveg*) *m.* 1. agitation, perplexity 2. restlessness

उद्वेलित (*udvelit*) *a.* 1. ebullient, overflowed 2. perturbed

उधर (*udhar*) *adv.* there, thither

उधार (*udhār*) *m.* loan, credit

उधारखाता *m.* credit account

उन (*un*) *pron.* those

उनींदा (*unīṁdā*) *a.* drowsy

उन्नति (*unnati*) *f.* progress, advancement, development

उन्नयन (*unnayan*) *m.* 1. lifting up, uplifting 2. development

उन्निद्र (*unnidra*) *a.* sleepless

उन्मत्त (*unmatta*) *a.* mad, amuck, insane, lunatic

उन्मन (*unman*) *a.* 1. excited 2. perplexed 3. worried

उन्माद (*unmād*) *m.* 1. madness 2. excessive fondness

उन्मीलित (*unmīlit*) *a.* 1. opened (eyes) 2. made visible

उन्मुक्त (*unmukt*) *a.* 1. let loose, set free 2. open

उन्मुख (*unmukh*) *a.* 1. looking up/at, facing 2. eager, anx-

उ

ious

उन्मूलन (*unmūlan*) *m.* 1. uprooting, eradication 2. abolition

उन्मेष (*unmeṣ*) *m.* 1. appearance 2. rise (of a thought)

उपकरण (*upkaraṇ*) *m.* 1. apparatus 2. equipment

उपकार (*upkār*) *m.* favour, kindness, beneficence

उपकृत (*upkṛt*) *a.* 1. benefited 2. obliged, grateful

उपक्रम (*upkram*) *m.* 1. initial stage, beginning 2. undertaking

उपक्रमणिका (*upkramaṇikā*) *f.* index, synopsis

उपग्रह (*upgrah*) *m.* satellite, minor planet, secondary planet

उपचार (*upcār*) *m.* 1. medical treatment, remedy 2. nursing

उपचेतन (*upcetan*) *a.* subconscious

उपज (*upaj*) *f.* produce, crop

उपजाऊ (*upjāū*) *a.* fertile, productive

उपजाति (*upjāti*) *f.* sub-caste

उपत्यका (*upatyakā*) *f.* land at the foot of a mountain, lowland

उपदंश (*updaṃś*) *m.* syphilis (disease)

उपदेश (*updeś*) *m.* 1. sermon 2. advice

उपद्रव (*upadrav*) *m.* 1. disturbance, turmoil 2. riot

उपनयन (*upnayan*) *m.* ceremony of wearing sacred thread

उपनाम (*upnām*) *m.* nickname, alias, family name

उपनिवेश (*upniveś*) *m.* new settlement, colony

उपनिषद् (*upniṣad*) *f.* the philosophical books on spiritual knowledge of the Vedas

उपन्यास (*upanyās*) *m.* novel

उपभोक्ता (*upbhoktā*) *m.* consumer

उपभोग (*upbhog*) *m.* 1. consumption, use 2. enjoyment

उपमा (*upamā*) *f.* 1. likeness 2. simile

उपमान (*upmān*) *m.* object of comparison

उपमेय (*upmeya*) I. *m.* subject of comparison II. *a.* comparable

उपयुक्त (*upyukt*) *a.* suitable

उपयोग (*upyog*) *m.* use

उपयोगिता (*upyogitā*) *f.* 1. usefulness, utility 2. suitability

उपरांत (*uparānt*) *adv.* after

उपरोक्त (*uparokt*) *a.* /**उपर्युक्त** (*uparyukt*) *a.* above mentioned

उपलक्ष्य (*uplakṣya*) *m.* sign, implication, occasion

उपलब्ध (*uplabdh*) *a.* 1. available 2. obtained, got, attained

उपलब्धि (*uplabdhi*) *f.* attainment, achievement

उपला (*uplā*) *m.* dried cowdung cake

उपवन (*upvan*) *m.* garden, a grove

उपवास (*upvās*) *m.* fast

उपसंहार (*upsaṃhār*) *m.* 1. conclusion, end 2. summary

उपसर्ग (*upsarg*) *m.* prefix

उपस्थित (*upasthit*) *a.* present

उपहार (*uphār*) *m.* gift, present

उपहास (*uphās*) *m.* ridicule

उपहासास्पद (*uphāsāspad*) I. *a.* ridiculous II. *m.* object of laughter, butt of ridicule

उपादेय (*upādeya*) *a.* 1. accepted, admissible 2. useful

उपाधि (*upādhi*) *f.* 1. title 2. degree

उपानह (*upānah*) *m.* shoe, slipper

उपाय (*upāya*) *m.* 1. plan 2. means, course 3. remedy 4. device

उपार्जन (*upārjan*) *m.* earning

उपालंभ (*upālambha*) *m.* 1. complaint, grievance 2. censure

उपासना (*upāsanā*) *f.* worship

उपेक्षा (*upekṣā*) *f.* 1. neglect, negligence 2. apathy

उफनना (*uphananā*) *v.t.* to boil over, to seethe with rage

उबकाई (*ubkāī*) *f.* feeling of vomiting, nausea

उबटन (*ubaṭan*) *m.* paste for applying on skin

उबरना (*ubarnā*) *v.i.* to be saved/relieved

उबलना (*ubalnā*) *v.i.* to boil

उबाना (*ubānā*) *v.i.* to bore

उबाल (*ubāl*) *m.* boiling, seething

उभड़ना (*ubhaṛnā*) *v.i.* to rise, to spring up

उभय (*ubhay*) *a.* both, the two

उभरना (*ubharnā*) *v.i.* to rise, to spring up, to emerge

उभार (*ubhār*) *m.* 1. swelling 2. rising or development (of the breasts of girls)

उमंग (*umaṅg*) *f.* excessive joy

उमड़ना (*umaṛnā*) *v.i.* 1. to swell up (tears, crowd, love) 2. to overflow (stream)

उमर (*umar*) *f.* /उम्र (*umra*) *f.* 1. age 2. lifetime

उमस (*umas*) *f.* sultriness stuffiness

उम्दा (*umdā*) *a.* nice, fine, excellent

उम्मीद (*ummīd*) *f.* hope

उम्मीदवार (*ummīdavār*) *m.* candidate

उर (*ur*) *m.* heart, breast, chest

उड़द (*uṛad*) *m.* vetch, black pulse

उरोज (*uroj*) *m.* the female breast

उर्फ़ (*urf*) *m.* alias

उर्वर (*urvar*) *a.* fertile

उर्वरक (*urvarak*) *m.* fertilizer

उलझन (*uljhan*) *f.* 1. complication, intricacy 2. imbroglio

उलटना (*ulaṭnā*) *v.t.* to overturn, to turn upside down

उलटा (*ulaṭā*) *a.* /उल्टा (*ulṭā*) *a* 1. inverse, inverted 2. reverse, contrary

उलटी (*ulṭī*) *f.* vomiting

उलाहना (*ulāhnā*) *m.* complaint

उलूक (*ulūk*) *m.* owl

उल्का (*ulkā*) *f.* meteor

उल्कापात *m.* falling of a meteor

उल्था (*ulthā*) *m.* rendition, translation, rendering

उल्लंघन (*ullaṅghan*) *m.* violation, infringement, contravention

उल्लास (*ullās*) *m.* 1. elation 2. merriment, ecstasy

उल्लिखित (*ullikhit*) *a.* 1. written above 2. above mentioned

उल्लू (*ullū*) *m.* 1. owl 2. a stupid fellow, blockhead

उल्लेख (*ullekh*) *m.* mention, reference

उल्लेखनीय (*ullekhanīya*) *a.* mentionable, worth mentioning, noteworthy, notable, remarkable

उषा (*uṣā*) *f.* dawn, daybreak

उष्ण (*uṣṇ*) *a.* hot

उष्णता (*uṣṇatā*) *f.* heat, warmth

उसूल (*usūl*) *m.* principle

उस्तरा (*ustarā*) *m.* razor

उस्ताद (*ustād*) *m.* 1. master, skilful man, adept, expert 2. teacher, tutor 3. clever person

ऊ

ऊँघना (*ūṁghnā*) *v.i.* to doze, to snooze, to feel drowsy, to nap

ऊँचा (*ūṁcā*) *a.* high, tall, lofty

ऊँचाई (*ūṁcāī*) *f.* 1. height, loftiness 2. elevation

ऊँट (*ūṁt*) *m.* camel

ऊँटनी (*ūṁṭnī*) *f.* female camel

ऊख (*ūkh*) *a.* sugar-cane

ऊखल (*ūkhal*) *m.* mortar of stone or wood

ऊटपटांग (*ūṭpaṭāṅg*) *a.* 1. haphazard, random 2. useless

ऊधम (*ūdham*) *m.* 1. noise, uproar, row 2. disturbance

ऊनी (*ūnī*) *a.* made of wool, woollen

ऊपर (*ūpar*) *adv.* up, a top, above, over, on, upon

ऊब (*ūb*) *f.* feeling of aversion

ऊबड़-खाबड़ (*ūbaṛ-khābaṛ*) *a.* rough, rugged

ऊर्जा (*ūrjā*) *f.* energy, vigour

ऊर्ध्व (*ūrdhva*) *a.* 1. high, lofty 2. vertical, upward

ऊर्मि (*ūrmi*) *f.* 1. wave, surge, billow 2. current, flow

ऊष्मा (*ūṣmā*) *f.* heat

ऊसर (*ūsar*) *a.* (of land) barren, unproductive

ऊहापोह (*ūhāpoh*) *m.* consideration of the pros and cons of a question

ऋ

ऋक् (*ṛk*) *m.* /**ऋग्** (*ṛg*) *m.* Vedic hymn, a verse of the Rigveda

ऋग्वेद (*ṛgveda*) *m.* Rigveda, the earliest and most important of the four Vedas which contains ten books and 1017 hymns

ऋचा (*ṛcā*) *f.* Vedic hymn, verse, stanza, text (especially of the Rigveda)

ऋजु (*ṛju*) *a.* 1. straight, upright 2. sincere, honest 3. direct

ऋण (*ṛṇ*) *m.*1. debt, loan 2. obligation 3. minus

ऋत (*ṛt*) *m.* divine law, truth, righteousness, truth personified

ऋतु (*ṛtu*) *f.* 1. season, weather 2. monthly course (of a woman), menstrual discharge

ऋत्विक (*ṛtvik*) *m.* /**ऋत्विज** (*ṛtvij*) *m.* priest in yagya (sacrifice), Vedic Brahmin

ऋद्धि (*ṛddhi*) *f.* 1. affluence, prosperity 2. good fortune **ऋद्धि-सिद्धि** *f.* prosperity and accomplishment or success

ऋषभ (*ṛṣabh*) *m.* 1. bull 2. eminent, the best 3. (music) the second note in the Indian gamut (रि)

ऋषि (*ṛṣi*) *m.* sage, seer

ए

ए

एक (*ek*) *a.* 1. one 2. single, solitary 3. united 4. same
एकछत्र *a.* having undisputed sway, supreme
एकजुट *a.* united
एकटक *a.* with fixed look
एकतंत्र *m.* monarchy, autocracy
एकतरफा *a.* unilateral, ex parte
एकदम *adv.* all at once, all of a sudden
एकनिष्ठ *a.* devoted to only one, loyalty to one only
एकपक्षीय *a.* one-sided
एकपत्नीव्रत *m.* monogamism
एकमत *a.* unanimous
एकमात्र *a.* only one, single, sole
एकमुश्त *a.* (a) lumpsum, handful (b) in full payment

एकता (*ektā*) *f.* 1. unity, oneness 2. identity, sameness

एकत्र (*ekatra*) *a.* /**एकत्रित** (*ekatrit*) *a.* collected together

एकल (*ekal*) *a.* sole, single, lonely, alone, solitary, isolated

एकांकी (*ekāṅkī*) I. *a.* one-act II. *m.* one-act play

एकांगी (*ekāṅgī*) *a.* one-sided

एकांत (*ekānt*) *a.* 1. secluded, solitary 2. private

एका (*ekā*) *m.* unity, unison

एकाएक (*ekāek*) *adv.* suddenly, all of a sudden

एकाकी (*ekākī*) *a.* 1. lonely, single, solitary 2. isolated

एकाग्रता (*ekāgratā*) *f.* concentration (of mind)

एकादशी (*ekādaśī*) *f.* eleventh day of a lunar fortnight

एकाध (*ekādh*) *a.* one or two

एकाधिपत्य (*ekādhipatya*) *m.* sole and absolute right/sovereignty

एकीकरण (*ekīkaraṇ*) *m.* unification, integration

एड़ (*eṛ*) *f.* 1. heel 2. spur

एड़ी (*eṛī*) *f.* heel (of foot)

एतद् (*etad*) *pron.* this

एतद्द्वारा *adv.* through this

एतबार (*etbār*) *m.* faith, confidence, trust

एतराज़ (*etrāz*) *m.* objection

एलान (*elān*) *m.* public declaration or announcement

एवं (*evaṁ*) *conj.* as, thus as also, and

एवज़ी (*evazī*) *a.* officiating, substitute

एषणा (*eṣṇā*) *f.* ardent desire

एहतियात (*ehtiyāt*) *f.* precaution, care

एहसान (*ehsān*) *m.* obligation, favour

एहसानमंद *a.* obliged, grateful

ऐ

ऐ

ऐंच (*aiṁc*) *f.* 1. pulling, dragging 2. stretching, tightening 3. scarcity

ऐंचातानी (*aiṁcātānī*) *f.* stretching and straining, tugging and pulling

ऐंठ (*aiṁṭh*) *f.* 1. twist 2. conceit

ऐंठन (*aiṁṭhan*) *f.* 1. twist, coil, contortion 2. cramp, spasm

ऐंठना (*aiṁṭhnā*) *v.i.* & *v.t.* 1. to twist, to distort, to convulse, to writhe 2. to tighten

ऐच्छिक (*aicchik*) *a.* voluntary, optional

ऐतिहासिक (*aitihāsik*) *a.* historical

ऐन (*ain*) *a.* exact, just

ऐनक (*ainak*) *f.* spectacles, eyeglasses, looking glass

ऐब (*aib*) *m.* 1. fault, defect 2. vice, shortcoming

ऐश (*aiś*) *f.* 1. merrymaking, enjoyment 2. luxury

ऐश्वर्य (*aiśvarya*) *m.* 1. godliness, divinity 2. prosperity, affluence

ऐश्वर्यशाली *a.* prosperous, wealthy, opulent, majestic

ऐसा (*aisā*) *a.* such, like this

ऐहिक (*aihik*) *a.* worldly

ओ

ओंकार (*omkār*) *m.* mystic name of God, Om

ओंठ (*omṭh*) *m.* lip

ओकाई (*okāī*) *f.* nausea, vomiting sensation

ओखली (*okhlī*) *f.* mortar

ओछा (*ochā*) *a.* 1. mean, low, vulgar, frivolous 2. shallow

ओज (*oj*) *m.* 1. vigour, power, prowess, vitality 2. lustre

ओजस्वी (*ojasvī*) *a.* 1. vigorous, powerful, valiant 2. lustrous

ओझल (*ojhal*) *a.* 1. hidden, concealed 2. out of sight

ओझा (*ojhā*) *m.* 1. sorcerer, wizard 2. a sub caste of Brahmin

ओट (*oṭ*) *f.* 1. hiding place 2. protection 3. concealment

ओटना (*oṭnā*) *v.t.* to pick or separate seeds (from cotton)

ओढ़ना (*orhnā*) *v.t.* to cover with a cloth, to put on

ओढ़नी (*orhnī*) *f.* a woman's veil

ओतप्रोत (*otprot*) *a.* cross-threaded, warp and woof

ओम् (*om*) *m.* a mystic name for the triad of deities Brahma, Vishnu and Shiva

ओर (*or*) *f.* side, direction
ओर-छोर *m.* the two ends, beginning and the end

ओला (*olā*) *m.* hailstone

ओष्ठ (*oṣṭha*) *m.* lip

ओस (*os*) *f.* dew

ओसारा (*osārā*) *m.* penthouse, porch, verandah

ओहदा (*ohdā*) *m.* rank, office

औ

औ

औंधा (*aumdhā*) *a.* with the face turned downwards, overturned

औक़ात (*auqāt*) *f.* 1. status, position 2. capacity 3. wealth

औघड़ (*aughaṛ*) *a.* ill-formed, awkward

औचक (*aucak*) *adv.* unexpectedly, suddenly, accidentally

औचित्य (*aucitya*) *m.* aptness

औटना (*auṭnā*) *v.i.* to boil

औद्योगिक (*audyogik*) *a.* industrial

औद्योगीकरण (*audyogīkaraṇ*) *m.* industrialization

औपचारिक (*aupcārik*) *a.* formal

औपचारिकता (*aupcārikatā*) *f.* formality

और (*aur*) I. *conj.* and II. *pron* other, another III. *a.* more **और तो और** not only that

औरत (*aurat*) *f.* 1. woman, lady 2. wife

औरस (*auras*) *a.* legitimate

औलाद (*aulād*) *f.* progeny, offspring, children

औलिया (*auliyā*) *m.* Muslim saint, apostle

औषधालय (*auṣadhālaya*) *m* 1. pharmacy 2. dispensary

औषधि (*auṣadhi*) *f.* medicinal herb, medicine

औसत (*aūsat*) *m.* average, mean

क

कंकड़ (*kankaṛ*) *m.* stone particles
कंकड़ी (*kankaṛī*) *f.* /**कंकरी** (*kankarī*) *f.* small pebble
कंकड़ीला (*kankaṛīlā*) *a.* stony
कंकण (*kankaṇ*) *m.* 1. bracelet 2. marriage thread
कंकाल (*kankāl*) *m.* skeleton
कंगन (*kangan*) *m.* bracelet, bangle
कंगाल (*kangāl*) *a.* & *m.* poor
कंगूरा (*kangūrā*) *m.* cornice
कंघा (*kanghā*) *m.* hair-comb
कंचन (*kañcan*) *m.* gold
कंजा (*kañjā*) *a.* blue-eyed
कंजूस (*kañjūs*) *m.* & *a.* miser, niggardly
कंटक (*kaṇṭak*) *m.* thorn
कंटकाकीर्ण (*kaṇṭakākīrṇ*) *a.* thorny, prickly
कँटीला (*kaṁṭīlā*) *a.* thorny, prickly
कंठ (*kaṇṭh*) *m.* throat, larynx
कंठहार *m.* necklace
कंठाग्र (*kaṇṭhāgra*) *a.* by rote, committed to memory
कंठी (*kaṇṭhī*) *f.* necklace of small beads
कंडाल (*kaṇḍāl*) *m.* trough
कंत (*kant*) *m.* 1. lover 2. husband
कंद (*kand*) *m.* bulb, tuber
कंदमूल *m.* rootlet, rhizome
कंदरा (*kandarā*) *f.* cavern, cave
कंदर्प (*kandarp*) *m.* god of sex
कंधा (*kandhā*) *m.* shoulder
कँपकँपी (*kaṁpkaṁpī*) *f.* shivering
कंपन (*kampan*) *m.* trembling
कंबख्त (*kambakhta*) *a.* wretched
कंबल (*kambal*) *m.* blanket, rug

क

कई (*kaī*) *pron.* several
ककड़ी (*kakṛī*) *f.* cucumber
ककहरा (*kakahrā*) *m.* 1. alphabet 2. ABC of something
कक्ष (*kakṣa*) *m.* room
कक्षा (*kakṣā*) *f.* 1. class 2. orbit
कगार (*kagār*) *f.* 1. verge 2. bank of a river
कचड़ा (*kacṛā*) *m.* rubbish
कचहरी (*kacahrī*) *f.* court of law
कचूमर (*kacūmar*) *m.* 1. jam of a fruit 2. anything crushed
कचोट (*kacoṭ*) *f.* searing pain
कचौड़ी (*kacauṛī*) *f.* a variety of fried pastry
कच्चा (*kaccā*) *a.* raw, unripe
कछार (*kachār*) *f.* marshy land
कछुआ (*kachuā*) *m.* turtle, tortoise
कजरारी (*kajrārī*) *f.* blackness
कजरी (*kajrī*) *f.* a type of folk songs sung in rainy season
कटखना (*kaṭkhanā*) *a.* (of a dog) prone to bite
कटघरा (*kaṭgharā*) *m.* 1. large cage 2. witness box
कटहल (*kaṭhal*) *m.* jackfruit
कटाई (*kaṭāī*) *f.* 1. cutting, clipping 2. harvesting 3. harvest
कटाक्ष (*katākṣ*) *m.* sarcasm
कटार (*kaṭār*) *f.* /**कटारी** (*kaṭārī*) *f.* dagger, stiletto
कटि (*kaṭi*) *f.* waist, loins
 कटिबद्ध *a.* gird up, ready
कटिया (*kaṭiyā*) *f.* 1. fishing hook 2. female calf of a buffalo
कटीला (*kaṭīlā*) *a.* sharp-edged
कटु (*kaṭu*) *a.* 1. pungent 2. bitter
कटुता (*kaṭutā*) *f.* bitterness
कटोरा (*kaṭorā*) *m.* /**कटोरी** (*kaṭorī*) *f.* a small metal bowl
कटौती (*kaṭautī*) *f.* 1. abatement, deduction 2. discount, rebate
कट्टर (*kaṭṭar*) *a.* strict
 कट्टरपंथी *a.* & *m.* orthodox
कठघरा (*kaṭhgharā*) *m.* wooden cage
कठपुतली (*kaṭhputlī*) *f.* puppet, a wooden doll
कठमुल्ला (*kaṭhmullā*) *m.* 1.

crude man 2. bigot, fanatic
कठिन (*kaṭhin*) *a.* difficult, hard
कठिनाई (*kaṭhināī*) *f.* difficulty
कठोर (*kaṭhor*) *a.* 1. hard, stiff 2. strict, rigid 3. unkind, cruel
कठौती (*kaṭhautī*) *f.* wooden bowl or dish
कड़क (*karak*) *f.* loud sound
कड़वा (*karvā*) *a.* bitter
कड़ा (*karā*) *a.* 1. hard 2. rigid
कड़ाही (*karāhī*) *f.* a small frying pan
कड़ी (*karī*) *f.* 1. hard, tough 2. ring, circular object made of iron 3. link 4. beam rafter
कड़ुआ (*karuā*) *a.* bitter
कढ़ाई (*karhāī*) *f.* 1. embroidery 2. deep frying pan
कढ़ी (*karhī*) *f.* curry prepared with curd and spices
कण (*kaṇ*) *m.* 1. particle 2. drop
कतरन (*kataran*) *f.* 1. cutting, clipping 2. scrap
कतराना (*katrānā*) *v.i.* to fight shy of, to elude, to avoid
कताई (*katāī*) *f.* spinning
क़तार (*qatār*) *f.* line, row
कतिपय (*katipaya*) *a.* some, a few, several
कत्थई (*katthaī*) *a.* of the colour of catechu, chocolate (colour)
क़त्ल (*qatl*) *m.* murder
कथन (*kathan*) *m.* statement
कथनानुसार (*kathanānusār*) *adv.* according to one's statement
कथनी (*kathanī*) *f.* anything said
कथा (*kathā*) *f.* story, tale
  कथाकार *m.* storywriter
कथानक (*kathānak*) *m.* plot of a story, drama, novel
कथित (*kathit*) *a.* said, uttered
कथोपकथन (*kathopkathan*) *m.* dialogue, conversation
कथ्य (*kathya*) *m.* subject- matter
क़द (*qad*) *m.* height, size
क़दम (*qadam*) *m.* footstep, step
कदाचित् (*kadācit*) *adv.* scarcely, hardly ever, sometimes

क

कदापि (*kadāpi*) *adv.* at any account

कद्दू (*kaddū*) *m.* pumpkin, gourd

कद्रदान (*kadradān*) *a.* & *m.* one who appreciates

कनक (*kanak*) *m.* gold

कनखजूरा (*kankhajūrā*) *m.* centipede

कनखी (*kanakhī*) *f.* corner of the eye

कनपटी (*kanpaṭī*) *f.* temple

कनफूल (*kanphūl*) *m.* an ear-ornament shaped like a flower

कनात (*kanāt*) *f.* an enclosure of canvas, tent wall

कनिष्ठ (*kaniṣṭha*) *a.* 1. youngest 2. junior

कन्या (*kanyā*) *f.* 1. unmarried girl 2. sixth zodiac sign, Virgo

कन्यादान *m.* giving away one's daughter in marriage

कपट (*kapaṭ*) *m.* deception, fraud

कपड़ा (*kapṛā*) *m.* 1. cloth 2. garment

कपड़ा-लत्ता *m.* clothes, etc

कपाट (*kapāṭ*) *m.* door

कपाल (*kapāl*) *m.* skull bone

कपास (*kapās*) *f.* cotton plant and its flower

कपि (*kapi*) *m.* ape, monkey

कपूत (*kapūt*) *m.* bad or undutiful son, wicked son

कपूर (*kapūr*) *m.* camphor

कपोत (*kapot*) *m.* 1. pigeon 2. dove

कपोल (*kapol*) *m.* cheek

कपोलकल्पित (*kapolkalpit*) *a.* false, unreal

कफ़न (*kafan*) *m.* shroud

कब (*kab*) *adv.* when

कबाड़ (*kabāṛ*) *m.* broken or rejected pieces of things, junk

कबाड़खाना *m.* junkyard

कबाड़ी (*kabāṛī*) *m.* a seller of broken and rejected articles

कबाब (*kabāb*) *m.* roasted meat

क़बीला (*qabīlā*) *m.* tribe, family

कबूतर (*kabūtar*) *m.* pigeon
कबूल (*kabūl*) *m.*1. acceptance 2. confession, admission
क़ब्ज (*qabz*) *f.* constipation
कब्जा (*kabzā*) *m.* possession
क़ब्र (*qabra*) *f.* grave, tomb
क़ब्रिस्तान (*qabristān*) *m.* graveyard, burial ground, cemetery
कभी (*kabhī*) *adv.* ever, some time or other, sometimes
कभी-कभार *adv.* /**कभी-कभी** *adv.* now and then, occasionally
कमंडल (*kamaṇḍal*) *m.* /**कमंडलु** (*kamaṇḍalu*) *m.* a pot or vessel with a spout
कमंद (*kamand*) *f.* 1. a scaling ladder, rope 2. lasso
कम (*kam*) *a.* 1. less 2. short, scanty
कमज़ोर (*kamzor*) *a.* weak, feeble
कमनीय (*kamanīya*) *a.* comely, seemly, lovely
कमर (*kamar*) *f.* waist
कमरतोड़ *a.* back-breaking, arduous, toilsome
कमरबंद *m.* waistband, belt
कमरा (*kamrā*) *m.* room
कमल (*kamal*) *m.* lotus
कमली (*kamlī*) *f.* small blanket
कमाई (*kamāī*) *f.* earning
कमान (*kamān*) *f.* 1. bow 2. command (of an army)
कमाना (*kamānā*) *v.t.* 1. to earn 2. to clean latrines
कमाल (*kamāl*) *m.* 1. wonderful work 2. excellence
कमी (*kamī*) *f.* 1. lack, scarcity, shortage 2. shortcoming
कमीज़ (*kamīz*) *f.* shirt
कमीना (*kamīnā*) *a.* low, mean
क़यामत (*qayāmat*) *f.* 1. catastrophe, doom 2. last day of judgment
क़यास (*qayās*) *m.* 1. guess, conjecture 2. imagination
कर (*kar*) *m.* 1. hand 2. tax
करतल *a.* palm of the hand
करदाता *m.* tax-payer
करघा (*karghā*) *m.* loom

क

करछी (*karchī*) *f.* ladle

करतब (*kartab*) *m.* 1. art, skill 2. wonderful performance

करतार (*kartār*) *m.* God

करतूत (*kartūt*) *f.* evil deed

करधनी (*kardhanī*) *f.* girdle

करना (*karnā*) *v.t.* 1. to do 2. to perform 3. to make 4. to act

करनी (*karnī*) *f.* 1. deed 2. misdeed

करवट (*karvaṭ*) *f.* the position of lying or sleeping on one's side

करामात (*karāmāt*) *f.* miracle

क़रार (*qarār*) *m.* /**क़रारनामा** (*qarārnāmā*) *m.* agreement

करारा (*karārā*) *a.* 1. crisp (as a biscuit) 2. well-hit (as a blow or slap)

कराल (*karāl*) *a.* dreadful

कराह (*karāh*) *f.* moaning sound

करिश्मा (*kariśmā*) *m.* miracle

क़रीब (*qarīb*) *adv.* near, close

क़रीब-क़रीब (a) almost, approximately (b) adjacent

करुण (*karuṇ*) *a.* 1. sad 2. pitiful

करुणा (*karuṇā*) *f.* pity, pathos

करेला (*karelā*) *m.* bitter gourd (vegetable)

कर्क (*kark*) *m.* crab

कर्क राशि *f.* the sign of Cancer in the zodiac

कर्क रेखा *f.* Tropic of Cancer

कर्कटी (*karkaṭī*) *f.* 1. female crab 2. cucumber

कर्कश (*karkaś*) *a.* 1. harsh 2. (of a person) rude, impolite

क़र्ज़ (*qarz*) *m.* debt, loan

क़र्ज़दार *m.* debtor, borrower

कर्ण (*karṇ*) *m.* /**कर्णेंद्रिय** (*karṇeṁdriya*) *f.* ear

कर्ण-कटु *a.* harsh, jarring

कर्णधार *m.* boatman

कर्णप्रिय *a.* pleasing to the ear

कर्तब (*kartab*) *m.* 1. deed 2. feat

कर्तव्य (*kartavya*) *m.* duty

कर्तव्यनिष्ठ *a.* devoted to duty, dutiful

कर्तव्यपालन *m.* performance of duty

कर्ता (*kartā*) *m.* 1. doer 2. maker 3. Creator, God

कर्ता-धर्ता *m.* sole managing member of a family or institution

कर्पूर (*karpūr*) *m.* camphor

कर्म (*karm*) *m.* deed, action

कर्मकांड *m.* rituals

कर्मक्षेत्र *m.* place of activity

कर्मचारी *m.* employee, worker

कर्मफल *m.* result of one's actions/deeds, nemesis

कर्मभूमि *f.* field of action

कर्मयोग *m.* philosophy of detached action

कर्मवीर *m.* untiring worker

कर्मस्थल *m.* place of work

कर्मठ (*karmaṭh*) *a.* working diligently, industrious

कर्षण (*karṣaṇ*) *m.* 1. tilling 2. traction, drawing 3. attracting

कलंक (*kalaṅk*) *m.* 1. spot, stain, stigma 2. blemish, ignominy

कलंकित (*kalaṅkit*) *m.* disgraced, defamed, defiled, blemished

क़लंदर (*qalandar*) *m.* 1. monkey or bear dancer 2. Muslim mendicant of wandering nature

कल (*kal*) I. *adv.* 1. yesterday 2. tomorrow II. *f.* 1. rest 2. calm, peace 3. machine

कलपुर्जे *m.* parts of a machine

कलमुँहा *a.* blackfaced, blemished, stigmatised, unlucky

कलरव *m.* twittering of the birds

क़लई (*qalaī*) *f.* 1. tin-plate 2. coating 3. white-washing 4. gilding

कलगी (*kalgī*) *f.* 1. crest, plume, red fleshy comb of a fowl 2. an ornament for the head

कलछा (*kalchā*) *m.* a large spoon or ladle with a big handle

कलत्र (*kalatra*) *m.* wife, woman

कलपना (*kalapnā*) *v.i.* to grieve, to wail, to lament

क

कलफ़ (*kalaf*) *m.* starch

क़लम (*qalam*) *f.* 1. pen 2. brush 3. graft

कलम-दवात *f.* pen and ink-pot

कलमदान *m.* pen-holder

कलमी (*kalmī*) *a.* grown or produced from graft, grafted

कलवार (*kalvār*) *m.* 1. wine merchant 2. dealer in liquors

कलश (*kalaś*) *m.* 1. water jar, pitcher 2. pinnacle of a temple

कलह (*kalah*) *m.* quarrel, fray

कला (*kalā*) *f.* 1. art 2. phase of the moon 3. degree 4. trick

कलाकृति *f.* a work of art

कला-केंद्र *m.* art centre

कला-कौशल *m.* artistic skill

कलादीर्घा *f.* art gallery

कलापारखी *m.* connoisseur of art

कलाबाज़ी *f.* somersault

कलाई (*kalāī*) *f.* wrist

कलाई घड़ी *f.* wrist watch

क़लाकंद (*qalāqand*) *m.* a sweetmeat of condensed milk

कलाम (*kalām*) *m.* 1. word 2. conversation 3. poetic work

कलाल (*kalāl*) *m.* distiller and seller of liquor

कलियुग (*kaliyug*) *m.* the fourth or last age of the universe according to Hindu mythology

कली (*kalī*) *f.* 1. flower bud 2. new feather

कलुष (*kaluṣ*) *m.* 1. filth 2. stain, black spot 3. sin 4. impurity

कलुषित (*kaluṣit*) *a.* 1. defiled 2. tarnished

कलेजा (*kalejā*) *m.* 1. liver 2. heart

कलेजी (*kalejī*) *f.* 1. liver (of animals especially goat or sheep) 2. flesh of the heart

कलेवर (*kalevar*) *m.* body

कलेवा (*kalevā*) *m.* light morning meal, breakfast

कल्प (*kalp*) *m.* 1.pious or religious performance 2. period of a day of Brahma

कल्पना (*kalpanā*) *f.* imagination

कल्पनातीत (*kalpanātīt*) *a.* beyond imagination, unimaginable

कल्पित (*kalpit*) *a.* 1. imagined, fancied 2. fictitious

कल्मष (*kalmaṣ*) *m.* 1. dirt, filth 2. stain, spot 3. sin 4. impurity

कल्याण (*kalyāṇ*) *m.* welfare, good

कल्याणकारी *a.* beneficial

कल्लोल (*kallol*) *m.* 1. surging wave 2. roaring of the sea 3. joy

कवच (*kavac*) *m.* armour

कवयित्री (*kavayitrī*) *f.* poetess

कवल (*kaval*) *m.* a mouthful of food

कवलित (*kavalit*) *a.* devoured, eaten, swallowed down

कवायद (*qavāyad*) *f.* drill, parade

कवि (*kavi*) *m.* poet

कविता (*kavitā*) *f.* poem, poetry

कवित्त (*kavitt*) *m.* a particular form and metre of verse

कवित्व (*kavitva*) *m.* poetic quality, poetic talent

क़व्वाली (*qavvālī*) *f.* a form of group song in praise of God

कश (*kaś*) *m.* 1. inhalation 2. puff of smoke

कशमकश (*kaśmakaś*) *f.* 1. struggle 2. hesitation

कशिश (*kaśiś*) *f.* attraction

कशीदा (*kaśīdā*) *m.* /**कशीदाकारी** (*kaśīdākārī*) *f.* embroidery

कषाय (*kaṣāy*) *a.* of astringent taste or flavour

कष्ट (*kaṣṭ*) *m.* 1. affliction, pain 2. trouble 3. suffering

कष्टकर *a.* /**कष्टप्रद** *a.* painful

कसक (*kasak*) *f.* 1. throbbing pain 2. longing, craving

कसना (*kasnā*) *v.t.* 1. to tie, to bind, to fasten 2. to tighten

कसबा (*kasbā*) *m.* small town

क़सम (*qasam*) *f.* oath

कसर (*kasar*) *f.* 1. lack, short-

क

coming 2. fraction

कसरत (*kasrat*) *f.* physical exercise

क़साई (*qasāī*) *m.* 1. butcher 2. seller of flesh or meat

क़साईख़ाना *m.* slaughter house

कसाव (*qasāv*) *m.* tightness

कसूर (*kasūr*) *m.* 1. fault 2. offence, guilt

कसूरवार *a.* guilty, at fault

कसेरा (*kaserā*) *m.* bronze-smith

कसैला (*kasailā*) *a.* astringent

कसौटी (*kasauṭī*) *f.* touchstone

कस्तूरी (*kastūrī*) *f.* musk

कहकहा (*kahkahā*) *m.* loud laugh

कहना (*kahnā*) I. *v.t.* to say, tell II. *m.* 1. word 2. advice

क़हर (*qahar*) *m.* calamity

क़हवा (*qahvā*) *m.* coffee

कहाँ (*kahāṁ*) *adv.* where, at which place

कहानी (*kahānī*) *f.* story, tale

कहार (*kahār*) *m.* member of a particular caste of Hindus whose business is to carry palanquins or do domestic chores, water carrier/bearer

कहावत (*kahāvat*) *f.* proverb

कहीं (*kahīṁ*) *adv.* 1. anywhere, at any place 2. wherever

काँइयाँ (*kāṁiyāṁ*) *a.* crafty, cunning, crooked

कांक्षा (*kāṅkṣā*) *f.* desire, wish

काँख (*kāṁkh*) *f.* armpit

काँखना (*kāṁkhnā*) *v.i.* to groan, to moan, to cry in pain or grief

काँच (*kāṁc*) *m.* 1. glass 2. anal membrane

काँजी (*kāṁjī*) *f.* sour, gruel of mustard and salt

काँजी-हौस (*kāṁjīghar*) *m.* a pound for cattle

काँटा (*kāṁṭā*) *m.* 1. thorn 2. nail 3. fish-bone 4. balance, scale

काँठा (*kāṁṭhā*) *m.* throat, shore

कांड (*kāṇḍ*) *m.* 1. chapter of a book 2. untoward happening

कांता (*kāntā*) *f.* 1. beloved

2. wife

कांति (*kānti*) *f.* 1. brightness, brilliance 2. beauty

काँपना (*kāṁpnā*) *v.i.* to tremble

काँवर (*kāṁvar*) *f.* a bamboo pole with baskets on both ends used for carrying water from sacred rivers

काँस (*kāṁs*) *f.* a tall species of grass

काँसा (*kāṁsā*) *m.* bronze

काइयाँ (*kāiyāṁ*) *a.* shrewd

काई (*kāī*) *f.* water-moss, algae

काक (*kāk*) *m.* crow

काका (*kākā*) *m.* 1. paternal uncle, father's younger brother 2. child

काकी (*kākī*) *f.* wife of father's younger brother

काग (*kāg*) *m.* 1. crow 2. cork

काग़ज़ (*kāg̲az*) *m.* 1. paper 2. hand-note, document

काज (*kāj*) *m.* 1. work 2. button-hole

काजल (*kājal*) *m.* collyrium

क़ाज़ी (*qāzī*) *m.* Muslim priest who solemnises weddings

काजू (*kājū*) *m.* cashew nut

काट (*kāṭ*) *f.* cut, slash

काटछाँट *f.* pruning

काटना (*kāṭnā*) *v.t.* to cut, to chop

काठ (*kāṭh*) *m.* 1. timber 2. wood

काठी (*kāṭhī*) *f.* 1. saddle 2. physique, body, bodily structure

कातना (*kātnā*) *v.t.* to spin

काढ़ना (*kāṛhnā*) *v.t.* 1. to draw (out) 2. to embroider

कातर (*kātar*) *a.* 1. afflicted, distressed 2. impatient, restless

कातिब (*kātib*) *m.* 1. writer of documents 2. scribe

क़ातिल (*qātil*) *m.* murderer

कान (*kān*) *m.* ear

कानखजूरा (*kānkhajūrā*) *m.* centipede

कानन (*kānan*) *m.* forest, grove

काना (*kānā*) *a.* one eyed

क़ानून (*qānūn*) *m.* 1. law 2. rule

क

कान्हड़ा (*kānhaṛā*) *m.* a mode of Indian music
कापुरुष (*kāpuruṣ*) *m.* coward
क़ाफ़िया (*qāfiyā*) *m.* rhyme, the last letter in a poem
क़ाफ़िर (*kāfir*) *m.* unbeliever, infidel, non-Muslim
काफ़िला (*kāfilā*) *m.* caravan
काफ़ी (*kāfī*) *a.* enough, adequate
क़ाबिल (*qābil*) *a.* able, capable
क़ाबू (*qābū*) *m.* control, hold
काम (*kām*) *m.* 1. work, task, job 2. business 3. sex
  काम कला *f.* art of sexual practice
  कामकाज *m.* business
  कामचलाऊ *a.* provisional
  कामचोर *m.* shirker
  कामदेव *m.* God of love, Cupid
  कामधंधा *m.* occupation
  कामयाब *a.* successful
कामना (*kāmnā*) *f.* desire, wish
कामांध (*kāmāndh*) *a.* blinded by lust or sex
कामिनी (*kāminī*) *f.* beautiful woman, charming lady
कामुक (*kāmuk*) *a.* sexy, full of sexual desire, lustful
काम्य (*kāmya*) *a.* desirable
क़ायदा (*qāydā*) *m.* 1. rule 2. method 3. manner
क़ायम (*qāyam*) *a.* 1. established 2. firm, fixed
कायर (*kāyar*) *a.* & *m.* coward, timid, cowardly person
क़ायल (*qāyal*) *a.* 1. convinced 2. confessing
काया (*kāyā*) *f.* body
  कायाकल्प *m.* rejuvenation
कार (*kār*) I. *m.* 1. action 2. business II. *f.* (motor) car
  कारख़ाना *m.* factory, mill
  कारबार *m.* work, business
कारगर (*kārgar*) *a.* 1. effective 2. useful 3. active
कारण (*kāraṇ*) *m.* cause, reason
  कारणवश *adv.* due to a certain cause
कारतूस (*kartūs*) *m.* cartridge
कारवाँ (*kāravāṁ*) *m.* caravan, a large company of travellers

कारा *(kārā) f.* /**कारागार** *(kārāgār) f.* prison, jail, gaol
कारीगर *(kārīgar) m.* mechanic, artisan, craftsman
कारोबार *(kārobār) m.* business
कार्य *(kārya) m.* 1. work 2. deed
कार्यकर्ता *m.* worker, agent
कार्यकलाप *m.* activities
कार्यक्षमता *f.* capacity to work
कार्यवाही *f.* (a) action (b) proceedings
कार्यालय *m.* office
कार्रवाई *(kārravāī) f.* 1. action 2. proceedings
काल *(kāl) m.* 1. time, period 2. age 3. Yama, the God of death 4. death, demise
कालक्रमानुसार *adv.* chronologically
कालचक्र *m.* wheel of time
कालजयी *a.* one who has become immortal
कालपुरुष *m.* Yama
कालकूट *(kālkūṭ) m.* deadly poison/venom
कालांतर *(kālāntar) m.* interval of time
काला *(kālā) a.* black
काला-कलूटा *a.* jet black
कालातीत *(kālātīt) a.* 1. time-barred, lapsed 2. beyond time
कालानुक्रम *(kālānukram) m.* sequence of time, chronology
कालावधि *(kālāvadhi) f.* 1. time limit 2. period 3. duration
कालिख *(kālikh) f.* lampblack, soot
कालिमा *(kālimā) f.* 1. blackness 2. black spot, stain, blot
काली *(kālī) f.* 1. goddess Kali, Durga 2. black woman
क़ालीन *(qālīn) m.* carpet
काल्पनिक *(kālpanik) a.* imaginary
काव्य *(kāvya) m.* poetry
काश *(kāś) interj.* denoting wish or desire, would that
काशीफल *(kāśīphal) m.* pumpkin, gourd
काश्त *(kāśt) f.* cultivating
काषाय *(kāṣāy) I. a.* dyed in

क

saffron colour II. *m.* saffron dress

काष्ठ (*kāṣṭh*) *m.* wood, timber

काहिल (*kāhil*) *a.* lazy, idle

किंकर्तव्यविमूढ़ (*kiṁkartavyavimūṛh*) *a.* in a fix, at one's wit's end, caught in a dilemma

किंचित (*kiṁcit*) *a.* & *adv.* some, a little

किंतु (*kiṁtu*) *conj.* but, however

किंवदंती (*kiṁvadantī*) *f.* rumour

कि (*ki*) *conj.* that, in order that

किचकिच (*kickic*) *f.* 1. squabble 2. grittiness, grating

कितना (*kitnā*) *adv.* how much

किताब (*kitāb*) *f.* book

किधर (*kidhar*) *adv.* where, whither, in what direction

किनारा (*kinārā*) *m.* 1. edge 2. bank, shore 3. border

किनारी (*kinārī*) *f.* 1. lace 2. border

किफ़ायत (*kifāyat*) *f.* thrift

किरकिरी (*kirkirī*) *f.* grittiness

किरण (*kiraṇ*) *f.* beam (of light

किराना (*kirānā*) *m.* grocery

किरानी (*kirānī*) *m.* clerk

किराया (*kirāyā*) *m.* 1. rent 2 fare

किरीट (*kirīṭ*) *m.* tiara, corone

किलकारी (*kilkārī*) *f.* sound o joy (especially a child's)

क़िला (*qilā*) *m.* fort, castle

क़िल्लत (*qillat*) *f.* 1. scarcity paucity, shortage 2. want

किवाड़ (*kivāṛ*) *m.* door

किशमिश (*kiśmiś*) *f.* drie grapes

किशोर (*kiśor*) I. *m.* juvenile teenager II. *a.* adolescent young

किशोरी (*kiśorī*) *f.* teenaged gir adolescent girl, maid

किश्त (*kiśt*) *f.* checkmate (i chess)

किश्ती (*kiśtī*) *f.* boat

किसलय (*kislay*) *m.* sprout shoot, young leaf

किसान (*kisān*) *m.* farmer

ploughman, peasant, cultivator

क़िस्त (*qist*) *f.* 1. instalment 2. premium

क़िस्म (*qism*) *f.* 1. kind, type, sort 2. variety, quality 3. category

क़िस्मत (*qismat*) *f.* luck, fortune

क़िस्सा (*qissā*) *m.* story, tale, fable

कीच (*kīc*) *m.* /**कीचड़** (*kīcaṛ*) *m.* mud, grime, mire

कीट (*kīṭ*) *m.* worm, maggot

कीटाणु (*kīṭāṇu*) *m.* germ, bacillus, bacteria

कीड़ा (*kīṛā*) *m.* worm, insect

क़ीमत (*qīmat*) *f.* price, value

क़ीमती (*qīmtī*) *a.* costly

क़ीमा (*qīmā*) *m.* minced meat

कीर्तन (*kīrtan*) *m.* congregational singing (of hymns), carol

कीर्ति (*kīrti*) *f.* 1. fame, renown, reputation 2. prestige, honour

कील (*kīl*) *f.* 1. nail 2. nose-pin (an ornament) 3. spike

कुँअर (*kuṁar*) *m.* 1. son, boy 2. prince

कुँआ (*kuṁā*) *m.* well

कुँआरा (*kuṁārā*) I. *a.* unmarried II. *m.* bachelor

कुंकुम (*kuṅkum*) *m.* saffron

कुँजड़ा (*kuṁjṛā*) *m.* vegetable-grower, greengrocer

कुंजर (*kuñjar*) *m.* elephant

कुंजी (*kuñjī*) *f.* 1. key 2. annotation of a book

कुंठा (*kuṇṭhā*) *f.* 1. (psychological) complex 2. frustration

कुंड (*kuṇḍ*) *m.* 1. pond 2. reservoir 3. basin, cistern, trough

कुंडल (*kuṇḍal*) *m.* 1. coil 2. an ornament of the ears

कुंडा (*kuṇḍā*) *m.* 1. hasp (of a door) 2. large water bowl

कुंडी (*kuṇḍī*) *f.* a small hasp or chain for a door

कुंदन (*kundan*) *m.* pure gold

कुंदा (*kundā*) *m.* 1. block of wood, log 2. butt of a gun

कुआँ (*kuāṁ*) *m.* well

कुकुर (*kukur*) *m.* dog
कुकुर खाँसी *f.* whooping cough
कुकुरमुत्ता *m.* mushroom
कुक्षि (*kukṣi*) *f.* 1. belly 2. womb
कुख्यात (*kukhyāt*) *a.* notorious
कुचक्र (*kucakra*) *m.* 1. vicious circle 2. intrigue, conspiracy
कुचलना (*kucalnā*) *v.t.* to suppress
कुजाति (*kujāti*) *f.* low caste
कुटनी (*kuṭnī*) *f.* procuress, bawd
कुटाई (*kuṭāī*) *f.* beating
कुटिया (*kuṭiyā*) *f.* hutment, cottage
कुटिल (*kuṭil*) *a.* crooked, bent
कुटी (*kuṭī*) *f.* /**कुटीर** (*kuṭīr*) *f.* hut, cottage
कुटुंब (*kuṭumb*) *m.* kinsfolk, kith and kin, near relatives
कुठार (*kuṭhār*) *m.* axe, hatchet
कुठाराघात (*kuṭhārāghāt*) *m.* violent blow
कुड़की (*kuṛakī*) *f.* confiscation
कुढ़न (*kuṛhan*) *f.* jealousy, envy
कुतरना (*kutarnā*) *v.t.* to gnaw, to nibble, to cut with the teeth
कुतुब (*kutub*) *m.* 1. books 2. pole star
कुतुबनुमा *m.* compass
कुतूहल (*kutūhal*) *m.* curiosity
कुत्ता (*kuttā*) *m.* dog
कुत्सा (*kutsā*) *f.* 1. scandal, slander, calumny 2. disgust
कुदकना (*kudaknā*) *v.i.* to jump
कुदरत (*qudrat*) *f.* nature
कुदाल (*kudāl*) *m.* a tool for loosening soil, hoe
कुदृष्टि (*kudṛṣṭi*) *f.* evil eye
कुपात्र (*kupātra*) *a.* & *m.* unfit or undeserving (person)
कुपित (*kupit*) *a.* angry
कुपुत्र (*kuputra*) *m.* unworthy son
कुपोषण (*kupoṣaṇ*) *m.* malnutrition
कुप्रथा (*kuprathā*) *f.* evil custom
कुप्रभाव (*kuprabhāv*) *m.* evil effect, ill-effect

कुबड़ा (*kubṛā*) *a.* & *m.* hunch-backed (person)

कुमार (*kumār*) *m.* 1. bachelor 2. boy 3. prince

कुमारी (*kumārī*) *f.* unmarried girl, a virgin girl

कुमार्ग (*kumārg*) *m.* evil path

कुम्हड़ा (*kumhaṛā*) *m.* pumpkin

कुम्हार (*kumhār*) *m.* potter

क़ुरकी (*qurkī*) *f.* attachment (of property), confiscation

कुरकुरा (*kurkurā*) *a.* crisp, brittle

कुरता (*kurtā*) *m.* a loose full-sleeved shirt worn usually over pyjamas

क़ुरबानी (*qurbānī*) *f.* sacrifice

कुरसी (*kursī*) *f.* chair

कुरूप (*kurūp*) *m.* ugly

क़ुर्क़ी (*qurqī*) *f.* confiscation

कुल (*kul*) I. *m.* 1. family 2. clan 3. descent II. *a.* all, entire
कुलपति *m.* (a) head of the family (b) Vice-chancellor
कुलवधू *f.* a woman of a noble/dignified family

कुलक्षण (*kulakṣaṇ*) *m.* ill-omen, unlucky sign

कुलटा (*kulṭā*) *f.* unchaste or impure woman, harlot

कुलफ़ा (*kulfā*) *m.* a leafy vegetable

कुलफी (*kulfī*) *f.* a variety of ice-cream

कुलांगना (*kulāṅgnā*) *f.* chaste and virtuous woman

कुलाँच (*kulāṁc*) *f.* long jump

कुली (*kulī*) *m.* coolie, porter

कुलीन (*kulīn*) *a.* of high or noble family or descent

कुल्ला (*kullā*) *m.* rinsing or washing the mouth

कुल्हड़ (*kulhaṛ*) *m.* small earthen bowl

कुल्हाड़ा (*kulhāṛā*) *m.* axe, hatchet

कुशल (*kuśal*) *a.* 1. expert, skilful 2. well-being 3. prosperity 4. good fortune

कुशाग्र (*kuśāgra*) *m.* the sharp point of reed grass, sharp
कुशाग्र बुद्धि *f.* keen intellect

क

कुश्ती (*kuśtī*) *f.* wrestling
कुष्ट (*kuṣṭ*) *m.* leprosy
कुसंग (*kusaṅg*) *m.* evil company
कुसुम (*kusum*) *m.* flower
कुसूर (*qusūr*) *m.* fault, guilt
कुहनी (*kuhanī*) *f.* elbow
कुहरा (*kuharā*) *m.* fog
कुहराम (*kuhrām*) *m.* 1. outcry, furore, tumult 2. lamentation
कुहासा (*kuhāsā*) *m.* fog, mist
कूँची (*kūṁcī*) *f.* painting brush
कूक (*kūk*) *f.* 1. cooing or chattering of a cuckoo 2. warble
कूच (*kūc*) *f.* (especially of troops) marching
कूचा (*kucā*) *m.* 1. lane, street 2. weaver's brush
कूड़ा (*kūṛā*) *m.* rubbish
  कूड़ा-करकट *m.* trash, rubbish
  कूड़ादान *m.* dustbin
कूद (*kūd*) *f.* jump, spring, leap
कूप (*kūp*) *m.* well
कूबड़ (*kūbaṛ*) *m.* hunch, hump
कूल (*kūl*) *m.* bank, shore, coast
कूल्हा (*kūlhā*) *m.* haunch, hip
कूवत (*kūvat*) *f.* physical strength
कृतघ्न (*kṛtaghna*) *a.* ungrateful
कृतज्ञ (*kṛtajña*) *a.* grateful
कृतार्थ (*kṛtārth*) *a.* 1. obliged 2. satisfied, gratified
कृति (*kṛti*) *f.* 1. act 2. written work 3. creation
  कृतित्व *m.* 1. creation 2. competence, ability
कृत्य (*kṛtya*) *m.* deed, work
कृत्रिम (*kṛtrim*) *a.* 1. artificial, synthetic 2. unnatural, unreal
कृपण (*kṛpaṇ*) *a.* miserly
कृपया (*kṛpayā*) *adv.* please, kindly
कृपा (*kṛpā*) *f.* kindness, favour, grace
कृपाण (*kṛpāṇ*) *f.* sword
कृमि (*kṛmi*) *m.* worm, insect
कृश (*kṛś*) *a.* lean, thin, feeble
  कृशकाय *a.* lean, emaciated
कृषि (*kṛṣi*) *f.* agriculture, farm-

ing, cultivation

केंकड़ा (*kemkaṛa*) *m.* crab

केंचुआ (*kemcuā*) *m.* earthworm

केंचुल (*kemcul*) *f.* /**केंचुली** (*kemculī*) *f.* slough or skin of a snake

केंद्र (*kemdra*) *m.* 1. centre 2. station 3. bureau

केंद्रीय (*kemdrīya*) *a.* central

केला (*kelā*) *m.* banana, plantain tree and its fruit

केलि (*keli*) *f.* game, play

केवट (*kevaṭ*) *m.* 1. oarsman, boatman 2. fisherman

केवड़ा (*kevṛā*) *m.* screw pine and its flower

केवल (*keval*) *adv.* only, solely, merely, exclusively

केश (*keś*) *m.* hair

केसर (*kesar*) *m.* saffron

केसरिया (*kesariyā*) *a.* dyed with saffron or yellow colour

केसरी (*kesarī*) *m.* lion

कैंची (*qaimcī*) *f.* scissors

कै (*qai*) *f.* vomiting

कैद (*qaid*) *f.* imprisonment

कैदखाना *m.* prison, jail

कैदी (*qaidī*) *m.* prisoner, captive

कैफीयत (*kaifīyat*) *f.* 1. statement, account 2. explanation

कोंच (*komc*) *f.* prick, thrust, stab

कोंपल (*kompal*) *f.* a new leaf just sprouting, sprout, shoot

कोंहड़ा (*komhaṛā*) *m.* gourd, sweet pumpkin

कोकिल (*kokil*) *f.* /**कोकिला** (*kokilā*) *f.* black Indian cuckoo

कोख (*kokh*) *f.* 1. abdomen 2. womb

कोट (*koṭ*) *m.* fort, rampart

कोटपीस (*koṭpīs*) *m.* a game of cards

कोटर (*koṭar*) *m.* 1. hollow of a tree 2. cavity 3. socket

कोटि (*koṭī*) *f.* 1. category 2. grade, rank 3. ten million

कोटिशः (*koṭiśḥ*) *adv.* millions, many

क

कोठरी (*koṭharī) f.* a small room
कोठा (*koṭhā*) *m.* 1. flat top or roof of a house 2. upper storey 3. brothel 4. stomach
कोठार (*koṭhār*) *m.* 1. store-room, storehouse 2. granary, barn
कोठी (*koṭhī*) *f.* 1. large building, bungalow, mansion 2. barn
कोड़ा (*koṛā*) *m.* lash, whip
कोढ़ (*koṛh*) *m.* leprosy
कोण (*koṇ*) *m.* 1. angle 2. corner
कोना (*konā*) *m.* corner
कोप (*kop*) *m.* anger, rage
कोफ़्त (*koft*) *f.* 1. trouble, difficulty 2. disgust
कोमल (*komal*) *a.* soft, tender
कोयल (*koyal*) *f.* black Indian cuckoo
कोयला (*koyalā*) *m.* coal
कोरा (*korā*) *a.* 1. unused 2. plain, blank
कोर्निश (*korniś) f.* salutation
कोलाहल (*kolāhal*) *m.* uproar, loud noise, tumult, hubbub
कोल्हू (*kolhū*) *m.* crusher, oil press
कोश (*koś*) *m.* 1. dictionary 2. shell, sac
कोशिश (*kośiś*) *f.* effort, attempt
कोष (*koṣ*) *m.* 1. treasury 2. store
कोष्ठक (*koṣṭhak*) *m.* 1. bracket, parenthesis 2. cell 3. column
कोसना (*kosnā*) *v.t.* to curse
कोहनी (*kohanī*) *f.* elbow
कोहरा (*koharā*) *m.* fog, haze
कोहराम (*kohrām) m.* tumult
कौआ (*kauā*) *m.* /**कौवा** (*kauvā*) *m.* crow, raven
कौड़ी (*kauṛī*) *f.* a small shell
कौतुक (*kautuk*) *m.* 1. wonder 2. trick, fun
कौतूहल (*kautūhal*) *m.* curiosity
कौपीन (*kāupīn*) *f.* small loin-cloth
क़ौम (*qaum*) *f.* 1. race, caste, tribe 2. people, community
कौमार्य (*kaumārya*) *m.* 1. celi-

bacy

कौर (*kaur*) *m.* morsel

क़ौल (*qaul*) *m.* vow, promise

कौशल (*kauśal*) *m.* 1. skill, skilfulness 2. efficiency

क्यारी (*kyārī*) *f.* flower bed, vegetable plot

क्रंदन (*krandan*) *m.* lamentation

क्रम (*kram*) *m.* order, grade, serial

क्रमशः *adv.* step by step, gradually

क्रमांक (*kramāṅk*) *m.* serial number

क्रय (*kray*) *m.* purchase, buying

क्रय-विक्रय *m.* marketing

क्रयशक्ति *f.* purchasing power

क्रांति (*krānti*) *f.* 1. revolution 2. total change

क्रांतिकारी *a.* & *m.* revolutionary

क्रिया (*kriyā*) *f.* 1. act, action 2. religious rite/duty 3. verb

क्रियाकर्म *m.* funeral rites

क्रियाकलाप *m.* (a) activity (b) religious rites, ceremonies

क्रीड़ा (*krīṛā*) *f.* 1. play, sport, game 2. pastime 3. frolic

क्रीत (*krīt*) *a.* bought, purchased

क्रुद्ध (*kruddha*) *a.* angry, wrathful, displeased, irritated

क्रूर (*krūr*) *a.* 1. cruel 2. fearful

क्रेता (*kretā*) *m.* purchaser, buyer

क्रोध (*krodh*) *m.* anger, wrath

क्लांति (*klāntī*) *f.* fatigue, wearisomeness

क्लिष्ट (*kliṣṭ*) *a.* difficult, obscure, hard (to understand)

क्लीव (*klīv*) *a.* impotent

क्लेश (*kleś*) *m.* mental pain, anguish, affliction, distress

क्वांरा (*kvāṃrā*) *a.* & *m.* bachelor

क्वारा (*kvārā*) *a.* & *m.* unmarried (person), bachelor

क्षण (*kṣaṇ*) I. *m.* instant, moment II. *adv.* for a moment

क्षणभंगुर *a.* momentary
क्षणिक (*kṣaṇik*) *a.* momentary
क्षत (*kṣat*) *m.* wound, injury
क्षति (*kṣati*) *f.* 1. damage, loss 2. injury, hurt
क्षतिपूर्ति *f.* compensation
क्षम (*kṣam*) *a.* 1. competent, capable, fit 2. tolerant
क्षमता (*kṣamtā*) *f.* capacity
क्षमा (*kṣamā*) *f.* 1. pardon, forgiveness 2. patience
क्षय (*kṣay*) *m.* 1. loss, waste 2. tuberculosis
क्षर (*kṣar*) *a.* 1. melting away, perishing 2. perishable
क्षांति (*kṣānti*) *f.* forbearance
क्षार (*kṣār*) *m.* 1. alkali 2. ash
क्षितिज (*kṣitij*) *m.* horizon
क्षिप्र (*kṣipra*) *a.* fast, quick
क्षीण (*kṣīṇ*) *a.* 1. weak, lean and thin 2. diminished
क्षीर (*kṣīr*) *m.* milk
क्षुद्र (*kṣudra*) *a.* mean, low, vile
क्षुधा (*kṣudhā*) *f.* hunger
क्षुब्ध (*kṣubdh*) *a.* agitated
क्षेत्र (*kṣetra*) *m.* 1. area 2. region 3. field (of study/ specialisation)
क्षेत्रीय (*kṣetrīy*) *a.* territorial
क्षेम (*kṣem*) *m.* well-being
क्षोभ (*kṣobh*) *m.* distress
क्ष्मा (*kṣmā*) *f.* the earth

ख

खँखार (*khaṁkhār*) *m.* the sound of clearing the throat

खंज (*khañj*) *a.&m.* lame (person)

खंजन (*khañjan*) *m.* wagtail (bird)

खंजर (*khañjar*) *m.* dagger

खंजरी (*khañjarī*) *f.* tambourine

खंड (*khaṇḍ*) *m.* a piece, bit, section, chapter (of a book)

खंडन (*khaṇḍan*) *m.* contradiction

खंडन-मंडन *m.* polemics, discussion of pros and cons

खंडसारी (*khaṇḍsārī*) *f.* raw sugar, unprocessed sugar

खंडहर (*khaṇḍhar*) *m.* ruins (of a house), debris

खंदक़ (*khandaq*) *f.* 1. moat, deep ditch 2. burrow pit

खंबा (*khambā*) *m.* /**खांभा** (*khambhā*) *m.* 1. pillar, column 2. stake, post, pole

खग (*khag*) *m.* 1. bird 2.star, planet 3. cloud 4. arrow

खगोल (*khagol*) *m.* celestial sphere

खग्रास (*khagrās*) *m.* total eclipse (of the sun or the moon)

खचाखच (*khacākhac*) *a.* 1. crowded 2. thick, dense

खच्चर (*khaccar*) *m.* mule

ख़ज़ाना (*khazānā*) *m.* treasure

खजूर (*khajūr*) *f.* 1. date tree 2. date (fruit)

खट (*khaṭ*) *f.* knock, rap, clatter

खटमल *m.* bed-bug

खटकना (*khataknā*) *v.i.* 1. to rattle 2. to clatter 3. to prick

खटका (*khaṭkā*) *m.* 1. rattling sound, knock, rap 2. bolt

ख

खटखटाना (*khaṭkhaṭānā*) *v.t.* to knock or rap at (a door)

खटपट (*khatpat*) *f.* wrangling, squabbling, estrangement

खटाई (*khaṭāī*) *f.* sourness

खटास (*khaṭās*) *f.* sourness

खटिया (*khaṭiyā*) *f.* small bed-stead

खटोला (*khaṭolā*) *m.* small bed-stead or flying-cot

खट्टा (*khaṭṭa*) *a.* sour, tart, acrid

खड़ंजा (*kharañjā*) *m.* a row or layer laid upright or on edge (especially of bricks)

खड (*khaḍ*) *f.* /**खड्ड** (*khaḍḍ*) *f.* chasm, fissure

खड़कना (*kharknā*) *v.i.* (door) to rattle, to clatter

खड़ा (*kharā*) *a.* standing

खड़ाऊँ (*kharāuṁ*) *f.* wooden slippers

खड़िया (*khariyā*) *f.* 1. chalk 2. white clay, pipe clay

खड्ग (*khaḍg*) *m.* sword

ख़त (*khat*) *m.* letter, handwriting

ख़तरा (*khatrā*) *m.* danger, per

ख़तरनाक (*khatarnāk*) *a.* dangerous, hazardous, perilou

ख़ता (*khatā*) *f.* 1. fault, gui 2. mistake, error

ख़त्म (*khatm*) *a.* finished, concluded, ended

खदबदाना (*khadbadānā*) *v.i.* t bubble, to boil, to simmer

खदान (*khadān*) *f.* mine, cla pit

खदेड़ना (*khadeṛnā*) *v.t.* 1. t chase away 2. to drive awa

खद्दर (*khaddar*) *m.* hand spu cloth, handloom cloth

खनक (*khanak*) *f.* tinkling soun

खनन (*khanan*) *m.* the act c digging, mining

खनिज (*khanij*) *m.* mineral

खपची (*khapacī*) *f.* /**खपच्च** (*khapaccī*) *f.* splint, splinte

खपड़ा (*khapṛā*) *m.* 1. roofin tile 2. earthen begging bow

खपत (*khapat*) *f.* 1. consump tion (of goods) 2. demand

ख़प्पर (*khappar*) *m.* 1. skull, cranium 2. skull used by beggars as bowl

ख़फ़ा (*khafā*) *a.* angry, enraged

ख़बर (*khabar*) *f.* 1. news 2. fresh information 3. report

ख़बरदार (*khabardār*) *a.* wary, cautious, watchful

ख़ब्त (*khabt*) *m.* 1. craze, fatuity, eccentricity 2. madness

ख़म (*kham*) *m.* bend, curve, twist

ख़मियाज़ा (*khamiyāzā*) *m.* retribution, loss

ख़मीर (*khamīr*) *m.* yeast, leaven

ख़याल (*khayāl*) *m.* 1. thought, idea, notion 2. opinion, view

खर (*khar*) I. *m.* 1. an ass, donkey 2. grass, straw II. *a.* 1. hard, harsh 2. rough, rugged

खरगोश (*khargoś*) *m.* hare, rabbit

खरबूजा (*kharbūjā*) *m.* musk melon

खरहरा (*kharahrā*) *m.* curry-comb (for horses)

खरहा (*kharhā*) *m.* hare, rabbit

खरा (*kharā*) *a.* 1. genuine, real 2. good, excellent 3. pure

ख़राद (*kharād*) *f.* lathe

ख़राब (*kharāb*) *a.* 1. bad, vitiated 2. faulty, defective

ख़रीद (*kharīd*) *f.* 1. purchase 2. the thing purchased

ख़रीफ (*kharif*) *f.* 1. autumnal crops 2. autumn

खरोंच (*kharoṁc*) *f.* scratch, graze

ख़र्च (*kharc*) *m.* 1. expenses, expenditure 2. charge

खर्राटा (*kharrāṭā*) *m.* snoring

खल (*khal*) *a.*& *m.* mean or vile fellow

खलनायक *m.* villain

ख़लल (*khalal*) *m.* interruption, interference, obstruction

ख़लासी (*khālāsī*) *f.* cleaner of a bus or engine

खलिहान (*khalihān*) *m.* threshing floor

खली (*khalī*) *f.* oil-cake, dregs of crushed oil-seeds

ख

ख़स (*kh̲as*) *f.* a fragrant grass
ख़सख़स (*kh̲askh̲as*) *f.* poppy seed
ख़सम (*kh̲asam*) *m.* husband, master
ख़सरा (*kh̲asrā*) *m.* 1. village map (especially of fields) 2. measles
ख़स्ता (*kh̲astā*) *a.* crisp, brittle
खाँड़ (*khāṁṛ*) *f.* unrefined sugar
खाँड़सारी *f.* a refiner of sugar
खाँसी (*khāṁsī*) *f.* cough
खाई (*khāī*) *f.* ditch, trench, moat
ख़ाक (*kh̲āk*) *f.* dust, earth
ख़ाकसार *a.&m.* humble servant
ख़ाका (*kh̲ākā*) *m.* 1. sketch, layout, map 2. plan
खाज (*khāj*) *f.* itch, scabies
खाट (*khāṭ*) *f.* bedstead, cot, charpoy
खाड़ी (*khāṛī*) *f.* gulf, bay
खाता (*khātā*) *m.* 1. account 2. accounts book, ledger 3. eating
ख़ातिर (*kh̲ātir*) *f.* hospitality
ख़ातून (*kh̲ātūn*) *f.* lady
खाद (*khād*) *f.* manure, compost
ख़ादिम (*kh̲ādim*) *m.* servant attendant
खाद्य (*khādya*) I. *a.* fit to be eaten, eatable, edible II. *m.* food
खान (*khān*) *f.* 1. mine, quarry 2. store
खानसामा (*khānsāmā*) *m.* cook steward, storekeeper
ख़ानदान (*kh̲āndān*) *m.* 1. family 2. lineage, descent
खाना (*khānā*) I. *v.t.* to eat, to feed on II. *m.* 1. food, meal 2. case 3. square
खानातलाशी *f.* search of a house
खानापूरी *f.* formal action
खानाबदोश *a. & m.* nomad, gypsy
ख़ाब (*kh̲āb*) *m.* dream
ख़ामख़ाह (*kh̲āmkh̲āh*) *adv.* without any rhyme or reason

ख़ामी (*k͟hāmī*) *f.* 1. fault, defect 2. deficiency

ख़ामोशी (*k͟hāmośī*) *f.* silence, calmness, quiet(ness)

खारा (*khārā*) *a.* alkaline

खाल (*khāl*) *f.* skin, hide

ख़ालिस (*k͟hālis*) *a.* 1. pure, unadulterated 2. genuine

ख़ाली (*k͟hāli*) *a.* 1. empty 2. vacant 3. free 4. unemployed

ख़ास (*k͟hās*) *a.* 1. special 2. particular 3. main 4. private

ख़ासियत (*k͟hāsiyat*) *f.* speciality, peculiarity, special feature

खिचड़ी (*khicṛī*) *f.* a dish of rice mixed with pulse

ख़िज़ाब (*k͟hizāb*) *m.* hair-dye

खिड़की (*khiṛkī*) *f.* window

ख़िताब (*k͟hitāb*) *m.* title

ख़िदमत (*k͟hidmat*) *f.* service, attendance

खिन्न (*khinn*) *a.* 1. distressed 2. displeased, unhappy

खिलखिलाहट (*khilkhilāhaṭ*) *f.* guffaw, burst of laughter

खिलना (*khilnā*) *v.i.* to bloom, to blossom, to flower

खिलवाड़ (*khilvāṛ*) *m.* & *a.* 1. play, sport 2. fun 3. an easy matter

खिलाड़ी (*khilāṛī*) *m.* 1. player, sportsman 2. gambler

ख़िलाफ़ (*k͟hilāf*) *a.* contrary, opposite

ख़िलौना (*k͟hilaunā*) *m.* toy

खिल्ली (*khillī*) *f.* fun, jest, joke

खींचना (*khīṁcnā*) *v.t.* 1. to pull, to draw 2. attract 3. to stretch

खीझ (*khījh*) *f.* vexation

खीर (*khīr*) *f.* dish of rice cooked in milk with sugar

खीरा (*khīrā*) *m.* cucumber

खुजली (*khujlī*) *f.* itch, scabies

ख़ुद (*k͟hud*) *pron.* self

ख़ुदकुशी (*k͟hudkuśī*) *f.* suicide

ख़ुदग़र्ज़ी (*k͟hudg͟arzī*) *f.* selfishness

ख़ुद-ब-ख़ुद (*k͟hud-b-k͟hud*) *adv.* of or by oneself

खुदरा (*khudrā*) I. *a.* retail II. *m.* small change

ख़ुफ़िया (*<u>kh</u>ufiyā*) *a.* secret

ख़ुमार (*<u>kh</u>umār*) *m.* effect of intoxication

खुर (*khur*) *m.* hoof

खुरदरा (*khurdarā*) *a.* rough

खुरपी (*khurpī*) *f.* small hoe or weeding knife

ख़ुराक (*<u>kh</u>urāk*) *f.* 1. dose of medicine 2. diet, food

ख़ुराफ़ात (*<u>kh</u>urāfāt*) *f.* 1. mischief 2. trivial talk, nonsense

खुर्राट (*khurrāṭ*) *a.* 1. cunning, 2. old and experienced

ख़ुलासा (*<u>kh</u>ulāsā*) *m.* gist, abstract

खुले आम (*khuleām*) *adv.* openly, publicly

ख़ुशबू (*<u>kh</u>uśabū*) *f.* perfume, fragrance

ख़ुशामद (*<u>kh</u>uśāmad*) *f.* flattery

ख़ुशी (*<u>kh</u>uśī*) *f.* joy, happiness

ख़ुश्क (*<u>kh</u>uśk*) *a.* dry

ख़ुश्की (*<u>kh</u>uśkī*) *f.* dryness, aridity

ख़ुसर-फ़ुसर (*<u>kh</u>usar-phusar*) *f.* whispering

ख़ूँख़्वार (*<u>kh</u>ūṁ<u>kh</u>vār*) *a.* 1. murderous 2. ferocious

खूँटी (*khūṁṭī*) *f.* 1. peg, cog 2. stump or stubble

ख़ून (*<u>kh</u>ūn*) *m.* 1. blood 2. murder

ख़ूनी (*<u>kh</u>ūnī*) I. *m.* murderer II. *a.* bloody

ख़ूब (*<u>kh</u>ūb*) I. *adv.* (very) well, excellently II. *interj.* well done! bravo ! III. *a.* good, very much

  ख़ूबसूरत *a.* beautiful, handsome

ख़ूबी (*<u>kh</u>ūbī*) *f.* 1. quality 2. goodness, excellence

खूसट (*khūsaṭ*) *a.* 1. lazy, old 2. decrepit

खेत (*khet*) *m.* 1. field 2. farm

खेती (*khetī*) *f.* agriculture, cultivation, husbandry, tillage

  खेतीबाड़ी *f.* farming, husbandry

खेतिहर (*khetihar*) *m.* farmer

खेद (*khed*) *m.* regret, grief
खेदजनक *a.* regrettable
खेमा (*khemā*) *m.* tent, camp
खेल (*khel*) *m.* game, sport
खेलकूद *m.* sports, games
ख़ैरात (*khairāt*) *f.* charity, alms, largesse
ख़ैरियत (*khairiyat*) *f.* 1. well-being, welfare 2. safety
खोंता (*khoṁtā*) *m.* nest
खोआ (*khoā*) *m.* milk condensed and thickened by boiling
खोखला (*khokhlā*) *a.* 1. hollow 2. empty
खोखलापन *m.* hollowness, emptiness
खोखा (*khokhā*) *m.* 1. stall, booth 2. boy, lad
खो-खो (*kho-kho*) *f.* a game played by two teams
खोज (*khoj*) *f.* 1. search, quest, investigation 2. research 3. discovery 4. trace, clue
खोट (*khoṭ*) *m.* 1. vice, evil, wickedness 2. fault, flaw
खोटा (*khoṭā*) *a.* false, forged
खोनचा (*khoncā*) *m.* large dish containing commodities carried by a peddlar
खोपड़ी (*khopṛī*) *f.* skull, cranium
ख़ोल (*khol*) *m.* 1. outer covering, case, shell 2. covering cloth
खोलना (*kholnā*) *v.t.* 1. to open 2. to loosen 3. to unfold
खोली (*kholī*) *f.* cell, closet
खोवा (*khovā*) *m.* a thickened milk product
खोसना (*khosnā*) *v.t.* to take or snatch away, to tuck in, to stuff
खोह (*khoh*) *f.* 1. cave, cavern, den 2. deep pit
ख़ौफ़ (*khauf*) *m.* fear, dread, terror
ख़ौफ़नाक (*khaufnāk*) *a.* 1. dreadful, terrifying 2. ferocious
खौर (*khaur*) *m.* a funnel-shaped fishing net

ख

खौलन *(khaulan) f.* the act of boiling

खौलना (*khaūlnā*) *v.i.* 1. to boil, to seethe 2. to be enraged, to get angry

ख्यात *(khyāt) a.* reputed, celebrated, honoured

ख्याति (*khyāti*) *f.* renown, fame, repute, reputation

ख़्याल (*khyāl*) *m.* 1. thought, idea 2. a mode of Indian music

ख़्वाब (*khvāb*) *m.* dream

ख़्वाजा *(khvāja) m.* a trading Muslim community

ख्वाहिश *(khvāhiś) f.* wish, strong desire

ग

गंगा (*gaṅgā*) *f.* the river Ganga
गंगा-जमुनी *a.* (a) mixed, composite, of whitish grey colour (b) made of alloy, an ear-ring of alloy
गंगोदक *m.* Ganga water
गंजा (*gañjā*) *a.* bald
गंजी (*gañjī*) *f.* man's underwear
गँजेड़ी (*gaṁjeṛī*) *m.* a person addicted to smoking hemp leaves
गँठजोड़ (*gaṁṭhjoṛ*) *m.* /**गँठबंधन** (*gaṁṭhbandhan*) *m.* 1. nuptial knot 2. wedding
गँडासा (*gaṁdasā*) *m.* chopper, small axe
गंतव्य (*gantavya*) I. *m.* destination II. *a.* to be reached
गंदगी (*gandgī*) *f.* filth, rubbish
गंध (*gandh*) *f.* smell, odour
गंधक (*gandhak*) *m.* sulphur
गंधराज (*gandhrāj*) *m.* sandalwood
गंधर्व (*gandharv*) *m.* heavenly musician
गंभीर (*gambhīr*) *a.* 1. serious, grave 2. profound 3. deep
गँवार (*gaṁvār*) *m.* rustic, countryman
गगन (*gagan*) *m.* sky, heaven
गगनचुंबी *a.* /**गगनभेदी** *a.* sky-high
गगरिया (*gagariyā*) *f.*/**गगरी** (*gagarī*) *f.* small water pot
गच्चा (*gaccā*) *m.* deception
गज (*gaj*) *m.* elephant
गज़ (*gaz*) *m.* 1. yard 2. yardstick 3. yard as a measure
गज़ब (*gazab*) *m.* 1. wonder 2. tyranny
गजरा (*gajrā*) *m.* wreath of

ग

flowers

गज़ल (*gazal*) *f.* an amatory poem

गटकना (*gaṭaknā*) *v.t.* to gulp down, to swallow

गट्ठर (*gaṭṭhar*) *m.* large bundle, bale (of cloth), pack

गठन (*gaṭhan*) *f.* 1. constitution of the body, build 2. structure

गठबंधन (*gaṭhbandhan*) *m.* 1. nuptial knot 2. wedding

गठरी (*gaṭhrī*) *f.* bundle, pack

गड़ना (*gaṛnā*) *v.i.* 1. to pierce 2. to be buried

गड़बड़ (*gaṛbaṛ*) *f.* 1. disorder 2. welter, utter confusion

डमड (*gaḍmaḍ*) *a.* mixed up

ड़रिया (*gaṛariyā*) *m.* shepherd

ड़ारी (*gaṛārī*) *f.* 1. pulley 2. reel

गड़ेरी (*gaṛerī*) *f.* small piece of sugar-cane

गड्ड-मड्ड (*gaḍḍ-maḍḍ*) *a.* 1. jumbled 2. in confusion

गड्डी (*gaḍḍī*) *f.* pack, pile (of cards, currency notes, etc.)

गड्ढा (*gaḍḍhā*) *m.* hole, pit

गढ़ (*gaṛh*) *m.* fort, citadel

गढ़न (*gaṛhan*) *f.* 1. concoction (of a story) 2. form

गढ़ा (*gaṛhā*) *m.* 1. hole 2. cavity 3. pit 4. concoct

गढ़ी (*gaṛhī*) *f.* fortress, citadel

गण (*gaṇ*) *m.* 1. group 2. class 3. attendants (of Shiva or Ganesh particularly)

गणतंत्र *m.* republic

गणना (*gaṇanā*) *f.* counting

गणित (*gaṇit*) *m.* mathematics

गत (*gat*) 1. *a.* last 2. gone

गतांक (*gatāṅk*) *m.* last issue (of a paper or magazine)

गति (*gati*) *f.* 1. movement 2. speed 3. state, condition

गतिरोध *m.* deadlock

गतिशील *a.* dynamic

गतिमान *a.* moving, in motion

गत्ता (*gattā*) *m.* cardboard

गत्ताल (*gattāl*) *a.* unrealizable

गदका (*gadkā*) *m.* the sport of

fencing with clubs

ग़दर (*g̱adar*) *m.* 1. mutiny 2. revolt, rebellion

गदराना (*gadrānā*) *v.i.* 1. to ripen or bloom 2. to attain youth

गदला (*gadlā*) *a.* (of water) dirty

गदहा (*gadahā*) *m.* /**गधा** (*gadhā*) *m* 1. donkey 2. stupid fellow

गदा (*gadā*) *f.* mace

गद्गद (*gadgad*) *a.* overjoyed with emotion

ग़द्दारी (*g̱addārī*) *f.* treachery

गद्दी (*gaddī*) *f.* 1. cushion 2. merchant's seat of business 3. throne

गद्दीनशीन *m.* person who sits on the throne as a king

गद्य (*gadya*) *m.* prose

गद्य-काव्य *m.* a prose poem

ग़नीमत (*g̱anīmat*) *f.* 1. booty 2. good fortune

गन्ना (*gannā*) *m.* sugar-cane

गप (*gap*) *f.* /**गप्प** (*gapp*) *f.* gossip

गपशप (*gapśap*) *f.* gossip

ग़फ़लत (*g̱aflat*) *f.* unmindfulness, heedlessness, negligence

ग़बन (*g̱aban*) *m.* 1. fraud 2. embezzlement

ग़म (*g̱am*) *m.* grief, sorrow

ग़मखोर *a.* & *m.* one who patiently suffers

गमक (*gamak*) *f.* 1. deep tone (in music) 2. scent, odour

गमछा (*gamchā*) *m.* thin towel

गमन (*gaman*) *m.* going

गमला (*gamlā*) *m.* earthen flowerpot

ग़मी (*g̱amī*) *f.* 1. bereavement 2. mourning

ग़रज (*g̱araj*) *f.* thundering sound, roar

ग़रज़मंद (*g̱arazmand*) *a.* needy, interested

गरजना (*garajnā*) *v.i.* 1. to thunder 2. (of person) to shout

गरद (*garad*) *f.* dust

गरदन (*gardan*) *f.* neck

गरल (*garal*) *m.* poison, venom

गरारा (*garārā*) *m.* 1. gargle 2. trousers worn by women

ग

गरिमा (*garimā*) *f.* glory, dignity, majesty, greatness
गरिष्ठ (*gariṣṭh*) *a.* excessively heavy
गरी (*garī*) *f.* 1. copra, kernel (of a coconut) 2. pulp
ग़रीब (*g̱arīb*) *a.& m.* poor
ग़रीबी (*g̱arībī*) *f.* poverty
ग़रूर (*g̱arūr*) *m.* pride
गरोह (*garoh*) *m.* group
ग़र्क़ (*g̱arq*) *a.* 1. sunk, immersed 2. inundated
ग़र्ज़ (*g̱arz*) *f.* compelling need, necessity
गर्जन (*garjan*) *m.* roar, thundering sound
गर्त (*gart*) *m.* deep or large pit
गर्द (*gard*) *f.* dust
गर्दभ (*gardabh*) *m.* ass, donkey
गर्दिश (*gardiś*) *f.* 1. adversity, misfortune 2. trouble
गर्भ (*garbh*) *m.* 1. foetus, pregnancy 2. womb, uterus
  गर्भ निरोधक *a.* contraceptive
  गर्भाधान *m.* impregnation
  गर्भाशय *m.* womb
गर्म (*garm*) *a.* hot
गर्मी (*garmī*) *f.* 1. summer 2. hot weather, heat
गर्व (*garv*) *m.* pride, conceit
गर्वोक्ति (*garvokti*) *f.* arrogant remark
गर्हित (*garhit*) *a.* condemned
ग़लत (*g̱alat*) *a.* wrong
  गलतफ़हमी *f.* misunderstanding
ग़लती (*g̱alatī*) *f.* 1. mistake, error 2. fault 3. slip
गलना (*galnā*) *v.i.* 1. to melt 2. to dissolve
गला (*galā*) *m.* 1. throat 2. neck
गलाना (*galānā*) *v.t.* to melt
गलियारा (*galiyārā*) *m.* 1. gangway 2. corridor
गली (*galī*) *f.* lane, street
ग़लीचा (*g̱alīcā*) *m.* carpet
गल्प (*galp*) *f.* 1. fictitious story, tale, fable 2. gossip
गल्ला (*gallā*) *m.* grain, corn
गवारा (*gavārā*) *a.* agreeable,

tolerable

गवाह (*gavāh*) *m.* witness

गवैया (*gavaiyā*) *m.* singer

ग़श (*ġaś*) *m.* faint, swoon, fit

गश्त (*gaśt*) *f.* patrolling, round or beat taken by police

गहन (*gahan*) *a.* deep, profound

गहमागहमी (*gahmāgahmī*) *f.* hustle and bustle

गहरा (*gahrā*) *a.* 1. deep, profound 2. far-reaching

गाँजा (*gāṁjā*) *m.* drug prepared from hemp leaves and buds

गाँठ (*gāṁṭh*) *f.* 1. knot 2. (of cloth) bale 3. joint 4. gland

गाँठना (*gāṁṭhnā*) *v.t.* 1. to fasten, to tie 2. to cobble

गांभीर्य (*gāmbhīrya*) *m.* 1. seriousness 2. depth

गाँव (*gāṁv*) *m.* village

गागर (*gāgar*) *f.* a vessel for keeping water

गागरी (*gāgarī*) *f.* a small pitcher

गाज (*gāj*) *f.* thunderbolt

गाजर (*gājar*) *f.* carrot

गाड़ना (*gāṛnā*) *v.t.* 1. to bury 2. (of tent) to pitch

गाड़ी (*gāṛī*) *f.* 1. cart, car 2. bullock cart 3. train

गाड़ीवान *m.* driver

गाढ़ा (*gāṛhā*) *a.* 1. thick, dense 2. compact 3. intimate, close

गाथा (*gāthā*) *f.* tale, story

गान (*gān*) *m.* 1. song 2. singing

गाना (*gānā*) *v.i.* to sing

ग़ाफ़िल (*ġāfil*) *a.* unmindful, heedless, careless

गाय (*gāy*) *f.* cow

गायक (*gāyak*) *m.* singer

ग़ायब (*ġāyab*) *a.* 1. invisible, out of sight 2. absent

गायिका (*gāyikā*) *f.* female singer

गारद (*gārad*) *f.* guard

गारना (*gārnā*) *v.t.* 1. to squeeze, to wring out 2. to milk

गारा (*gārā*) *m.* mortar, thick mud

गाल (*gāl*) *m.* 1. cheek 2. morsel

गाली (*gālī*) *f.* abuse, dirty words

ग

गाहक (*gāhak*) *m.* customer
गिजगिजा (*gijgijā*) *a.* 1. soft 2. fleshy 3. flimsy, feeble
गिट्टी (*giṭṭī*) *f.* grit, ballast, gravel
गिद्ध (*giddh*) *m.* vulture
गिनती (*gintī*) *f.* counting
गिरजा (*girjā*) *m.* church
गिरफ़्त (*giraft*) *f.* catch, hold
गिरफ़्तारी (*giraftārī*) *f.* arrest
गिरवी (*girvī*) *f.* pledge, pawn
गिरह (*girah*) *f.* knot, joint
गिरहकट (*girahkaṭ*) *m.* pick-pocket
गिराव (*girāv*) *m.* fall, decline
गिरावट (*girāvaṭ*) *f.* decline
गिरि (*giri*) *m.* mountain, hill
गिरिराज *m.* the Himalayan mountains
गिरी (*girī*) *f.* kernel of a nut
गिरोह (*giroh*) *m.* group, gang
गिर्द (*gird*) *adv.* around, about
गिलट (*gilaṭ*) *m.* nickel, a silver-white metal
गिलटी (*gilṭī*) *f.* 1. gland 2. glandular swelling
ग़िलाफ़ (*g̲ilaf*) *m.* 1. covering 2. wrapper 3. covering cloth
गिलास (*gilas*) *m.* tumbler
गिलोय (*giloy*) *f.* a medicinal creeper
गिल्ली (*gillī*) *f.* wooden toggle
गिल्ली डंडा *m.* the game of tip-cat
गीत (*gīt*) *m.* song
गीतकार *m.* composer of a song
गीदड़ (*gīdaṛ*) *m.* jackal
गीला (*gīlā*) *a.* damp, wet
गुंजाइश (*guñjāiś*) *f.* 1. space, room 2. capacity
गुंडा (*guṇḍā*) *m.* hooligan, bully
गुंडागर्दी *f.* hooliganism
गुँधना (*gum̐dhanā*) *v.i.* to be kneaded
गुंफन (*gumphan*) *m.* 1. entanglement of threads 2. stringing
गुंबज (*gumbaj*) *m.* / **गुंबद** (*gumbad*) *m.* dome, vault, cupola
गुज़र (*guzar*) *f.* 1. livelihood 2. passing of time
गुज़र-बसर *f.* maintenance

गुज़रना (*guzarnā*) *v.i.* to pass

गुज़ारा (*guzārā*) *m.* maintenance allowance

गुज़ारिश (*guzāriś*) *f.* request

गुझिया (*gujhiyā*) *f.* a kind of sweet patty

गुट (*guṭ*) *m.* 1. faction 2. group

गुटका (*guṭkā*) *m.* pocket book, round pebble, block

गुड़ (*guṛ*) *m.* jaggery

गुड़गुड़ी (*guṛguṛī*) *f.* a small hookah

गुड़ाई (*guṛāī*) *f.* hoeing

गुड़िया (*guṛiyā*) *f.* doll

गुड्डा (*guḍḍā*) *m.* 1. doll 2. effigy

गुण (*guṇ*) *m.* quality, attribute

गुणदायक *a.* beneficial

गुण-दोष *m.* merits and demerits, virtues and vices

गुणन (*guṇan*) *m.* multiplication

गुणनखंड *m.* factor

गुणनफल *m.* product of multiplication

गुणानुवाद (*guṇānuvād*) *m.* 1. laudation 2. extolling

गुणी (*guṇī*) *a.* qualified

गुत्थमगुत्था (*gutthamgutthā*) *m.* hand to hand fight, scuffle

गुत्थी (*gutthī*) *f.* 1. puzzle, riddle 2. problem

गुदगुदा (*gudgudā*) *a.* fleshy

गुदगुदी (*gudgudī*) *f.* titillation

गुदड़ी (*gudaṛī*) *f.* tattered garment, rags

गुदना (*gudnā*) *v.i.* 1. to be tattooed 2. to be pricked

गुदा (*gudā*) *f.* anus

गुनगुना (*gungunā*) *a.* lukewarm

गुनगुनाना (*gungunānā*) *v.i.* to buzz, to hum

गुपचुप (*gupcup*) *adv.* secretly

गुप्त (*gupt*) *a.* 1. hidden, concealed 2. secret

गुप्तचर *m.* spy, detective

गुफा (*guphā*) *f.* cave, cavern

गुफ़्तगू (*guftgū*) *f.* conversation, chitchat

ग़ुबार (*g̱ubār*) *m.* dust

ग़ुब्बारा (*g̱ubbārā*) *m.* balloon, fire-balloon, gas balloon

गुमटी (*gumṭī*) *f.* 1. small tumour-

ग

like swelling 2. cabin for a policeman, watchman 3. stall

गुमान (*gumān*) *m.* conceit

गुमाश्ता (*gumāśtā*) *m.* agent

गुरगा (*gurgā*) *m.* henchman

गुरदा (*gurdā*) *m.* kidney

गुरु (*guru*) *m.* teacher, master, preceptor

गुरुकुल *m.* Guru's place of residence, a school seminary

गुरुत्व (*gurutva*) *m.* /**गुरुत्वाकर्षण** (*gurutvākarṣaṇ*) *m* gravity, gravitation

गुल (*gul*) *m.* flower

गुलदस्ता *m.* bouquet of flowers

गुलशन (*gulśan*) *m.* flower garden

गुलाब (*gulāb*) *m.* rose

गुलाबजामुन (*gulābjāmun*) *m.* a kind of sweetmeat like rasagulla

ग़ुलाम (*g̱ulām*) *m.* 1. slave, bondsman 2. servant, attendant

ग़ुलामी (*g̱ulāmī*) *f.* slavery

गुलाल (*gulāl*) *m.* red powder which Hindus apply and throw about in Holi festival

गुलेल (*gulel*) *f.* pellet-bow

गुल्लक (*gullak*) *f.* earthen cash-box

ग़ुसलख़ाना (*gusal<u>kh</u>ānā*) *m.* bathroom

गुस्ताख़ी (*gustā<u>kh</u>ī*) *f.* arrogance

गुस्सा (*gussā*) *m.* anger, rage

गुह (*guh*) *m.* human excreta

गुहार (*guhār*) *f.* 1. call 2. shouting, bawling 3. alarm

गुह्य (*guhya*) *a.* hidden

गूँगा (*gūṁgā*) *a.* dumb, mute

गू (*gū*) *m.* human excreta

गूगल (*gūgal*) *m.* /**गूगुल** (*gūgul*) *m.* the tree commiphora mukul, exudation of this tree, gum, resin

गूढ़ (*gūṛh*) *a.* 1. secret, mystic 2. concealed, hidden

गूदा (*gūdā*) *m.* pith, pulp

गृह (*gṛh*) *m.* house, home

गृह उद्योग *m.* cottage indus

try

गृहयुद्ध *m.* civil war

गृहस्थ (*gṛhasth*) *m.* householder, yeoman, family man

गृहिणी (*gṛhiṇī*) *f.* housewife

गेंडा (*geṁḍā*) *m.* rhino

गेंद (*geṁd*) *f.* ball

गेरुआ (*geruā*) *a.* ochre-coloured, dark orange

गेहुआँ (*gehuāṁ*) *a.* wheat coloured, yellowish brown

गेहूँ (*gehūṁ*) *m.* wheat

गैंती (*gāiṁtī*) *f.* pick, pickaxe

ग़ैर (*ġair*) *a.* 1. other 2. non-related, unknown

ग़ैरहाज़िर *a.* absent

ग़ैरत (*ġairat*) *f.* modesty

गोंद (*goṁd*) *f.* gum

गो (*go*) *f.* 1. cow 2. ray

गोटा (*goṭa*) *m.* gold or silver lace

गोटी (*goṭī*) *f.* round small stone or wooden block for indoor games

गोड़ (*goṛ*) *m.* foot, leg

गोड़ना (*goṛnā*) *v.t.* to dig, to hoe

गोता (*gotā*) *m.* dive, plunge, dip

गोताख़ोर *m.* diver

गोत्र (*gotra*) *m.* 1. race, clan 2. lineage, family stock

गोद (*god*) *f.* 1. lap, bosom 2. adoption of a child

गोधा (*godhā*) *f.* /**गोधिका** (*godhikā*) *f.* lizard, goh

गोपनीय (*gopanīy*) *a.* secret, confidential, private

गोपाल (*gopāl*) *m.* 1. cow-herd 2. an epithet of Lord Krishna

गोबर (*gobar*) *m.* cowdung, dung

गोबरैला (*gobarailā*) *m.* dung-beetle

गोभी (*gobhī*) *f.* cauliflower

गोया (*goyā*) *conj.* as if

गोरा (*gorā*) *a.* fair, of fair complexion

गोलंबर (*golambar*) *m.* 1. dome 2. arch 3. cupola 4. round portico (especially in a garden)

गोल (*gol*) I. *a.* round, circular II. *m.* goal (in playing football)

गोलमेज़ परिषद round-table

ग

council

गोलमाल (*golmāl*) *m.* confusion

गोला (*golā*) *m.* 1. globe 2. round

गोलाबारी *f.* bombardment, cannonade

गोलाबारूद (*golābārūd*) *m.* ammunition

गोलाई (*golāī*) *f.* roundness

गोली (*golī*) *f.* 1. a marble (for playing) 2. bullet 3. a pill

गोश्त (*gośt*) *m.* flesh, meat

गोष्ठ (*gosṭh*) *f.* 1. plot 2. meeting

गोष्ठी (*gosṭhī*) *f.* meeting

गौ (*gau*) *f.* cow

गौशाला *f.* (a) cow-shed (b) dairy

गौण (*gauṇ*) *a.* unimportant

गौना (*gaunā*) *m.* the ceremony of bride's going to her husband's house after a post-marriage interval

ग़ौर (*gaur*) *m.* deep thought

ग़ौरतलब *a.* deserving consideration, requiring thinking

गौरव (*gāurav*) *m.* 1. glory 2. dignity 3. pride 4. importance

गौरवान्वित (*gaūravānvit*) *a.* highly esteemed, honoured

गौरैया (*gauraiyā*) *f.* sparrow

ग्रंथ (*granth*) *m.* 1. book 2. volume

ग्रंथकर्ता *m.* author

ग्रंथ सूची *m.* bibliography

ग्रंथि (*granthi*) *f.* 1. gland 2. joints of the body 3. knot

ग्रस्त (*grast*) *a.* swallowed, devoured

ग्रह (*grah*) *m.* planet

ग्रहण (*grahaṇ*) *m.* 1. acceptance 2. understanding 3. eclipse

ग्राम (*grām*) *m.* village

ग्राम पंचायत *f.* village tribunal

ग्रामीण (*grāmīṇ*) I. *m.* villager II. *a.* 1. rural 2. rustic

ग्राह (*grāh*) *m.* 1. eclipse 2. hold 3. crocodile

ग्राह्य (*grāhya*) *a.* 1. admissible 2. acceptable

ग्रीवा (*grīvā*) *f.* neck

ग्रीवी (*grīvī*) I. *m.* a camel II. a one with a long and beautiful neck

ग्रीष्म (*grīṣm*) *m.* summer, the hot season

ग्रीष्मकालीन *a.* pertaining to or of the summer season, summer

ग्लानि (*glāni*) *f.* compunction, remorse, fatigue

ग्वाला (*gvālā*) *m.* cowherd

ग्वालिन (*gvālin*) *f.* 1. milkmaid 2. a woman of a gvala community

घ

घ

घंटा (*ghaṇṭā*) *m.* 1. hour 2. bell
घंटाघर *m.* clock-tower

घंटी (*ghaṇṭī*) *f.* 1. tiny bell 2. ring

घट (*ghaṭ*) *m.* 1. pitcher, water-pot 2. body

घटक (*ghaṭak*) *m.* 1. constituent, component 2. agent

घटना (*ghaṭnā*) I. *f.* event, happening II. *v.i.* to lessen

घटा (*ghaṭā*) *f.* dark and dense clouds, mass of dark clouds

घटाना (*ghaṭānā*) *v.i.* 1. to lessen 2. to subtract, to deduct

घटिया (*ghaṭiyā*) *a.* of low quality or standard

घड़घड़ाहट (*ghaṛghaṛāhaṭ*) *f.* rattle, rumbling, rattling sound

घड़ा (*ghaṛā*) *m.* earthen water-pot, pitcher

घड़ियाल (*ghaṛiyāl*) *m.* 1. alligator 2. gong, bell

घड़ी (*ghaṛī*) *f.* watch, clock

घन (*ghan*) *m.* 1. big hammer 2. cloud 3. solid cube
घनघोर *a.* very dense
घनफल *m.* result of cubing (Maths)

घनता (*ghantā*) *f.* 1. thickness, density 2. solidity

घना (*ghanā*) *a.* thick, dense

घनिष्ठ (*ghaniṣṭh*) *a.* 1. intimate 2. very thick

घपला (*ghaplā*) *m.* 1. bungling 2. fraud

घबड़ाना (*ghabṛānā*) *v.i.* /**घबराना** *ghabrānā*) *v.i.* to be nervous, to become restless

घमंड (*ghamaṇḍ*) *m.* pride, vanity

घमासान (*ghamāsān*) *a.* fierce

घर (*ghar*) *m.* house, home

घराना (*gharānā*) *m.* family

घरेलू (*gharelū*) *a.* domestic

घरौंदा (*gharaumdā*) *m.* 1. small house 2. toy-house

घर्षण (*gharṣaṇ*) *m.* 1. rubbing, friction, abrasion 2. cleaning

घसियारा (*ghasiyārā*) *m.* grass-cutter

घसीट (*ghasīṭ*) *f.* 1. dragging or trailing 2. hastily done handwriting

घहराना (*ghaharānā*) *v.i.* to thicken

घाघ (*ghāgh*) *a.* & *m.* 1. cunning, shrewd

घाट (*ghāṭ*) *m.* landing place on a river bank, ferry

घाटा (*ghāṭā*) *m.* 1. deficit 2. deficiency 3. loss

घाटी (*ghāṭī*) *f.* valley

घातक (*ghātak*) I. *a.* fatal, lethal II.*m.* murderer, killer

घानी (*ghānī*) *f.* 1. oil press 2. sugar-cane press

घाम (*ghām*) *m.* 1. heat of the sun, sunshine 2. heat, warmth

घायल (*ghāyal*) *a.* wounded, injured

घाव (*ghāv*) *m.* wound, injury

घास (*ghās*) *f.* grass

घिघियाना (*ghighiyānā*) *v.i.* 1. to falter in speaking 2. to make humble entreaty, to implore

घिन (*ghin*) *f.* hate, hatred, dislike, nausea, abhorrence

घिनौना (*ghinaunā*) *a.* hateful, abhorrent, repulsive

घिया (*ghiyā*) *m.* gourd, bottle gourd

घिरना (*ghirnā*) *v.i.* to be surrounded, to be besieged

घिसटना (*ghisaṭnā*) *v.i.* 1. to be dragged 2. to move roughly

घिसना (*ghisnā*) *v.t.* 1. to rub, to rub off/away

घिसा-पिटा *a.* stereotyped,

घ

hackneyed

घी (*ghī*) *m.* clarified butter

घुँइयाँ (*ghuṁiyāṁ*) *f.* a vegetable root

घुंघनी (*ghuṅghanī*) *f.* fried and seasoned grains

घुँघराला (*ghuṁghrālā*) *a.* curly

घुँघरू (*ghuṁgharū*) *m.* a string of small bells worn around the ankles

घुंडी (*ghuṇḍī*) *f.* 1. knob 2. loop

घुटन (*ghuṭan*) *f.* suffocation

घुटना (*ghuṭanā*) I. *m.* knee II. *v.i.* 1. to be suffocated

घुट्टी (*ghuṭṭī*) *f.* digestive medicine given to infants

घुड़ (*ghuṛ*) *m.* horse

घुड़दौड़ *f.* horse-race

घुड़सवार *m.* horse-rider

घुड़साल *f.* stable, equerry

घुड़की (*ghuṛkī*) *f.* 1. sharp reprimand 2. growling, snarling

घुण (*ghuṇ*) *m.* wood-worm

घुन (*ghun*) *m.* 1. weevil 2. rancour, malice, spite

घुमक्कड़ (*ghumakkaṛ*) *a.* fond of wandering or travelling

घुमड़ना (*ghumaṛnā*) *v.i.* (clouds) to gather, to overcast

घुलाना (*ghulānā*) *v.i.* to melt, to dissolve

घुसना (*ghusnā*) *v.i.* 1. to penetrate, to pierce 2. to be thrust

घुसपैठिया (*ghuspaiṭhiyā*) *m.* intruder, infiltrator

घुसेड़ना (*ghuseṛnā*) *v.t.* 1. to thrust or plunge into 2. to pierce

घूँघट (*ghūṁghaṭ*) *f.* veil covering or wrapper for the face

घूँट (*ghūṁṭ*) *m.* sip, gulp

घूँसा (*ghūṁsā*) *m.* a blow with the fist

घूमना (*ghūmnā*) *v.i.* 1. to stroll 2. to revolve, to turn

घूर (*ghūr*) *m.* 1. dunghill 2. rubbish, sweepings

घूरना (*ghūrnā*) *v.t.* to stare at, to gaze intently on

घूस (*ghūs*) *f.* bribe, graft

घृणा (*ghṛṇā*) *f.* hatred, aversion

घृणित (*ghṛṇit*) *a.* hated

घृत (*ghṛt*) *m.* clarified butter

घेरा (*gherā*) *m.* enclosure, fence

घेराव (*gherāv*) *m.* blockade

घोंघा (*ghoṁghā*) *m.* 1. cockle snail, oyster 2. conch, conch shell

घोंटना (*ghoṁṭnā*) *v.t.* 1. to pestle (in a mortar) 2. to learn by heart

घोंपना (*ghoṁpnā*) *v.t.* to pierce, to penetrate, to stab

घोंसला (*ghoṁslā*) *m.* nest

घोटना (*ghoṭnā*) I. *v.t.* to pulverise, to pound

घोटाला (*ghoṭālā*) *m.* 1. bungling 2. scam 3. disorder

घोड़ा (*ghoṛā*) *m.* 1. horse 2. trigger/ hammer of a gun

घोर (*ghor*) *a.* 1. awful, terrific, formidable 2. grave

घोल (*ghol*) *m.* 1. solution 2. mixture

घोषणा (*ghoṣṇā*) *f.* declaration, proclamation, promulgation

घ्राण (*ghrāṇ*) *m.* 1. smelling 2. nose

घ्राणेंद्रिय (*ghrāṇeṁdriya*) *f.* nose, sense of smelling

च

च

चंगा (*caṅgā*) *a.* healthy, sound

चंगुल (*caṅgul*) *m.* clutch or grasp

चंचल (*cañcal*) *a.* restless, unsteady, unstable, wavering

चंचु (*cañcu*) *f.* beak, bill (of a bird)

चंट (*caṇṭ*) *a.* cunning, knave

चंडी (*caṇḍī*) *f.* an epithet of goddess Durga

चंद (*cand*) *a.* some, a few

चंदन (*candan*) *m.* sandal, sandalwood, sandal tree

चँदवा (*caṁdavā*) *m.* small canopy, awning

चंदा (*candā*) *m.* /**चंद्रमा** (*chandramā*) *m.* 1. moon 2. subscription

चँदोवा (*caṁdovā*) *m.* canopy

चंद्रिका (*candrikā*) *f.* moonlight

चंपई (*campaī*) *a.* of the colour of champa flower (yellow)

चंपत (*campat*) *a.* absconded

चंवर (*caṃvar*) *m.* fly-whisk

चक (*cak*) *m.* large plot of land

चकबंदी *f.* consolidation of holdings

चकई (*cakaī*) *f.* a disc-shaped whirling toy

चकचकाना (*cakcakānā*) *v.i.* to glitter, to shine

चकत्ता (*cakattā*) *m.* (skin) rash

चकनाचूर (*cakanācūr*) *a.* broken/shattered to pieces

चकमक (*cakmak*) *m.* flint

चकमा (*cakmā*) *m.* fraud , trick

चकला (*caklā*) *m.* 1. wooden or stone disc for rolling dough 2. brothel

चकल्लस (*cakallas*) *m.* fun, jocularity

च

चकित (*cakit*) *a.* surprised
चक्कर (*cakkar*) *m.* 1. wheel 2. circle 3. circular passage
चक्का (*cakkā*) *m.* wheel
चक्की (*cakkī*) *f.* grinding mill
चक्र (*cakra*) *m.* 1. wheel 2. circular object, disc
चक्रवर्ती (*cakravartī*) *a.* universal
चक्रवात (*cakravāt*) *m.* cyclone
चक्षु (*cakṣu*) *m.* eye
चखचख (*cakhcakh*) *f.* noisy dispute, altercation
चखना (*cakhnā*) *v.t.* to taste
चट (*caṭ*) I. *adv.* at once, quickly, hurriedly II. *f.* sound of breaking
चटक (*caṭak*) *f.* 1. crack, snap 2. brightness
  चटक-मटक *f.* gaudiness
चटकना (*caṭaknā*) *v.i.* to give a cracking sound
चटखनी (*caṭakhnī*) *f.* bolt (of a door), latch
चटनी (*caṭnī*) *f.* sauce
चटपटा (*caṭpaṭā*) *a.* pungent, spicy
चटाई (*caṭāī*) *f.* mat
चटाना (*caṭānā*) *v.t.* to cause to lick
चटोरा (*caṭorā*) *a.* greedy, over-fond of eating
चट्टान (*caṭṭān*) *f.* rock
चड्डी (*chaḍḍī*) *f.* lower under-garment
चढ़ना (*caṛhanā*) *v.i.* 1. to climb (as on a tree, stairs) 2. to go up (a hill) 3. to ride, to mount 4. to rise (as prices)
चढ़ाई (*caṛhāī*) *f.* 1. climb, ascent, rise 2. invasion 3. riding
चढ़ावा (*caṛhāvā*) *m.* oblations or offerings to a deity
चतुर (*catur*) *a.* 1. clever 2. wise
चतुर्थ (*caturth*) *a.* fourth
चतुर्भुज (*caturbhuj*) *f.* one having four arms, God Vishnu
चतुर्वेदी (*caturvedī*) *m.* 1. a scholar of the four Vedas 2. a sub-caste of Brahmins
चतुष्कोण (*catuṣkoṇ*) I. *m.* quadr-

च

angle II. *a.* quadrangular

चद्दर (*caddar*) *f.* sheet (of cloth, iron, etc.)

चना (*canā*) *m.* chick-pea or gram

चपकना (*capaknā*) *v.i.* 1. to stick 2. to be compressed

चपटना (*capaṭnā*) *v.i.* to be pressed flat

चपटा (*capṭā*) *a.* compressed flat

चपड़ा (*capṛā*) *m.* lac

चपत (*capat*) *f.* 1. slap 2. loss

चपरासी (*caprāsī*) *m.* peon

चपल (*capal*) *a.* 1. fickle 2. unsteady

चपला (*capalā*) *f.* 1. lightning 2. tongue

चपाती (*capātī*) *f.* thin bread of unleavened dough

चप्पल (*cappal*) *f.* sandal, slipper

चप्पू (*cappū*) *m.* oar, paddle

चबाना (*cabānā*) *v.t.* to chew, to masticate, to munch

चबूतरा (*cabūtrā*) *m.* raised platform, terrace, rostrum

चबेना (*cabenā*) *m.* parched grain

चमक (*camak*) *f.* glitter, shine

चमकीला (*camakīlā*) *a.* brilliant, luminous, shining

चमगादड़ (*camgādaṛ*) *m.* bat

चमच (*camac*) *m.* spoon

चमचा (*camcā*) *m.* big spoon

चमड़ा (*camṛā*) *m.* leather, hide, skin

चमत्कार (*camatkār*) *m.* wonder

चमन (*caman*) *m.* flower garden

चमरौधा (*camraudhā*) *m.* heavy and sturdy shoe

चमार (*camār*) *m.* shoe-maker

चमू (*camū*) *f.* a division of army

चमेली (*camelī*) *f.* jasmine

चयन (*cayan*) *m.* selection

चर-चर *a.* movable and immovable

चरक (*carak*) *m.* leprosy, white

च

leprosy

चरखा (*carkhā*) *m.* spinning wheel

चरखी (*carkhī*) *f.* 1. spool 2. reel

चरण (*caraṇ*) *m.* 1. foot, feet 2. (in poetry) quarter of a stanza 3. phase, stage

चरणचिह्न *m.* footprints

चरणामृत (*carṇāmṛt*) *m.* 1. water in which the feet of a deity have been washed 2. sacred water mixed with milk, curd, sugar

चरना (*carnā*) *v.t.* to graze

चरपरा (*carparā*) *a.* pungent

चरबांक (*carbāṅk*) *a.* clever

चरम (*caram*) *a.* 1. extreme, utmost 2. absolute 3. ultimate

चरम सीमा *f.* climax

चरमराना (*carmarānā*) *v.i.* to creak, to squeak

चरवाहा (*carvāhā*) *m.* 1. cowherd 2. shepherd 3. grazier

चरस (*caras*) *f.* hemp plant

चरागाह (*carāgāh*) *m.* pasture (land), grazing ground

चराचर (*carācar*) I. *a.* movable and immovable II. *m.* the entire creation

चरित्र (*caritra*) *m.* 1. character 2. conduct

चरित्रहीन *a.* characterless

चर्चा (*carcā*) *f.* discussion

चर्बी *(carbī) f.* /**चरबी** *(carabī) f.* fat, grease

चर्म (*carm*) *m.* skin, hide, leather

चर्मकार *m.* shoemaker, cobbler

चर्वण (*carvaṇ*) *m.* mastication

चल (*cal*) *a.* movable

चलचित्र *m.* motion picture, film, movie

चलन (*calan*) *m.* 1. movement, motion 2. custom, usage

चलना (*calnā*) *m.* 1. to go 2. to walk 3. big sieve

चलनी (*calnī*) *f.* 1. sieve 2. strainer

चलान (*calān*) *m.* consignment

च

चलाना (*calānā*) *v.t.* 1. to cause to move 2. to start

चलायमान (*calāymān*) *a.* going, moving

चलावा (*calāvā*) *m.* custom

चलित्र (*calitra*) *m.* locomotive

चश्मा (*caśmā*) *m.* 1. spectacles, eye-glasses 2. fountain, spring

चषक (*caṣak*) *m.* 1. cup, goblet 2. wine-glass

चस्का (*caskā*) *m.* compelling fondness

चस्पाँ (*caspāṁ*) *a.* stuck, fixed

चहक (*cahak*) *f.* chirping

चहेता (*cahetā*) *a.* beloved, dear

चांटा (*cāṇṭā*) *m.* slap

चांडाल (*cāṇḍāl*) *m.* most degraded person, a man of the lowest Shudra class

चाँद (*chaṁd*) *m.* the moon

चाँदनी (*caṁdnī*) *f.* 1. moonlight 2. a white cloth spread over a carpet, bedsheet

चाँदी (*cāṁdī*) *f.* silver

चाक (*cāk*) *m.* the potter's wheel

चाकर (*cākar*) *m.* servant

चाकरी (*cākrī*) *f.* service

चाकू (*cākū*) *m.* knife

चाचा (*cācā*) *m.* father's younger brother

चाची (*cācī*) *f.* paternal aunt

चाट (*cāṭ*) *f.* spicy preparation of chopped fruits, vegetable

चाटना (*cāṭnā*) *v.t.* to lick

चाटुकार (*cāṭukār*) *m.* flatterer

चातुर्य (*cāturyā*) *m.* cleverness

चातुर्वर्ण्य (*cāturvarṇya*) I. *m.* the four principles of Hindus II. *a.* four Varnas

चादर (*cādar*) *f.* 1. sheet (of cloth) 2. bedsheet

चापलूस (*cāplūs*) *m.* flatterer

चापलूसी (*cāplūsī*) *f.* flattery

चाबना (*cābna*) *v.t.* to chew, to masticate

चाबी (*cābī*) *f.* /**चाभी** (*cābhī*) *f.* key

चाबुक (*cābuk*) *m.* whip, lash

चाय (*cāy*) *f.* tea

चारण (*cāraṇ*) *m.* 1. minstrel, bard 2. grazing

चारा (*cārā*) *m.* 1. food for cattle, fodder 2. bait

चाल (*cāl*) *f.* 1.manner of walking 2. plot 3. trick

चाल-चलन *m.* character

चालबाज *a.* trickster, cunning

चालक (*cālak*) *m.* driver

चालना (*cālnā*) *v.t.* to sift, to sieve

चालाक (*cālāk*) *a.* clever

चालाकी (*cālākī*) *f.* dexterity

चालान (*cālān*) *m.* prosecution, forwarding an accused to a magistrate

चाली (*cālī*) *f.* deceit, fraud

चालू (*cālū*) *a.* 1. cunning 2. current

चालू वर्ष *m.* current year

चाव (*cāv*) *m.* 1. longing, craving 2. zest 3. fondness

चावल (*cāval*) *m.* rice

चाशनी (*cāśnī*) *f.* treacle, viscous syrup

चास (*cās*) *f.* ploughing, tilling

चाह (*cāh*) *f.* desire, longing

चाहत (*cāhat*) *f.* love, affection, liking

चिंगारी (*ciṁgārī*) *f.* spark (of fire)

चिंघाड़ (*ciṁghāṛ*) *f.* trumpeting of an elephant, trumpet

चिंतन (*ciṁtan*) *m.* thinking

चिंता (*ciṁtā*) *f.* anxiety, worry

चिंदी (*ciṁdī*) *f.* a small piece

चिआँ (*ciāṁ*) *f.* seed of tamarind

चिउँटा (*ciuṁṭā*) *m.* a big black species of ant

चिउँटी (*ciuṁṭī*) *f.* ant

चिउड़ा (*ciuṛā*) *m.* parched and beaten rice

चिक (*cik*) *f.* a hanging screen made of split bamboos

चिकन (*cikan*) *m.* a particular mode of embroidery

चिकना (*ciknā*) *a.* 1. oily, greasy 2. smooth, polished

चिकित्सा (*cikitsā*) *f.* medical or surgical treatment, therapy

चिकित्सालय *m.* hospital, dispensary

च

च

चिकोटी (*cikoṭī*) *f.* pinch, tweak
चिक्कट (*cikkaṭ*) *a.* oiled, greasy
चिचिंड़ा (*cicimṛā*) *m.* snake gourd (a vegetable)
चिट्टा (*ciṭṭā*) *a.* white, fair
चिट्ठी (*ciṭṭhī*) *f.* letter
चिड़चिड़ा (*ciṛciṛā*) *a.* peevish, irritable, quick-tempered
चिड़िया (*ciṛiyā*) *f.* 1. bird 2. a sparrow
चिढ़ (*ciṛh*) *f.* irritation
चिढ़ाना (*ciṛhānā*) *v.t.* to vex
चित (*cit*) *a.* lying flat on the back, prostrate
चितकबरा (*citkabrā*) *a.* variegated, spotted
चितवन (*citvan*) *f.* a glance, look
चिता (*citā*) *f.* funeral pyre
चितेरा (*citerā*) *m.* painter
चित्त (*citt*) *m.* 1. mind 2. heart
चित्र (*citra*) *m.* picture, photo, painting, portrait
  चित्रकला *f.* art of painting
  चित्रपट *m.* canvas, screen
ण (*citraṇ*) *m.* /**चित्रांकन** (*citrāṅkan*) *m.* 1. act of painting, drawing 2. portrayal
चिथड़ा (*cithṛā*) *m.* shred, rag
चिनगारी (*cingārī*) *f.* spark
चिनिया (*ciniyā*) *a.* 1. of or belonging to China 2. small
चिन्ह (*cinha*) *m.* sign, mark
चिपकना (*cipaknā*) *v.i.* to stick
चिपकाना (*cipakānā*) *v.t.* to stick, to glue, to paste
चिपचिपा (*cipcipā*) *a.* sticky, gummy, adhesive
चिपटना (*cipaṭnā*) *v.i.* 1. to stick 2. to embrace 3. to adhere
चिपटा (*cipṭā*) *a.* compressed, flat, flattened
चिबुक (*cibuk*) *f.* chin
चिमटा (*cimṭā*) *m.* tongs, pincers, forceps, nippers
चिर (*cir*) *a.* (of time) long lasting, ever, perpetual
  चिरकाल *m.* long time
  चिरनिद्रा *f.* death
चिरकुट (*cirkuṭ*) *m.* bit, piece
चिराग़ (*cirāg̲*) *m.* lamp

चिरायंध (*cirāyandh*) *f.* smell of burning leather or hair

चिरायता (*cirāytā*) *m.* bitter medicinal plant

चिरायु (*cirāyu*) *a.* long living

चिरौरी (*ciraurī*) *f.* beseeching, requesting

चिलगोज़ा (*cilgozā*) *m.* the nut of the pine tree and its kernel

चिलम (*cilam*) *f.* funnel on a hubble-bubble in which tobacco is kept

चिलमन (*cilaman*) *f.* a screen or blind made of bamboo strips

चिल्लाना (*cillānā*) *v.i.* to shriek, to yell, to cry

चिहुँक (*cihuṁk*) *f.* startling

चिह्न (*cihna*) *m.* 1. sign, mark 2. trace 3. symptom

चींटा (*cīṁṭā*) *m.* big ant

चींटी (*cīṁṭī*) *f.* ant

चीकू (*cīkū*) *m.* sapodilla tree and its fruit

चीख़ (*cīkh*) *f.* scream, screech

चीख़ना (*cīkhnā*) *v.i.* to cry out

चीज़ (*cīz*) *f.* 1. thing 2. item

चीड़ (*cīṛ*) *m.* pine tree and its wood

चीता (*cītā*) *m.* 1. tiger 2. leopard 3. spotted panther

चीत्कार (*cītkār*) *f.* outcry, cry, shout, scream of pain

चीनी (*cīnī*) *f.* sugar

चीर (*cīr*) *m.* cloth, piece of cloth or garment

चीरना (*cīrnā*) *v.t.* to tear, to cleave, to saw

चील (*cīl*) *f.* kite (bird)

चुंगी (*cuṅgī*) *f.* octroi, terminal tax

चुंबक (*cumbak*) *m.* magnet

चुंबन (*cumban*) *m.* kissing, kiss

चुकंदर (*cukandar*) *m.* beetroot, sugar-beet

चुग़द (*cugad*) *m.* 1. owl 2. slow-witted person

चुगना (*cugnā*) *v.t.* to peck food, to pick with the beak

चुग़लखोर (*cugalkhor*) *m.* backbiter

चुगा (*cugā*) *m.* food scattered

च

for birds

चुटकी (*cuṭkī*) *f.* 2. handful

चुटकुला (*cuṭkulā*) *m.* joke, pleasantry

चुटिया (*cuṭiyā*) *f.* tuft of hair

चुटीला (*cuṭīlā*) *a.* 1. stricken, hurt 2. penetrating

चुड़िहारा (*cuṛihārā*) *m.* maker or seller of bracelets and bangles

चुड़िहारिन (*cuṛihārin*) *f.* female seller of bracelets and glass-bangles

चुड़ैल (*cuṛail*) *f.* ghost of a woman

चुनट (*cunaṭ*) *f.* crease, pucker, rumple, fold

चुनना (*cunanā*) *v.t.* 1. to choose, to select 2. to elect

चुनरी (*cunṛī*) *f.* a thin cloth or sheet which is partly dyed

चुनांचे (*cunāñce*) *conj.* hence, therefore, accordingly

चुनाव (*cunāv*) *m.* 1. selection 2. election

चुनाव क्षेत्र *m.* constituency

चुनिंदा (*cuniṁdā*) *a.* selected, chosen

चुनौती (*cunautī*) *f.* challenge

चुन्नी (*cunnī*) *f.* a woman's small-sized upper covering

चुप (*cup*) *a.* silent

चुपड़ना (*cupaṛnā*) *v.t.* to apply ghee/butter

चुप्पी (*cuppī*) *f.* silence

चुभना (*cubhnā*) *v.i.* to be struck or thrust into

चुमवाना (*cumvānā*) *v.t.* to get oneself kissed

चुम्मा (*cummā*) *m.* kiss

चुरमुरा (*curmurā*) *a.* crisp, brittle

चुराना (*curānā*) *v.t.* to steal

चुलबुला (*culbulā*) *a.* restless, fidgety, sportive, playful

चुल्लू (*cullū*) *m.* palm of the hand formed into a hollow cup

चुसना (*cusnā*) *v.i.* 1. to be sucked 2. to be absorbed

चुस्की (*cuskī*) *f.* 1. draught or mouthful of water or any

other liquid 2. sip

चुस्त (*cust*) *a.* 1. smart, brisk 2. alert 3. tight

चुस्ती (*custī*) *f.* smartness

चुहल (*cuhal*) *f.* jocularity, joviality, jollity

चूँकि (*cūṁki*) *conj.* because, as

चूक (*cūk*) *f.* default, lapse

चूज़ा (*cūzā*) *m.* chicken

चूड़ी (*cūṛī*) *f.* bangle of lac or glass or metal

चूतड़ (*cūtaṛ*) *m.* buttock, hip

चूना (*cūnā*) I. *m.* lime II. *v.i.* 1. to leak 2. to drip 3. to drop

चूमा (*cūmā*) *m.* kiss

चूर (*cūr*) *m.* 1. small pieces, fragments 2. filings

चूरन (*cūran*) *m.* 1. powder 2. digestive powder

चूरमा (*cūrmā*) *m.* a sweetmeat made of bread crumbs mixed with ghee and sugar

चूर्ण (*cūrṇ*) I. *m.* powder II. *a.* powdered

चूर्णिका (*cūrṇikā*) *f.* fried and powdered rice or grain

चूल (*cūl*) *f.* tenon, pivot, tang, mortice

चूल्हा (*cūlhā*) *m.* fireplace, oven, hearth

चूसना (*cūsnā*) *v.t.* 1. to suck 2. to absorb

चूहा (*cūhā*) *m.* rat, mouse

चेचक (*cecak*) *f.* small pox

चेतन (*cetan*) *m.* the conscious mind

चेतना (*cetnā*) *f.* 1. sensation 2. sense 3. consciousness

चेतनाशून्य *a.* sensation-less, unconscious

चेतावनी (*cetāvnī*) *f.* warning

चेला (*celā*) *m.* 1. disciple, follower 2. pupil

चेष्टा (*ceṣṭā*) *f.* effort, endeavour

चैतन्य (*caitanya*) I . *a.* conscious, sentient, sensitive, alert II. *m.* consciousness

चैत्री (*caitrī*) *f.* the day of the full moon in the month of Chaitra

चैन (*cain*) *m.* ease, comfort,

च

च

repose, rest

चैला (*cailā*) *m.* pieces of split wood

चोंगा (*coṁgā*) *m.* 1. telephone receiver 2. funnel

चोंच (*coṁc*) *f.* beak of a bird

चोकर (*cokar*) *m.* husk of wheat or barley, bran

चोग़ा (*cog̠ā*) *m.* cloak, woollen gown

चोट (*coṭ*) *f.* 1. hurt, injury 2. shock 3. hurting remark

चोटी (*coṭī*) *f.* 1. tuft of hair on the top of the head 2. woman's lock of hair, braid peak, summit

चोर (*cor*) *m.* thief, burglar
चोरचमार *m.* criminal, a man of criminal nature

चोरी (*corī*) *f.* theft, burglary, pilferage

चोला (*colā*) *m.* 1. along robe 2. human body

चोली (*colī*) *f.* bodice, bra, brassiere

चौंकना (*caumkana*) *v.i.* to be startled

चौक (*cauk*) *m.* 1. square 2. market place 3. ornamental square of coloured flour

चौकड़ी (*caukaṛī*) *f.* 1. an assembly or gathering of four 2. bound (as of a deer), bounce, leap, spring

चौकन्ना (*caukannā*) *a.*/**चौकस** (*caukas*) *a.* wary, vigilant

चौका (*caukā*) *m.* 1. aggregate of four 2. a square slab 3. area for cooking
चौका-बरतन *m.* kitchen-work

चौकी (*caukī*) *f.* 1. post (police customs, etc.) 2. chair or stool

चौकीदार (*caukīdār*) *m.* 1 watchman 2. guard

चौकोर (*caukor*) *a.* quadrangular, square, four cornered

चौखट (*caukhaṭ*) *f.* framework of a door, door-frame

चौगुना (*caugunā*) *a.* fourfold

चौड़ा (*cauṛā*) *a.* 1. wide, broad 2. in breadth, in width

चौड़ाई (*cauṛāī*) *f.* 1. breadth, width 2. latitude 3. extent

चौड़ान (*cauṛān*) *f.* breadth, width

चौथा (*cauthā*) *m.* fourth

चौथाई (*cauthāī*) *m.* one-fourth, quarter

चौधरी (*caudharī*) *m.* headman of a caste or trade or village

चौपट (*caupaṭ*) *a.* spoilt

चौपड़ (*caupaṛ*) *m.* a game played with three dice

चौपहिया (*caupahiyā*) *a.* & *m.* four-wheeled (carriage)

चौपाई (*caupāī*) *f.* a verse in Hindi of four lines each of 15 instants

चौपाया (*caupāyā*) *m.* four-footed (animal), quadruped

चौपाल (*caupāl*) *f.* assembly house (in a village)

चौमंज़िला (*cāumañzilā*) *a.* four-storeyed, four-floored

चौराहा (*caurāhā*) *m.* junction of four roads, crossing of roads

च्युत (*cyut*) *a.* deviated from the right course

छ

छ

छंछनाना (*chañchanānā*) *v.i.* to smart

छँटनी (*chaṁṭnī*) *f.* 1. retrenchment 2. cutting 3. trimming 4. sorting

छंद (*chand*) *m.* 1. a sacred hymn 2. stanza 3. metre (in poetry)

छकड़ा (*chakṛa*) *m.* bullock cart

छकना (*chaknā*) *v.i.* 1. to be satiated 2. to be cheated

छकाना (*chakānā*) *v.t.* 1. to satiate, to gratify 2. to harass

छछूँदर (*chachūṁdar*) *f.* mole, musk-rat, ground shrew

छज्जा (*chajjā*) *m.* 1. balcony 2. terrace 3. sunshade

छटपट (*chaṭpaṭ*) *a.* 1. tossing about 2. fast, quick, speedy

छटपटाना (*chaṭpaṭānā*) *v.i.* 1. to toss 2. to writhe

छटा (*chaṭā*) *f.* beauty, splendour, lustre

छठी (*chaṭhī*) *f.* ceremony performed on the sixth day after the birth of a child

छड़ (*chaṛ*) *m.* 1. rod, bar 2. pole

छड़ी (*chaṛī*) *f.* stick, wand, walking stick

छत (*chat*) *f.* roof, ceiling

छतरी (*chatarī*) *f.* 1. umbrella 2. a covering canopy

छत्ता (*chattā*) *m.* honeycomb, hive

छत्र (*chatra*) *m.* royal umbrella or parasol

छदाम (*chadām*) *m.* (old) one-fourth of a paisa

छद्म (*chadm*) *m.* 1. disguise 2. hiding, concealment

छद्म नाम *m.* fictitious name

छन्ना (*channā*) *f.* 1. filter 2.

piece of cloth for sieving, strainer

छप (*chap*) *m.* splashing sound

छपाई (*chapāī*) *f.* printing

छप्पय (*chappay*) *m.* a poetic metre running into six lines

छप्पर (*chappar*) *m.* thatched roof

छबीला (*chabīlā*) *a.* handsome

छमक (*chamak*) *f.* tinkling or jingling sound

छमकछल्लो *f.* glamour girl

छमाछम (*chamācham*) *adv.* (of dance) with tinkling sound of bells

छमाही (*chamāhī*) *a.* six-monthly

छरहरा (*charahrā*) *a.* slim, smart

छर्रा (*charrā*) *m.* 1. piece of shot 2. small pebble

छल (*chal*) *m.* fraud, deceit

छलछिद्र *m.* malicious, fault-finding

छलना (*chalnā*) I. *v.t.* to deceive, to cheat II. *m.* strainer, cloth for sifting

छलनी (*chalnī*) *f.* strainer, sieve

छलांग (*chalāṅg*) *f.* leap, jump

छलावा (*chalāvā*) *m.* illusion

छल्ला (*challā*) *m.* plain ring (of any metal)

छवि (*chavi*) *f.* portrait

छाँटना (*chāṁṭnā*) *v.t.* to lop, to trim, to cut, to prune

छाछ (*chāch*) *f.* whey

छाता (*chātā*) *m.* umbrella

छाती (*chātī*) *f.* breast, chest

छात्र (*chātra*) *m.* pupil, student

छात्र-वृत्ति *f.* scholarship

छात्रावास (*chātrāvās*) *m.* hostel for students

छानना (*chānanā*) *v.t.* 1. to sieve, to strain 2. to filter

छाप (*chāp*) *f.* 1. stamp, seal 2. imprint 3. impression

छापा (*chāpā*) *m.* 1. raid 2. seal

छाया (*chāyā*) *f.* 1. shade 2. shadow 3. reflection

छायादार *a.* shady

छार (*chār*) I. *f.* 1. alkali 2. ash 3. dust II. *a.* caustic

छाल (*chāl*) *f.* bark of a tree

छ

छाला (*chālā*) I. *m.* 1. pustule 2. blister II. *f.* hide

छावनी (*chāvanī*) *f.* 1. cantonment 2. thatching

छिछला (*chichlā*) *a.* shallow

छिछोरा (*chichorā*) *a.* 1. petty, trifling 2. childish

छिटकना (*chiṭaknā*) *v.i.* 1. to be spattered 2. to be scattered

छिटपुट (*chiṭpuṭ*) I. *a.* isolated II. *adv.* here and there

छिड़कना (*chiṛaknā*) *v.t.* to sprinkle

छिड़काव (*chiṛkāv*) *m.* sprinkling

छिड़ना (*chiṛnā*) *v.i.* 1. to break out (as a war) 2. to start

छिद्र (*chidra*) *m.* 1. hole, opening 2. flaw, defect, fault

छिनाल (*chināl*) *f.* flirt, coquette, wanton woman, harlot

छिन्न (*chinn*) *a.* cut off, torn
छिन्न-भिन्न *a.* broken into pieces

छिपकली (*chipkalī*) *f.* lizard

छिपना (*chipnā*) *v.i.* to hide

छिपाना (*chipānā*) *v.t.* to hide, to conceal

छिलका (*chilkā*) *m.* 1. crust (as of bread) 2. hull (as of peas and beans)

छिलना (*chilanā*) *v.i.* to be peeled or skinned, to be husked, to be shelled

छींक (*chīṁk*) *f.* sneeze

छींकना (*chīṁknā*) *v.i.* to sneeze

छींका (*chīṁkā*) *m.* a net or hanging basket (for food, etc.)

छींट (*chīṁṭ*) *f.* chintz, a kind of printed cloth

छींटा (*chīṁṭā*) *m.* 1. spot (of liquid) 2. slight rain

छींटाकशी (*chīṁṭākaśī*) *f.* casting of aspersions

छीछालेदर (*chīchāledar*) *f.* 1 humiliation 2. muck, mess

छीजना (*chījnā*) *v.i.* to decrease to wane

छीनना (*chīnnā*) *v.t.* to grab, to snatch, to wrest
छीनाझपटी *f.* taking away by force, scramble

छीलन (*chīlan*) *f.* scrap, shavings, scrappings, stripping

छीलना (*chīlnā*) *v.t.* 1. to peel, to skin 2. to scrape out

छुआछूत (*chuāchūt*) *f.* untouchability

छुई-मुई (*chuī-muī*) *f.* touch-me-not (a plant)

छुच्छी (*chucchī*) *f.* 1. nose-pipe 2. tube 3. funnel

छुट (*chuṭ*) *a.* small, short

छुटभैया *m.* petty person

छुटकारा (*chuṭkārā*) *m.* 1. liberation 2. exemption

छुटपुट (*chuṭpuṭ*) *a.* sporadic

छुट्टी (*chuṭṭī*) *f.* 1. holiday 2. leave

छुतहा (*chutahā*) *a.* contagious

छुपाना (*chupānā*) *v.t.* to hide, to conceal

छुरा (*churā*) *m.* large knife

छुहारा (*chuhārā*) *m.* dried date

छूट (*chūṭ*) *f.* (in tax or debt) remission, rebate

छूटना (*chūṭnā*) *v.i.* 1. to be left 2. to escape or run away

छूत (*chūt*) *f.* contamination, impurity, defilement

छूना (*chūnā*) *v.t.* to touch, to feel, to contact

छेकानुप्रास (*chekānuprās*) *m.* a type of alliteration involving single repetitions of several consonants

छेड़ (*cheṛ*) *f.* teasing

छेड़खानी *f.* /**छेड़छाड़** *f.* molestation

छेड़ना (*cheṛnā*) *v.t.* 1. to tease 2. to stir (as strings of violin)

छेद (*ched*) *m.* hole, bore

छेदना (*chednā*) *v.t.* to make a hole, to bore, to pierce

छेना (*chenā*) *m.* curdled milk, a kind of cheese

छेनी (*chenī*) *f.* chisel

छेरी (*cherī*) *f.* female goat

छेव (*chev*) *m.* scrapping

छैल (*chail*) *m.* fop, dandy

छैल-छबीला *m.* a well-dressed young-man, fop, dandy

छ

छैला (*chailā*) *a.* & *m.* handsome, a young man

छोकरा (*chokrā*) *m.* boy, lad (pejorative), urchin

छोकरी (*chokrī*) *f.* girl, lass

छोटा (*choṭā*) *a.* little, small

छोटा-मोटा *a.* ordinary, common

छोटी माता (*choṭīmātā*) *f.* chicken pox

छोड़ना (*choṛnā*) *v.t.* to give up, to abandon, to forsake

छोड़ाना (*choṛānā*) *v.t.* 1. to be acquitted or absolved, to get released 2. to cause to set free

छोपना (*chopnā*) *v.t.* 1. to put a coat, to paint 2. to plaster

छोर (*chor*) *m.* 1. border 2. edge

छोरा (*chorā*) *m.* lad, boy

छोरी (*chorī*) *f.* lass, girl

छोला (*cholā*) *m.* 1. gram 2. green gram in the pod

छौंक (*chauṁk*) *m.* seasoning with hot ghee/ oil and spices

छौंकना (*chauṁkna*) *v.t.* to season (pulses etc.), to spice

छौना (*chāunā*) *m.* a young one

ज

जंग (*jaṅg*) *f.* war, battle, fight

ज़ंग (*zaṅg*) *m.* rust

जंगम (*jaṅgam*) *a.*1. movable, mobile 2. moving, roving

जंगल (*jaṅgal*) *m.* jungle, forest

जंगला (*jaṅgalā*) *m.* 1. grille 2. post and rail frame

जंगली (*jaṅgalī*) *a.* of or pertaining to a forest

जंगी (*jaṅgī*) *a.* of or relating to the war, military, warlike

जंजाल (*jañjāl*) *m.* 1. difficulty, trouble 2. botheration

ज़ंजीर (*zañjīr*) *f.* 1. chain 2. iron fetters, shackles 3. iron catch (for the door), latch

जंतु (*jantu*) *m.* living being, animal, creature

जंत्री (*jantrī*) *f.* 1. almanac, calendar 2. instrument for drawing wire

जंभाई (*jambhāī*) *f.* a yawn

जई (*jaī*) *f.* oat

जकड़ना (*jakaṛnā*) *v.t.* to grasp, to clasp, to grip, to clutch

ज़ख़ीरा (*zakhīrā*) *m.* 1. stock, hoard, repository 2. heap, pile, collection

ज़ख़्म (*zakhm*) *m.* wound, cut

ज़ख़्मी (*zakhmī*) *a.* wounded

जग (*jag*) *m.* **जगत्** (*jagat*) /**जगद्** (*jagad*) *m.* 1. world, universe, earth 2. people (of the world)

जगद्गुरू (*jagadgurū*) *m.* teacher of the world, arch-preceptor

जगदीश (*jagdīś*) *m.* /**जगदीश्वर** (*jagdīśvar*) *m.* Lord of the Universe, God

जगना (*jagnā*) *v.i.* to be awake, to rise, to get up

ज

जगमग (*jagmag) a.* shining, glittering, refulgent

जगह (*jagah*) *f.* 1. place 2. space 3. site 4. vacancy 5. post

जगाना (*jagānā*) *v.t.* to awaken, to rouse (from sleep)

जघन्य (*jaghanya*) *a.* heinous, abominable, hateful

ज़च्चा (*zaccā*) *f.* a woman who has recently given birth to a child

ज़च्चा-बच्चा *m.* mother and the new-born baby

जजमान (*jajmān*) *m.* 1. one who performs sacrifice 2. client of a professional Brahmin

जटा (*jaṭā) f.* 1. matted hair tangled hair 2. fibrous roots of a tree

जटिल (*jaṭil*) *a.* tangled, entangled

जठर (*jaṭhar*) *m.* abdomen, stomach, belly

जड़ (*jaṛ*) I. *a.* 1. root 2. source II. *f.* 1. inanimate, lifeless, inert 2. stupid, idiotic

जड़ता (*jaṛatā*) *f.* inertness, inanimateness, insensibility

जड़ना (*jaṛnā*) *v.t.* 1. to inlay, to inset, to imbed 2. (of picture) to mount 3. to strike, to hit

जड़ाऊ (*jaṛāū) a.* inset, studded, inlaid (with jewels), jewelled

जड़ी (*jaṛī*) *f.* medicinal root

जड़ी-बूटी *f.* medicinal herb

जत (*jat*) *f.* musical rhythm (sung at the Holi festival)

जत्था (*jatthā*) *m.* batch, group

जद्दोजहद (*jaddojahad) f.* hard labour, hard struggle

जन (*jan*) *m.* masses, people public

जन कल्याण *m.* public welfare

जनमत *m.* public opinion

जनसंपर्क *m.* public relation

जनक (*janak*) *m.*1. father 2. (natural) procreator, genitor progenitor 3. originator, producer

जनगणना (*janganaṇā*) *f.* census

जनता (*janatā*) *f.* public, people in general

जनता जनार्दन *m.* public as supreme power

जनन (*janan*) *m.* 1. birth, generating, begetting, producing 2. production

जननी (*jananī*) *f.* mother

जननेंद्रिय (*jananeṁdriya*) *f.* reproductive organ, sex organ

जनपद (*janpad*) *m.* district, town

जनाज़ा (*janāzā*) *m.* funeral procession

ज़नानख़ाना (*zanān<u>kh</u>ānā*) *m.* harem, ladies apartment

ज़नाना (*zanānā*) *a.* feminine, womanly

जनाब (*janāb*) I. *m.* Mr. II. *interj.* your honour, sir

जनून (*janūn*) *m.* madness, lunaticism, insanity

जनेऊ (*janeū*) *m.* sacred thread worn over the left shoulder by Hindu males

जन्नत (*jannat*) *f.* 1. heaven, paradise

जन्म (*janm*) *m.* birth

जन्म-कुंडली *f.* horoscope

जन्म-जन्मांतर *m.* various births, births and rebirths

जन्मदिन *m.* birthday

जन्मभूमि *f.* birth-place

जन्मसिद्ध *a.* innate, inherent

जप (*jap*) *m.* repetition of the name of God

जप-तप *m.* devotion, worship

जब (*jab*) *adv.* when

जबड़ा (*jabṛā*) *m.* jaw

जबरन (*jabran*) *adv.* by force

ज़बान (*zabān*) *f.* 1. tongue 2. language 3. speech

ज़बानी (*zabānī*) I. *adv.* by word of mouth, orally, verbally

ज़ब्त (*zabt*) *m.* taking possession of, confiscation

जमघट (*jamghaṭ*) *m.* crowd, gathering, multitude, concourse

ज

जमना (*jamnā*) *v.i.* 1. to freeze, to congeal 2. to coagulate

जमा (*jamā*) *f.* & *a.* 1. collection, accumulation 2. capital

जमा-पूँजी *f.* (a) total capital (b) total assets

जमाई (*jamāī*) *m.* son-in-law

जमात (*jamāt*) *f.* 1. class 2. group 3. society

जमादार (*jamādār*) *m.*1. headman of a body of workers 2. head sweeper

ज़मानत (*zamānat*) *f.* 1. surety, security 2. bail 3. guarantee

जमाना (*jamānā*) I. *v.t.* 1. to freeze 2. to impress II. *m.* 1. time, period 2. age, era

जमाव (*jamāv*) *m.* 1. mass 2. gathering, assemblage

ज़मीं (*zamīṁ*) *f.* 1. land 2. earth

ज़मींदार *m.* zamindar, landlord

जमीकंद (*jamīkand*) *m.* yam

ज़मीन (*zamīn*) *f.* 1. land 2. earth 3. soil 4. ground

ज़मीर (*zamīr*) *m.* conscience

जम्हाई (*jamhāī*) *f.* yawn

जयंती (*jayantī*) *f.* 1. jubilee 2. anniversary

जय (*jay*) *f.* conquest, victory

जयकार *m.* cheers or rejoicings of victory

जयमाल *f.*/**जयमाला** *f.* (a) garland of victory (b) garland put by the bride round the neck of the bridegroom

जयश्री *f.* victory, triumph

ज़र (*zar*) *m.* 1. gold 2. money

ज़रदा (*zardā*) *m.* chewing tobacco

ज़रदी (*zardī*) *f.* 1. yellowness 2. paleness 3. yellow colour

जरा (*jarā*) I. *f.* old age, senility II. *a.* & *adv.* a little, a bit

जरायमपेशा (*jarāyampeśā*) *a.* of criminal profession, criminal

ज़रिया (*zariyā*) *m.* means, source

ज़री (*zarī*) *f.* cloth woven with golden thread

ज़रूर (*zarūr*) *adv.* certainly,

surely, necessarily

ज़रूरत *(zarūrat) f.* need, necessity, want

जर्जर *(jarjar) a.* 1. broken, frail, torn 2. old, worn out

ज़र्द *(zard) a.* 1. yellow 2. pale

ज़र्दा *(zardā) m.* chewing tobacco

ज़र्रा *(zarrā) m.* particle, small fragment

जल *(jal) m.* water

जलसेना *f.* navy

ज़लज़ला *(zalzalā) m.* earthquake

जलधि *(jaladhi) m.* ocean

जलन *(jalan) f.* burning sensation

जलना *(jalnā) v.i.* 1. to burn 2. to be reduced to ashes 3. to be full of jealousy

जलपान *(jalpān) m.* light refreshment, repast, tiffin

जलयान *(jalyān) m.* ship, vessel

जलवायु *(jalvāyu) m.* climate

जलसा *(jalsā) m.* function

जलाना *(jalānā) v.t.* 1. to burn, to set on fire 2. (of lamp) to light

ज़लालत *(zalālat) f.* 1. meanness, lowliness 2. humiliation

जलावन *(jalāvan) m.* fuel, fuel wood, firewood

जलाशय *(jalāśay) m.* 1. a body of water 2. reservoir 3. pond

ज़लील *(zalīl) a.* 1. abject, base, mean 2. wretched

जलेबी *(jalebī) f.* an Indian sweetmeat

जल्दी *(jaldī)* I. *f.* haste, hurry II. *adv.* quickly, hurriedly

जल्लाद *(jallād) m.* 1. hangman, executioner 2. butcher

जवान *(javān)* I. *a.* young, youthful II. *m.* youth, youngman

जवानी *(javānī) f.* youth, young age, adolescence

जवाब *(javāb) m.* 1. answer 2. reply

जवाबदेह *a.* answerable, re-

ज

sponsible, accountable, amenable

जवाबी (*javābī*) *a.* in the nature of a reply

जवाहर (*javāhar*) *m.* jewel, gem

जवाहरात (*javāharāt*) *m.* & *pl.* 1. jewels, gems 2. jewellery

जश्न (*jaśna*) *m.*1. festivity, rejoicing 2. feast

जहन्नुम (*jahannum*) *f.* hell

ज़हमत (*zahmat*) *f.* 1. trouble 2. botheration

ज़हर (*zahar*) *m.* poison, venom

ज़हरीला (*zahrīlā*) *a.* poisonous, venomous

जहाँ (*jahāṁ*) I. *m.* world II. *adv.* where, in which place

जहाज़ (*jahāz*) *m.* ship, vessel

जहाज़रानी *f.* navigation

जहालत (*jahālat*) *f.* lack of knowledge, illiteracy

जाँघ (*jāṁgh*) *f.* shank, thigh

जाँघिया (*jāṁghiyā*) *m.* lower undergarment, underwear

जाँच (*jāṁc*) *f.* 1. test 2. investigation, enquiry

जाँचना (*jāṁcnā*) *v.t.* 1. to enquire (into) 2. to investigate

जाँता (*jāṁtā*) *m.* handmill

जागरण (*jāgaraṇ*) *m.* awakening, sitting through the night at a religious ceremony

जागरूक (*jāgrūk*) *a.* 1. wakeful, awake 2. watchful, alert

जागीर (*jāgīr*) *f.* estate, land (including some villages)

जागृत (*jāgṛt*) *a.* awakened, awake

जाग्रति (*jāgrati*) *f.* 1. wakefulness, awakening 2. alertness

जाज़िम (*jāzim*) *m.* chequered or ornamented floor cloth, printed carpet

जाज्वल्यमान (*jājvalyamān*) *a.* shining, blazing, glittering

जाड़ा (*jāṛā*) *m.* cold, cold season, winter

जात (*jāt*) *f.* 1. race 2. caste

जात-पांत *f.* caste and community

जात-बिरादरी *f.* brotherhood,

kinsfolk

जाति (*jāti*) *f.* 1. caste 2. race 3. genus

जातिप्रथा *f.* caste system

जातिवाद *m.* casteism

ज़ाती (*zātī*) *a.* personal

जातीयता (*jātīyatā*) *f.* 1. casteism 2. nationality 3. raciality

जादू (*jādū*) *m.* magic, spell, charm, sorcery

जादू-टोना *m.* sorcery

जादूगर *m.* magician

जान (*jān*) *f.* 1. life 2. soul, spirit 3. energy, vigour

जान-माल *m.* life and property

जानकार (*jānkār*) *a.* & *m.* one who knows, knowledgeable, familiar

जानकारी *f.* knowledge, information, awareness

जान-पहचान *f.* familiarity

जानदार (*jāndār*) *a.* living, animate, having life

जानना (*jānnā*) *v.t.* to know

जानवर (*jānvar*) *m.* 1. living being, creature 2. animal 3. beast

जाना (*jānā*) *v.i.* to go, to depart

जानी (*jānī*) *f.* dear, beloved

जानी दोस्त *m.* dear or beloved friend

जानी दुश्मन *m.* deadly enemy

ज़ाफ़रान (*zāfrān*) *m.* saffron

जाफ़री (*jāfrī*) *f.* trellis, lattice

जाम (*jām*) I. *m.* cup (usually a cup of wine) II. *a.* jammed

जामाता (*jāmātā*) *m.* son-in-law

जामुन (*jāmun*) *m.* ;ambu (fruit and tree)

ज़ायक़ा (*zāyaqā*) *m.* taste, relish

जायज़ (*jāyaz*) *a.* proper, rightful, legitimate

जायदाद (*jāydād*) *f.* property

ज़ार (*zār*) *m.* paramour, illicit lover, adulterer

जारज (*jāraj*) I. *a.* born illegitimately II. *m.* bastard

ज

जाल (*jāl*) *m.* 1. net 2. trap 3. web 4. forgery

जालसाज़ (*jālsāz*) *m.* forgerer

जालसाज़ी (*jālsāzī*) *f.* forgery

जाला (*jālā*) *m.* web, cobweb

ज़ालिम (*zālim*) I. *m.* tyrant, cruel person II. *a.* cruel, oppressive

जाली (*jālī*) I. *a.* 1. counterfeit (as coin, note) 2. forged (as document) II. *f.* 1. network 2. small net

जासूस (*jāsūs*) *m.* 1. spy 2. detective

ज़ाहिर (*zāhir*) *a.* evident, apparent, obvious

जाहिल (*jāhil*) *a.* 1. rustic 2. illiterate

ज़िंदगी (*zindgī*) *f.* 1. life, living, existence 2. life-time

ज़िंदा (*zindā*) *a.* living, alive

ज़िंदादिल *a.* cheerful, lively, gay

ज़िंदाबाद *interj.* long live!

जिंस (*jiṁs*) *f.* 1. material, commodity 2. goods 3. thing

ज़िक्र (*zikra*) *m.* 1. mention 2. reference

जिगर (*jigar*) *m.* 1. liver 2. heart 3. courage

जिजीविषा (*jijīviṣā*) *f.* desire to live, life instinct

जिज्ञासा (*jijñāsā*) *f.* desire to know, longing to learn

जिठानी (*jiṭhānī*) *f.* wife of husband's elder brother

जितना (*jitnā*) *a.* & *adv.* as much

जितेंद्रिय (*jiteṁdriya*) *a.* &*m.* one who has subdued his senses, self-restrained, ascetic

ज़िद (*zid*) *f.* 1. obstinacy 2. insistence

ज़िद्दी (*ziddī*) *a.* obstinate, stubborn

जिधर (*jidhar*) *adv.* where

जिन (*jin*) *pl.* who, which

जिन्न (*jinn*) *m.* elf, ghost

जिप्सी (*jipsī*) *m.* gypsy, a member of a nomadic tribe

ज़िबह (*zibah*) *m.* maiming by cutting the neck, killing

जि़म्मा (*zimmā*) *m.* 1. responsibility 2. guarantee

जिरह (*jirah*) *f.* cross-questioning, cross-examination

ज़िरह-बख़्तर (*zirah-bakhtar*) *m.* coat of mail, armour, cuirass

ज़िला (*zilā*) *m.* district

ज़िलाधीश *m.* District Magistrate

जिल्द (*jild*) *f.* binding

जिल्दबंद *a.* bound

ज़िल्लत (*zillat*) *f.* disgrace, indignity, humiliation, insult

जिस्म (*jism*) *m.* body

जिहाद (*jihād*) *m.* holy war, crusade, religious struggle

जिह्वा (*jihvā*) *f.* tongue

जीजा (*jījā*) *m.* brother-in-law, husband of elder sister's husband

जीजी (*jījī*) *f.* elder sister

जीत (*jīt*) *f.* victory, conquest

जीतना (*jītnā*) *v.t.* to conquer, to win

ज़ीन (*zīn*) *f.* 1. saddle 2. a kind of thick cotton cloth

जीभ (*jībh*) *f.* tongue

जीभी (*jībhī*) *f.* 1. shoehorn 2. tongue

ज़ीरा (*zīrā*) *m.* cummin seed

जीर्ण (*jīrṇ*) *a.* 1. chronic 2. worn out, decrepit 3. tattered

जीवंत (*jīvant*) *a.* 1. living, alive, existing 2. active

जीव (*jīv*) *m.* 1. creature, living being 2. soul 3. organism

जीवधारी *a.* animate, living

जीवट (*jīvaṭ*) *m.* 1. endurance 2. courage

जीवन (*jīvan*) *m.* 1. life 2. existence

जीवन दर्शन *m.* philosophy of life

जीवनपर्यन्त *adv.* life-long

जीवन बीमा *m.* life-insurance

जीवनयापन *m.* passing or spending one's life

जीवनसाथी *m.* life companion, spouse

जीवन-स्तर *m.* standard of

ज

living

जीवनी (*jīvnī*) *f.* biography

जीवनी शक्ति *f.* vitality, elan

जीवाणु (*jīvāṇu*) *m.* bacteria

जीवात्मा (*jīvātmā*) *m.* (individual) soul, sentient soul

जीवाश्म (*jīvāśm*) *m.* fossil

जीविका (*jīvikā*) *f.* livelihood, living, subsistence

जीवित (*jīvit*) *a.* living, alive

जुंबिश (*juṁbiś*) *f.* motion, movement

जुआ (*juā*) *m.* gambling

जुआरी (*juārī*) *m.* gambler

ज़ुकाम (*zukām*) *m.* (bad) cold, catarrh

जुगनू (*juganū*) *m.* gloworm, firefly

जुगलबंदी (*jugalbandī*) *f.* duet, performance by two artistes

जुगाड़ (*jugāṛ*) *m.* 1. arrangement 2. device

जुगाली (*jugālī*) *f.* to chew the cud, to ruminate

जुगुप्सा (*jugupsā*) *f.* censure, reproach, defamation

जुझारू (*jujhārū*) *a.* berserk, wild

जुटाना (*juṭānā*) *v.t.* to collect, to gather

जुठाना (*juṭhānā*) *v.t.*/**जुठारना** (*juṭhārnā*) *v.t.* to defile by tasting

जुड़वाँ (*juṛvāṁ*) *a.&m.* twins

जुतना (*jutnā*) *v.i.* 1. to be yoked 2. to be ploughed

जुदा (*judā*) *a.* separate, different

जुनून (*junūn*) *m.* madness, insanity, craziness

ज़ुबान (*zubān*) *f.* 1. tongue 2. language 3. speech

जुमला (*jumlā*) *m.* 1. sentence, clause 2. total amount

जुरमाना (*jurmānā*) *m.* fine

जुर्म (*jurm*) *m.* offence, crime

जुर्राब (*jurrāb*) *f.* socks

जुलाब (*julāb*) *m.* purgative, cathartic (medicine)

जुलाहा (*julāhā*) *m.* weaver

जुलूस (*julūs*) *m.* procession

ज़ुल्फ़ (*zulf*) *f.* tress, ringlet, curling lock of hair

जुल्म (*zulm*) *m.* 1. cruelty, tyranny 2. oppression

जूँ (*jūm̐*) *f.* louse

जूझना (*jūjhnā*) *v.i.* 1. to fight hard, to combat 2. to struggle

जूठन (*jūṭhan*) *f.* leavings of meal or food

जूड़ा (*jūṛā*) *m.* top-knot, bun-shaped hairdo

जूड़ी (*jūṛī*) *f.* ague, shivering fit

जूता (*jūtā*) *m.* shoe, footwear

जेवनार (*jevnār*) *m.* feast, banquet

जेब (*jeb*) *m.* & *f.* pocket

जेबी (*jebī*) *a.* of or for the pocket

  जेबी संस्करण *m.* pocket edition

जेल (*jel*) *m.* jail, gaol

ज़ेवर (*zevar*) *m.*/**ज़ेवरात** (*zevrāt*) *m.* ornament

ज़ेहन (*zehan*) *m.* 1. brain 2. intellect

जैतून (*zaitūn*) *m.* olive (tree and fruit)

जैव (*jaiv*) *a.* relating to life

  जैव विज्ञान *m.* biological science

जैसे (*jaise*) *adv.* as, just as

  जैसे-तैसे somehow, anyhow

जोंक (*jomk*) *f.* leech

जोखिम (*jokhim*) *m.* risk, hazard

जोगिया (*jogiyā*) *a.* 1. reddish brown (colour) 2. sadhu

जोड़ (*joṛ*) *m.* 1. joint 2. link 3. sum, total

  जोड़-तोड़ *m.* manoeuvring, machination

जोड़ा (*joṛā*) *m.*/**जोड़ी** (*joṛī*) *f.* 1. pair 2. couple

  जोड़ा मिलाना *v.t.* to pair

जोतना (*jotnā*) *v.t.* (of land) to till, to plough

जोबन (*joban*) *m.* 1. youth 2. youthfulness

ज़ोर (*zor*) *m.* 1. force 2. strength

  ज़ोर-जुल्म *m.* oppression

  ज़ोरदार *a.* forceful, strong

जोरू (*jorū*) *f.* wife

जोश (*jos*) *m.* 1. zeal, enthusiasm 2. fervour, passion

ज

जोशीला (*jośīlā*) *a.* spirited, vigorous, energetic

जौ (*jau*) *m.* barley

जौहर (*jauhar*) *m.* 1. a Rajput custom in which women resorted to self-immolation to save their honour 2. gem 3. bravery

जौहरी (*jauharī*) *m.* jeweller

ज्ञातव्य (*jñātavya*) *a.* knowable, worthknowing

ज्ञाता (*jñātā*) *m.* one who knows, a scholar

ज्ञान (*jñān*) *m.* 1. knowledge, comprehension 2. learning

ज्ञान मार्ग *m.* knowledge as the way or means leading to beatitude or bliss

ज्ञानवर्धक *a.* informative

ज्ञानवान् *a.* learned, well-informed

ज्ञानेंद्रिय (*jñānemdriya*) *f.* sense organs

ज्ञापन (*jñāpan*) *m.* memorandum

ज़्यादती (*zyādatī*) *f.* excess, exuberance, abundance

ज़्यादा (*zyādā*) *a.* 1. much 2. many 3. plenty

ज्येष्ठ (*jyeṣṭh*) I. *a.* 1. senior, seniormost 2. eldest, first born II. *m.* 1. the (third month) of Hindu calendar 2. husband's elder brother

ज्योति (*jyoti*) *f.* 1. light 2. vision

ज्योतिष (*jyotiṣa*) *m.* astronomy

ज्योतिषी (*jyotiṣī*) *m.* astrologer

ज्योत्स्ना (*jyotsnā*) *f.* moonlight

ज्वर (*jvar*) *m.* fever

ज्वलंत (*jvalant*) *a.* shining

ज्वलन (*jvalan*) *m.* 1. burning, ignition 2. burning sensation

ज्वलनशील *a.* inflammable

ज्वार (*jvār*) I. *m.* high tide, flood tide II. *f.* millet

ज्वारभाटा *m.* flow and tide

ज्वाला (*jvālā*) *f.* 1. flame, blaze 2. burning sensation

ज्वालामुखी *m.* volcano

झ

झ

झंकार (*jhaṁkār*) *f.* jingling, clanging, ringing

झँखाड़ (*jhaṁkhāṛ*) *m.* tree with thorny branches, thorny bush

झंझोड़ना (*jhaṁjhoṛnā*) *v.t.* 1. to pull and gnaw 2. to rend and tear

झंझट (*jhaṁjhaṭ*) *m.* & *f.* 1. trouble, difficulty 2. annoying situation, imbroglio

झंझरी (*jhañjhrī*) *f.* lattice, network

झंझा (*jhañjhā*) *f.* noise of the wind or falling rain

झंझावात *m.* stormy wind, gale

झंडा (*jhaṇḍā*) *m.* flag, ensign, banner

झंडी (*jhaṇḍī*) *f.* small flag, bunting

झकोरा (*jhakorā*) *m.* 1. violent motion 2. gush/blast (of wind or rain)

झक्की (*jhakkī*) *a.* crazy, crank, eccentric

झख (*jhakh*) r. incoherent speech

झगड़ा (*jhagṛā*) *m.* quarrel, dispute

झगड़ालू *a.* quarrelsome, wrangling

झटका (*jhaṭkā*) *m.* jerk, jolt, twitch, shock

झटपट (*jhaṭpaṭ*) *adv.* instantaneously

झड़ (*jhaṛ*) *f.* 1. falling of leaves 2. continuous shower of rain

झड़ना (*jharṇā*) *v.i.* to drop, to fall off

झड़प (*jharap*) *f.* skirmish, wrangling, altercation

झ

झड़ी (*jharī*) *f.* incessant rain
झनक (*jhanak*) *f.* jingling .
झपकी (*jhapkī*) *f.* 1. wink, blink, twinkle 2. nap, doze
झपट्टा (*jhapaṭṭā*) *m.* swoop, dash
झबरा (*jhabrā*) *a.* (of a. animal as dog) having long hair, hairy
झमेला (*jhamelā*) *m.* imbroglio, complicated situation
झरझर (*jharjhar*) *f.* sound produced by the flow of water
झरना (*jharnā*) *m.* spring, fountain, cascade
झरोखा (*jharokhā*) *m.* eye-hole, fenestra, oriel window
झलक (*jhalak*) *f.* 1. gleam, glimmer, faint light 2. glimpse
झलना (*jhalnā*) *v.t.* to fan
झल्लाहट (*jhallāhaṭ*) *f.* irritation
झाँई (*jhāṁī*) *f.* 1. shadow, shade 2. reflection
झाँकना (*jhāṁknā*) *v.i.* 1. to peep into 2. to pay a flying visit
झाँकी (*jhāṁkī*) *f.* 1. glimpse, view 2. tableau 3. show
झाँझ (*jhāṁjh*) *f.* 1. cymbal 2. a hollow tinkling anklet
झाँसा (*jhāṁsā*) *m.* cheating
झाग (*jhāg*) *f.* foam, froth
झाड़ (*jhāṛ*) *m.* 1. shrub, bush 2. chandelier
झाड़ना (*jhāṛnā*) *v.t.* to sweep, to shake off dust
झाड़-फूँक (*jhāṛ-phūṁk*) *f.* exorcism, expelling the evil spirit
झाड़ी (*jhāṛī*) *f.* thicket, shrub
झाड़ू (*jhāṛū*) *m.* & *f.* broom
झापड़ (*jhāpaṛ*) *m.* full-blooded slap
झालर (*jhālar*) *f.* border
झिझक (*jhijhak*) *f.* 1. hitch, hesitation 2. shyness
झिड़की (*jhiṛkī*) *f.* scolding, rebuke, reproof, rebuff, snub
झिलमिल (*jhilmil*) *f.* shimmer, twinkling, glitter
झिलमिलाना (*jhilmilānā*) *v.i.* 1. to shimmer 2. to twinkle
झिल्ली (*jhillī*) *f.* membrane
झींगुर (*jhīṁgur*) *m.* cricket (in-

sect)

झील (*jhīl*) *f.* lake

झुँझलाना (*jhuṁjhlānā*) *v.i.* to be irritated or enraged, to fret

झुंड (*jhuṇḍ*) *m.* flock (of animals or birds), troop, herd

झुकना (*jhuknā*) *v.i.* to bend

झुकाना (*jhukānā*) *v.t.* 1. to bend 2. to tilt 3. to lower (as a gun)

झुग्गी (*jhuggī*) *f.* hut

झुग्गी-झोंपड़ी *f.* hutment

झुनझुना (*jhunjhunā*) *m.* a rattling toy, rattle

झुमका (*jhumkā*) *m.* a bell-shaped pendant of an ear-ring

झुरझुरी (*jhurjhurī*) *f.* shivering, quivering

झुरमुट (*jhurmuṭ*) *m.* cluster (of trees, shrubs, etc.)

झुर्री (*jhurrī*) *f.* wrinkle, pucker

लसना (*jhulasnā*) *v.i.* to be scorched/singed or charred

लाना (*jhulānā*) *v.t.* 1. to swing 2. to push a swing

झूठ (*jhūṭh*) *m.* 1. lie 2. falsehood

झूमना (*jhūmanā*) *v.i.* to swing, to and fro, to sway, to go about as in intoxication

झूमर (*jhūmar*) *m.* a head ornament

झेंप (*jheṁp*) *f.* bashfulness, shyness

झेलना (*jhelnā*) *v.t.* to stand, to suffer, to endure

झोंकना (*jhoṁknā*) *v.t.* to throw into

झोंका (*jhoṁkā*) *m.* blast of air, gust of wind

झोंटा (*jhoṁṭā*) *m.* top-knot of hair (of a woman)

झोंपड़-पट्टी (*jhoṁpaṛ-paṭṭī*) *f.* blighted area

झोंपड़ा (*jhoṁpṛā*) *m.* hut or hovel built of mud and reeds 2. a thatched shed

झोला (*jholā*) *m.* a cloth bag, sack

झोली (*jholī*) *f.* small bag, pouch

ट

ट

टंकण (*ṭaṅkaṇ*) *m.* typing
टंकण लिपि *f.* typescript

टंकार (*ṭaṅkār*) *f.* 1. twang (of a bow-string) 2. tinkling sound

टंगड़ी (*ṭaṅgṛī*) *f.* 1. leg 2. leg-trick in wrestling 3. thigh, haunch

टँगना (*ṭaṁgnā*) *v.i.* to be hung, to get hung

टकटकी (*ṭakṭakī*) *f.* gaze, stare, fixed look, steady gaze

टकराना (*ṭakrānā*) *v.i.* to knock against, to collide

टकसाल (*taksāl*) *f.* mint (where coins are minted)

टक्कर (*ṭakkar*) *f.* collision

टखना (*ṭakhnā*) *m.* ankle, ankle-joint, ankle-bone

टटोलना (*ṭaṭolnā*) *v.t.* 1. to feel with the hand 2. to test

टट्टू (*ṭaṭṭū*) *m.* pony

टपकना (*ṭapaknā*) *v.i.* 1. to fall in drops 2. (roof) to leak

टपटप (*ṭapṭap*) *f.* 1. sound of dripping water 2. trickle

टमटम (*ṭamṭam*) *f.* a carriage driven by two horses

टरकाना (*ṭarkānā*) *v.t.* to put off to postpone

टर्रटर्र (*ṭarrṭarr*) *f.* /**टर्राना** (*ṭarrānā*) *v.i.* 1. to croak 2 croaking sound

टलना (*ṭalnā*) *v.i.* to be put off to be postponed

टसक (*ṭasak*) *f.* 1. throb 2. throbbing pain 3. slip, movemen

टहनी (*ṭahnī*) *f.* small branch o a tree, twig, sprig

टहलना (*ṭahalnā*) *v.i.* to walk (t and fro), to stroll, to saunte

टाँकना (*ṭāṁknā*) *f.* stitching sewing

टाँका (*ṭāṁkā*) *m.* stitch, tack
टाँग (*ṭāṁg*) *f.* leg
टाँगना (*ṭāṁgnā*) *v.t.* to hang, to suspend from the top
टाट (*ṭāṭ*) *m.* sackcloth
टापना (*ṭāpnā*) *v.t.* to jump over
टापू (*ṭāpū*) *m.* isle, island
टाल (*ṭāl*) *m.* heap, pile (especially of wood, coal, etc.)
टालना (*ṭālnā*) *v.t.* 1. to put off, to postpone 2. to evade, to elude
टिकना (*ṭiknā*) *v.i.* to stay, to stop (for a short time)
टिकाऊ (*ṭikāū*) *a.* durable
टिकिया (*ṭikiyā*) *f.* 1. tablet 2. a round piece of cake
टिकुली (*ṭikulī*) *f.* spangle, an ornament for forehead
टिकोरा (*ṭikorā*) *m.* a small unripe mango
टिटिहरी (*ṭiṭiharī*) *f.* pewit, lapwig
टिड्डी (*ṭiḍḍī*) *f.* locust
टिप्पणी (*ṭippaṇī*) *f.* 1. comment, remark 2. note 3. annotation
टिमटिमाना (*ṭimṭimānā*) *v.i.* to give a faint light, to flicker
टीक (*ṭīk*) *f.* strong heavy wood of an Asian evergreen tree
टीका (*ṭīkā*) *m.* 1. a mark of saffron or vermilion put on forehead 2. comment, remark
टीप (*ṭīp*) *f.* 1. sketch, outline 2. tapping
टीला (*ṭīlā*) *m.* mound, hillock
टीस (*ṭīs*) *f.* 1. throbbing pain 2. anguish, mental pang
टुकड़ा (*ṭukṛā*) *m.* 1. piece, fragment, bit 2. part, portion
टुकड़ी (*ṭukṛī*) *f.* band or small group (of men)
टुच्चा (*ṭuccā*) *a.* low, low-minded, mean, ignoble
टुटपुँजिया (*ṭuṭpuṁjiyā*) *a.&m.* a small merchant or trader, of small means
टूँगना (*ṭūṁgnā*) *v.t.* 1. to eat in small amounts 2. to peck
टूटना (*ṭūṭnā*) *v.i.* to break, to crack, to fracture

ट

टेंटुआ (*ṭeṁṭuā*) *m.* 1. throat 2. windpipe

टेक (*ṭek*) *f.* prop, stay, support

टेकना (*ṭeknā*) *v.t.* to prop, to support

टेढ़ा (*ṭeṛhā*) *a.* bent, curved

टेढ़ा-मेढ़ा *a.* (a) full of bends (b) twisted (c) arduous

टेर (*ṭer*) *f.* 1. voice 2. call 3. tune

टेरना (*ṭernā*) *v.i.* to call aloud

टेसुआ (*ṭesuā*) *m.* tear

टेसू (*ṭesū*) *m.* a flowering tree

टोंटी (*ṭoṁṭī*) *f.* 1. spout 2. tap

टोंटीदार *a.* nozzled, spouted

टोक (*ṭok*) *f.* interruption, hindrance, obstacle

टोकना (*ṭoknā*) *v.t.* 1. to interrupt 2. to hinder, to obstruct

टोकरा (*ṭokrā*) *m.* large basket (without a lid)

टोकरी (*ṭokrī*) *f.* a small basket (without cover)

टोटका (*ṭoṭkā*) *m.* a superstitious device, a charm, a spell

टोटा (*ṭoṭā*) *m.* 1. loss 2. shortage

टोना (*ṭonā*) *m.* 1. charm, spell, enchantment 2. witchcraft

टोना-टोटका *m.* charm, spell, sorcery, black art

टोप (*ṭop*) *m.* hat, helmet

टोपी (*ṭopī*) *f.* cap

टोला (*ṭolā*) *m.* quarter or part of a town/village, locality

टोली (*ṭolī*) *f.* group, batch, team, gang

टोही (*ṭohī*) *m.* seeker, one who finds out

ठ

ठंड (*ṭhanḍ*) *f.* /**ठंडक** (*ṭhanḍak*) *f.* cold, winter

ठंडा (*ṭhanḍā*) *a.* cold, cool

ठंडाई (*ṭhanḍaī*) *f.* cold herbal drink

ठकुरसुहाती (*ṭhakursuhātī*) *f.* flattery, insincere praise

ठकुराइन (*ṭhakurāin*) *f.* wife of a Thakur (chief of Kshatriya)

ठग (*ṭhag*) *m.* cheat, rogue

ठगी (*ṭhagī*) *f.* cheating

ठट्ट (*ṭhaṭṭ*) *m.* heap, pile

ठट्ठर (*ṭhaṭṭhar*) *m.* the frame (bamboo-work) of a thatch

ठट्ठा (*ṭhaṭṭhā*) *m.* fun, jest, joke

ठठरी (*ṭhaṭhrī*) *f.* framework of bamboo for a thatch

ठठेरा (*ṭhaṭherā*) *m.* maker of metal pots and pans

ठनक (*ṭhanak*) *f.* 1. the ringing sound 2. the sound of a drum

ठनना (*ṭhananā*) *v.i.* to start with full vigour

ठप (*ṭhap*) *a.* 1. stopped 2. closed

ठप्पा (*ṭhappā*) *m.* mould, die

ठर्रा (*ṭharrā*) *m.* country liquor

ठलुआ (*ṭhaluā*) *a.* 1. mean, low, base 2. worthless

ठस (*ṭhas*) *a.* 1. solid 2. lazy, dull

ठसक (*ṭhasak*) *f.* coquetry, flirtation

ठसाठस (*ṭhasāṭhas*) *a.* fully stuffed, crowded

ठहरना (*ṭhaharnā*) *v.i.* 1. to pause, to stop 2. to wait 3. to stay

ठहराना (*ṭhahrānā*) *v.t.* 1. to bring to a halt 2. to cause to stay

ठहाका (*ṭhahākā*) *m.* loud laugh-

ठ

ter, guffaw

ठाकुर (*ṭhākur*) *m.* 1. deity, God 2. chief or head

ठाट (*ṭhāṭ*) *m.* pomp, show

ठानना (*ṭhānanā*) *v.t.* to be determined

ठिंगना (*ṭhiṁgnā*) *a.* short-statured

ठिकाना (*ṭhikānā*) *m.* residence, abode, home, address

ठिठकना (*ṭhiṭhaknā*) *v.i.* to stop suddenly

ठिठुरना (*ṭhiṭhurnā*) *v.i.* to shiver with cold

ठिठोली (*ṭhiṭholī*) *f.* jesting, jocularity

ठीक (*ṭhīk*) *a.* right, true

ठीकरा (*ṭhīkrā*) *m.* broken piece of earthenware

ठुंठ (*ṭhunṭh*) *m.* stump of a tree

ठुकराना (*ṭhukrānā*) *v.t.* to kick, to hit the foot against

ठुड्डी (*ṭhuḍḍī*) *f.* chin

ठुनकना (*ṭhunaknā*) *v.i.* to sob, to whimper

ठुमक (*ṭhumak*) *f.* jerky gait or walk, toddling walk

ठुमरी (*ṭhumrī*) *f.* a kind of classical singing

ठूँठा (*ṭhūṁṭhā*) *m.* 1. branchless and leafless 2. having the hand (or arm) amputated

ठेंगा (*ṭheṁgā*) *m.* thumb

ठेका (*ṭhekā*) *m.* 1. contract 2. shop for country liquor

ठेकेदार (*ṭhekedār*) *m.* contractor

ठेठ (*ṭheṭh*) *a.* (of language) colloquial, plain

ठेला (*ṭhelā*) *m.* 1. truck 2. trolley 3. push

ठेस (*ṭhes*) *f.* 1. light knock 2. blow

ठोकना (*ṭhoknā*) *v.t.* to hammer

ठोकर (*ṭhokar*) *f.* kick

ठोड़ी (*ṭhoṛī*) *f.* chin

ठोस (*ṭhos*) *a.* 1. solid 2. hard

ठौर (*ṭhaur*) *m.* place

ड

डंक (*ḍaṅk*) *m.* 1. sting (of a wasp or scorpion) 2. nib

डंका (*ḍaṅkā*) *m.* a drum

डंठल (*ḍaṇṭhal*) *m.* stalk, pedicle

डंडा (*ḍaṇḍā*) *m.* rod, stick

डंडी (*ḍaṇḍī*) *f.* 1. beam of a pair of scales 2. handle 3. stick

डंस (*ḍaṃs*) *m.* /**डाँस** (*dāṁs*) *m.* a large mosquito, gnat

डँसना (*ḍaṁsnā*) *v.t.* to sting, to bite

डकराना (*ḍakrānā*) *v.i.* to bellow (as an ox)

डकार (*ḍakār*) *m.* 1. belch, eructation 2. bellow 3. loud cry

डकैती (*ḍakāitī*) *f.* gang robbery

डग (*ḍag*) *m.* pace, step, stride

डगमग (*ḍagmag*) *a.* shaken

डगर (*ḍagar*) *f.* way, path, track

डपट (*ḍapaṭ*) *f.* rebuke

डफला (*ḍaphlā*) *m.* /**डफली** (*ḍaphlī*) *f.* tambourine (big or small)

डबडबाना (*ḍabḍabānā*) *v.i.* (eyes) to be full of tears

डबरा (*ḍabrā*) *m.* 1. marshy land 2. pool, pond, puddle

डब्बा (*ḍabbā*) *m.* 1. box 2. railway compartment

डमरू (*ḍamrū*) *m.* a small drum

डर (*ḍar*) *m.* fear, dread

डरपोक (*ḍarpok*) *a.* timid, cowardly, weak-hearted

डरावना (*ḍarāvnā*) *a.* dreadful

डला (*ḍalā*) *m.* large basket

डली (*ḍalī*) *f.* small lump

डसना (*ḍasnā*) *v.t.* to sting

डहर (*ḍahar*) *m.* way, path, track

डाँगर (*ḍāṁgar*) *m.* cattle

डाँट (*ḍāṁṭ*) *f.* rebuke, reprimand

डाँट-फटकार *f.* rebuke and

ड

reprimand

डावाँडोल (*ḍāvāṁḍol*) *a.* shaky, unstable, disturbed

डाक (*ḍāk*) *f.* post, mail

डाक टिकट *m.* postage stamp

डाका (*ḍākā*) *m.* dacoity

डाकिनी (*ḍākinī*) *f.* witch

डाकिया (*ḍākiyā*) *m.* postman

डाकू (*ḍākū*) *m.* dacoit, robber

डाट (*ḍāṭ*) *f.* stopper, cork

डायन (*ḍāyan*) *f.* witch

डाली (*ḍālī*) *f.* branch (of a tree), bough

डाह (*ḍāh*) *f.* jealousy

डिंगी (*ḍiṁgī*) *f.* small boat

डिंब (*ḍiṁb*) *m.* 1. embryo in the first stage 2. womb, foetus

डिगना (*ḍignā*) *v.i.* to deviate from one's path or word

डिठौना (*ḍiṭhaunā*) *m.* black mark made on a child's forehead

डिबिया (*ḍibiyā*) *f.* tiny box

डिब्बा (*ḍibbā*) *m.* 1. box 2. train compartment

डिमाई (*ḍimāī*) *f.* a size of paper

डींग (*ḍīṁg*) *f.* 1. vanity 2. bragging, boasting

डुगडुगी (*ḍugḍugī*) *f.* small kettle-drum

डुबकी (*ḍubkī*) *f.* 1. dive 2. dip

डुलाना (*ḍulānā*) *v.t.* 1. to move, to stir 2. to swing, to rock

डूबना (*ḍūbnā*) *v.i.* to sink

डेढ़ (*ḍeṛh*) *a.* one and a half

डेरा (*ḍerā*) *m.* tent, encampment, pavilion

डेरा-डंडा *m.* tent, and its poles, bag and baggage, effects

डेवढ़ा (*ḍevaṛhā*) *a.* /**ड्योढ़ा** (*ḍyoṛhā*) *a.* one and a half

डेवढ़ी (*ḍevṛhī*) *f.* 1. threshold 2. ante-chamber 3. entrance

डोंगी (*ḍoṁgī*) *f.* a small boat

डोम (*ḍom*) *m.* 1. a low caste among Hindus who remove carcasses 2. sweeper, scavenger

डोरी (*ḍorī*) *f.* string, cord

डोल (*ḍol*) *m.* bucket, pail

डोलची (*ḍolcī*) *f.* small bucket

डोलना (*ḍolnā*) *v.i.* 1. to swing 2. to move 3. to shake

डोली (*ḍolī*) *f.* small sedan or palanquin

डोसा (*ḍosā*) *m.* a south Indian dish (rice pancake)

डोहरा (*ḍohrā*) *m.* a large ladle or spoon

डौल (*ḍaul*) *m.* 1. shape, form 2. means, way

डौला (*ḍoula*) *m.* the wrist

ड्योढ़ी (*ḍyoṛhī*) *f.* 1. threshold 2. entrance to a house

ढ

ढ

ढँकना (*ḍhaṁknā*) *v.t.* 1. to cover 2. to put a lid (on) 3. to conceal

ढंग (*ḍhaṅg*) *m.* 1. mode, manner, style 2. method

ढकना (*ḍhaknā*) *v.t.* to cover

ढकनी (*ḍhaknī*) *f.* a small lid

ढकेलना (*ḍhakelnā*) *v.t.* to push

ढकोसला (*ḍhakoslā*) *m.*1. delusion 2. hypocrisy

ढपोरसंख (*ḍhaporsaṅkh*) *m.* babbler, prater

ढब (*ḍhab*) *m.* 1. shape, form, frame 2. mode, manner

ढरकना (*ḍharaknā*) *v.i.* to flow down, to overflow

ढर्रा (*ḍharrā*) *m.* mode, style

ढलना (*ḍhalnā*) *v.i.* to draw to a close (as a day), to be poured out

ढलाई (*ḍhalāī*) *f.* casting, moulding

ढलान (*ḍhalān*) *f.* slope, ramp

ढहना (*ḍhahnā*) *v.i.* to collapse

ढहाना (*ḍhahānā*) *v.t.* 1. to demolish 2. to pull down

ढाँचा (*ḍhāṁcā*) *m.* 1. frame, framework 2. skeleton

ढाई (*ḍhāī*) *a.* two and a half

ढाड़स (*ḍhāṛas*) *f.* solace, consolation

ढाना (*ḍhānā*) *v.t.* to pull down

ढाबा (*ḍhābā*) *m.* a country eating shop

ढाल (*ḍhāl*) *f.* & *m.* 1. slope 2. shield

ढालना (*ḍhālnā*) *v.t.* 1. to cast, to mould 2. to pour out

ढास (*ḍhās*) *f.* support

ढिंढोरची (*ḍhiṁḍhorcī*) *m.* 1. announcer 2. drummer

ढिग (*ḍhig*) *adv.* near, close to

ढिठाई (*ḍhiṭhāī*) *f.* 1. impudence 2. audacity

ढिबरी (*ḍhibrī*) *f.* 1. a tin or glass lamp 2. nut of a screw

ढीठ (*ḍhīṭh*) *a.* stubborn

ढील (*ḍhīl*) *f.* /**ढिलाई** (*ḍhilāī*) *f.* looseness, slackness

ढीलढाल *f.* carelessness

ढीला (*ḍhīlā*) *a.* 1. loose 2. flaccid 3. lazy

ढुलकना (*ḍhulaknā*) *v.i.* to slide

ढुलमुल (*ḍhulmul*) *a.* 1. (of garment) loose 2. (of mind) fickle 3. unsteady

ढूँढ़ना (*ḍhūṁṛhnā*) *v.t.* to search

ढूह (*ḍhūh*) *m.* /**ढूहा** (*ḍhūhā*) *m.* heap of earth or mud, mound

ढेंकली (*ḍheṁklī*) *f.* a lever device for drawing water

ढेर (*ḍher*) *m.* heap, pile

ढेला (*ḍhelā*) *m.* lump (of clay)

ढैया (*ḍhaiyā*) *f.* a weight of 2 ½ seers (now kilograms)

ढोंग (*ḍhoṁg*) *m.* cheating, fraud

ढोंगी (*ḍhoṁgī*) *a.&m.* fraudulent, deceitful

ढोना (*ḍhonā*) *v.t.* to take or bear up (a load)

ढोर (*ḍhor*) *m.* cattle

ढोल (*ḍhol*) *m.* drum

ढोलक (*ḍholak*) *f.* small drum

ढोली (*ḍholī*) *f.* pile or bundle of about 200 betel leaves

त

त

तंग (*taṅg*) *a.* 1. narrow 2. distressed
तंगदिल *a.* miserly
तंगी (*taṅgī*) *f.* distress
तंज़ेब (*taṅzeb*) *m.* fine muslin cloth
तंतु (*tantu*) *m.* 1. thread 2. fibre
तंत्र (*tantra*) *m.*1. principal theory or doctrine 2. system, structure
तंत्र-मंत्र *m.* charms and incantations
तंदुरुस्ती (*tandurustī*) *f.* health
तंदूर (*tandūr*) *m.* earthen oven
तंद्रा (*tandrā*) *f.* 1. sleepiness 2. lassitude, languor
तंबाकू (*tambākū*) *m.* tobacco
तंबू (*tambū*) *m.* tent, canopy
तंबूरा (*tambūrā*) *m.* tambourine
तक (*tak*) *ppn.* to, upto
तकदीर (*taqdīr*) *f.* fate, luck
तकरार (*takrār*) *f.* dispute
तकरीबन (*takrīban*) *adv.* about, near about, almost
तक़रीर (*taqrīr*) *f.* 1. discourse 2. speech
तकली (*taklī*) *f.* spinning reel
तकलीफ (*taklīf*) *f.* difficulty
तकल्लुफ़ (*takalluf*) *m.* formality, conventionality
तकाज़ा (*takāzā*) *m.* demand
तकिया (*takiyā*) *m.* 1. pillow, headrest, cushion 2. support
तख़्त (*ta<u>kh</u>t*) *m.* 1. throne 2. wooden bedstead, dewan
तख़्ता (*ta<u>kh</u>tā*) *m.*1. plank 2. board 3. boarding deck
तख़्तापलट *m.* coup d'etat
तगड़ा (*tagṛā*) *m.* strong, robust

तगादा (*tagādā*) *m.* demand

तजुर्बा (*tajurbā*) *m.* experience

तजवीज़ (*tajvīz*) *f.* 1. proposal 2. advice, opinion

तट (*taṭ*) *m.* bank, shore

तटवर्ती *a.* coastal, littoral

तटस्थ (*taṭastha*) *a.* 1. neutral, impartial 2. coastal

तटस्थता (*taṭasthatā*) *f.* neutrality, non-alignment

तड़का (*taṛakā*) *m.* seasoning (with ghee and spices)

तड़के (*taṛke*) *adv.* early in the morning

तड़प (*taṛap*) *f.* restlessness, rolling about with pain

तड़ाक (*taṛāk*) *f.* snapping sound

तड़ाग (*taṛāg*) *m.* pool, pond, tank

तड़ातड़ (*taṛātaṛ*) *adv.* in quick succession

तडित् (*taḍit*) *f.* flash of lightning

ततैया (*tataiyā*) *f.* wasp

तत्काल (*tatkāl*) *a.*& *adv.* at that very moment, immediately

तत्कालीन (*tatkālīn*) *a.* of that time

तत्क्षण (*tatkṣaṇ*) *adv.* at that very moment

तत्ताथई (*tattāthaī*) sound uttered in dancing

तत्त्व (*tattva*) *m.*1. fundamental truth 2. element

तत्त्व ज्ञान *m.* knowledge of the ultimate truth

तत्त्वावधान (*tattvāvdhān*) *m.* 1. auspices 2. patronage

तत्पर (*tatpar*) *a.* 1. ready 2. totally devoted

तत्पश्चात् (*tatpaścāt*) *adv.* after that, thereafter, afterwards

तथा (*tathā*) I. *conj.* and, as well as, likewise II. *adv.* thus

तथाकथित (*tathākathit*) *a.* so-called

तथापि (*tathāpi*) *conj.* even so

तथास्तु (*tathāstu*) *phr.* so be it, amen!

तथ्य (*tathya*) *m.* fact, reality

त

तथ्यात्मक (*tathyātmak*) *a.* actual, true

तदनंतर (*tadanantar*) *a.* after that

तदनुसार (*tadanusār*) *adv.* accordingly

तदबीर (*tadbīr*) *f.* 1. device, plan 2. means

तदर्थ (*tadartha*) *a. ad hoc*

तदुपरांत (*taduparānt*) *adv.* after that, thereafter

तद्भव (*tadbhav*) *m.* a word which is phonetically modified in course of time

तन (*tan*) *m.* body

तन-मन-धन *m.* body, soul and money

तनख़्वाह (*tankhvāh*) *f.* pay, salary

तनय (*tanay*) *m.* son

तनया (*tanayā*) *f.* daughter

तनहाई (*tanahāī*) *f.* loneliness

तना (*tanā*) *m.* trunk of a tree

तनाव (*tanāv*) *m.* tension

तन्मय (*tanmaya*) *a.* absorbed in that, quite lost, engrossed

तप (*tap*) *m.* religious austerity

तपःपूत (*tapaḥpūt*) *a.* purified by practising penance

तपन (*tapan*) *f.* hot season

तपस्या (*tapasyā*) *f.* penance, religious austerity

तपस्वी (*tapasvī*) *m.* devoutly austere person, ascetic

तपाक (*tapāk*) *m.* 1. warmth 2. zeal, enthusiasm

तपिश (*tapiś*) *f.* heat, warmth

तपेदिक (*tapedik*) *m.* tuberculosis, TB

तपोवन (*tapovan*) *m.* forest where ascetic practices are performed

तप्त (*tapta*) *a.* heated, inflamed

तफ़तीश (*taftīś*) *f.* investigation, enquiry, probe

तफ़रीह (*tafrīh*) *f.* 1. pleasure 2. entertainment 3. joking

तबक़ (*tabaq*) *m.* 1. a leaf of beaten silver 2. a kind of plate 3. tray

तबक़ा (*tabqā*) *m.*1. a class or a group of people 2. rank

त

तबदील (*tabdīl*) *a.* 1. changed 2. (of persons) transferred

तबलची (*tabalcī*) *m.* one who plays on tabla (drummer)

तबला (*tablā*) *m.* tabor

तबादला (*tabādlā*) *m.* transfer

तबाही (*tabāhī*) *f.* ruin, destruction, annihilation

तबियत (*tabiyat*) *f.* 1. state (of health) 2. mood

तमंचा (*tamañcā*) *m.* revolver

तम (*tam*) *m.* darkness

तमग़ा (*tamgā*) *m.* medal

तमन्ना (*tamannā*) *f.* 1. desire, wish 2. longing, craving

तमाचा (*tamācā*) *m.* slap, blow on the face

तमाम (*tamām*) *a.* all, whole

तमाशबीन (*tamāśbīn*) *m.* spectator of diversions

तमाशा (*tamāśā*) *m.* 1. fun, sport 2. spectacle, show

तमीज़ (*tamīz*) *f.* etiquette

तमोली (*tamolī*) *m.* one who sells betel leaves, betel-seller

तय (*taya*) *a.* agreed, settled

तरंग (*taraṅg*) *f.* wave, ripple

तर (*tar*) *a.* wet, moist, saturated

तर-बतर *a.* drenched, soaked

तरकश (*tarkaś*) *m.* quiver, a case for holding arrows

तरकारी (*tarkārī*) *f.* vegetable

तरकीब (*tarkīb*) *f.* plan

तरक्की (*tarakkī*) *f.* 1. promotion 2. progress

तरजीह (*tarjīh*) *f.* preference

तरजुमा (*tarjumā*) *m.* translation

तरणी (*taraṇī*) *f.* boat

तरतीब (*tartīb*) *f.* 1. arrangement, system, order 2. method

तरद्दुद (*taraddud*) *m.* anxiety, worry

तरन्नुम (*tarannum*) *m.* modulation of voice

तरफ़ (*taraf*) I. *f.* 1. side 2. direction II. *adv.* towards

तरबूज (*tarbūz*) *a.* water melon

तरल (*taral*) *a.* liquid, fluid,

त

watery
तरलता (*taralatā*) *f.* liquidity
तरस (*taras*) *m.* pity, compassion
तरसना (*tarasnā*) *v.i.* to pine for
तरह (*tarah*) *f.* 1. kind, sort, form 2. way, like
तराई (*tarāī*) *f.* lands lying in submontane areas
तराज़ू (*tarāzū*) *m.* pair of scales, balance
तराना (*tarānā*) *m.* melody
तरावट (*tarāvaṭ*) *f.* freshness
तराश (*tarāś*) *f.* 1. cutting 2. to trim, to carve
तरीक़ा (*tarīqā*) *m.* method
तरु (*taru*) *m.* tree
तरुण (*taruṇ*) *a.* young
तरुणी (*taruṇī*) *f.* young woman
तरेरना (*tarernā*) *v.i.* to stare, to cast an admonishing glance
तरोई (*taroī*) *f.* a green vegetable
तर्क (*tark*) *m.* argument
तर्ज़ (*tarz*) *f.* form, fashion
तर्जनी (*tarjanī*) *f.* forefinger
तर्पण (*tarpaṇ*) *m.* offering of water to the deceased or to gods
तल (*tal*) *m.* 1. surface 2. floor
तलना (*talnā*) *v.t.* to fry
तलब (*talab*) *f.* 1. search, quest 2. demand 3. wages
तलवा (*talvā*) *m.* sole
तलवार (*talvār*) *f.* sword
तलहटी (*talhaṭī*) *f.* submontane
तलाक़ (*talāq*) *f.* & *m.* divorce
तलाश (*talāś*) *f.* search, quest
तलाशी (*talāśī*) *f.* searching, search (of a person or house)
तले (*tale*) *adv.* beneath, under
तलैया (*talaiyā*) *f.* small pond
तल्ख़ (*tal<u>kh</u>*) *a.* 1. bitter, pungent, acrid 2. aggressive
तल्ला (*tallā*) *m.* floor, storey
तल्लीन (*tallīn*) *a.* absorbed
तवज्जह (*tavajjah*) *f.* attention, care
तवा (*tavā*) *m.* griddle, a flat iron plate used for baking or roasting

तवायफ़ (*tavāyaf*) *f.* prostitute
तवारीख़ (*tavārī kh*) *f.* history
तशरीफ़ (*taśrīf*) *f.* honour
तश्तरी (*taśtarī*) *f.* plate, dish
तसदीक़ (*tasdīq*) *f.* confirmation, verification
तसमा (*tasmā*) *m.* shoestring
तसला (*taslā*) *m.* a brass or iron vessel for dough or mortar
तसल्ली (*tasallī*) *f.* assurance
तसवीर (*tasavīr*) *f.* /**तस्वीर** (*tasvīr*) *f.* 1. picture 2. photograph
तस्करी (*taskarī*) *f.* smuggling
तह (*tah*) *f.* 1. bottom 2. layer
तहख़ाना (*tahkhānā*) *v.i.* basement, cellar
तहक़ीक़ात (*tahqīqāt*) *f.* inquiry
तहज़ीब (*tahzīb*) *f.* 1. civilization 2. politeness
तहत (*tahat*) I. *a.* subordinate II. *adv.* under
तहलका (*tahalkā*) *m.* furore
तहस-नहस (*tahas-nahas*) *a.* destroyed, ruined, annihilated
तहसील (*tahsīl*) *f.* revenue district
तहाना (*tahānā*) *v.t.* to fold
तांगा (*tāṅgā*) *m.* a two-wheeled carriage driven by a horse
तांत (*tānt*) *f.* 1. gut 2. bowstring
ताँता (*tāṁtā*) *m.* 1. series, range, line 2. string or chain
तांबा (*tāmbā*) *m.* copper
तांबूल (*tāmbūl*) *m.* betel-leaf
ताई (*tāī*) *f.* wife of father's elder brother
ताईद (*tāīd*) *f.* confirmation
ताऊ (*tāū*) *m.* father's elder brother
ताक (*tāk*) *m.* alcove
ताक़त (*tāqat*) *f.* strength, energy, might, power
ताकना (*tāknā*) *v.t.* to look at
ताकि (*tāki*) *conj.* so that
तागा (*tāgā*) *m.* thread
ताज (*tāj*) *m.* crown, diadem
ताज्जुब (*tājjub*) *m.* wonder, surprise, astonishment
ताड़ (*tāṛ*) I. *m.* palm tree II. *f.* vigilance
ताड़ी (*tāṛī*) *f.* palm liquor

त

तात्पर्य (*tātparya*) *m.* purpose
तादात्म्य (*tādātmya*) *m.* identification, oneness
तादाद (*tādād*) *f.* counting
तान (*tān*) *f.* tune
तानना (*tānanā*) *v.t.* to stretch
तानपूरा (*tānpūrā*) *m.* a kind of stringed instrument
ताना (*tānā*) *m.* 1. taunt 2. warp
तानाशाह (*tānāśāh*) *m.* dictator
ताप (*tāp*) *m.* 1. heat 2. fever
तापक्रम (*tāpkram*) *m.* temperature (scale)
ताबूत (*tābūt*) *m.* coffin
ताबेदार (*tābedār*) *a.* obedient
तामचीनी (*tāmcīnī*) *f.* enamel
तामझाम (*tāmjhām*) *m.* pomp and show
तामसिक (*tāmsik*) *a.* 1. dark, gloomy 2. ignorant 3. wicked
तामील (*tāmīl*) *f.* execution, carrying out, service
तार (*tār*) *m.* 1. wire 2. string
तारकोल (*tārkol*) *m.* coal-tar
तारतम्य (*tārtamya*) *m.* sequence
तारना (*tārnā*) *v.t.* to absolve from sin
तारपीन (*tārpīn*) *m.* turpentine
तारा (*tārā*) *m.* 1. star 2. eyeball
तारामंडल (*tārāmaṇḍal*) *m.* constellation
तारिका (*tārikā*) *f.* 1. starlet, small star 2. female film star
तारीख़ (*tārīkh*) *f.* 1. date, day of a month 2. history
तारीफ़ (*tārīf*) *f.* praise
ताल (*tāl*) *m.* 1. rhythm 2. tank, pond 3. palm tree
  ताल पत्र *m.* palm leaf
ताला (*tālā*) *m.* lock, padlock
  तालाबंदी *f.* lock-out
तालाब (*tālāb*) *m.* tank, pond
तालिका (*tālikā*) *f.* 1. key 2. list
ताली (*tālī*) *f.* clapping
तालीम (*tālīm*) *f.* education
तालु (*tālu*) *m.* palate
ताल्लुक़ (*tālluq*) *m.* 1. connection 2. relationship
ताल्लुक़ा (*tālluqā*) *m.* estate,

jagir, taluqa
तावीज़ (*tāvīz*) *m.* amulet
ताश (*tāś*) *f.* playing cards
तासीर (*tāsīr*) *f.* effect
तिकोना (*tikonā*) *a.* three-cornered
तिगुना (*tigunā*) *a.* three times
तिकड़म (*tikṛam*) *f.* trickery
तिजारत (*tijārat*) *f.* business
तितली (*titlī*) *f.* butterfly
तिथि (*tithi*) *f.* date
तिनका (*tinkā*) *m.* straw
तिपाई (*tipāī*) *f.* 1. teapoy 2. three-legged stool or stand
तिमंज़िला (*timañzilā*) *a.* three storeyed
तिरंगा (*tirangā*) *m.* three-coloured flag
तिरछा (*tirchā*) *a.* oblique
तिरना (*tirnā*) *v.i.* to float
तिरपाल (*tirpāl*) *m.* tarpaulin
तिरस्कार (*tiraskār*) *m.* contempt
तिराहा (*tirāhā*) *m.* junction of three roads or paths
तिरिया (*tiriyā*) *f.* woman
तिरोहित (*tirohit*) *a.* disappeared
तिल (*til*) *m.* 1. sesame seed 2. mole (as on the face)
तिलकुट *m.* a sweetmeat made of sesame seeds and molasses
तिलक (*tilak*) *m.* 1. mark of sandal paste on the forehead 2. an ornament
तिलमिलाना (*tilmilānā*) *v.i.* to be uneasy, to be restless
तिल्ली (*tillī*) *f.* spleen, milt
तिहाई (*tihāī*) *f.* one third
तीक्ष्ण (*tīkṣṇ*) *a.* sharp, keen
तीखा (*tīkhā*) *a.* 1. sharp 2. keen
तीतर (*tītar*) *m.* partridge
तीता (*tītā*) *a.* bitter, acrid
तीमारदार (*tīmārdār*) *m.* the person who attends to/on a patient
तीरंदाज़ (*tīrandāz*) *m.* archer
तीर (*tīr*) *m.* 1. arrow 2. bank
तीर्थ (*tīrth*) *m.* shrine or sacred place of pilgrimage
तीर्थयात्रा *f.* pilgrimage
तीली (*tīlī*) *f.* matchstick

त

त

तीव्र (*tīvra*) *a.* 1. sharp 2. quick
तीव्रता (*tīvratā*) *f.* sharp, intense
तीसरा (*tīsrā*) *a.* third
तीसी (*tīsī*) *f.* linseed, flax
तुंबा (*tumbā*) *m.* 1. gourd 2. hollowed gourd in which mendicants carry water
तुक (*tuk*) *f.* last line of a poem
तुच्छ (*tuccha*) *a.* low, base
तुड़वाना (*turvānā*) *v.t.* to cause to break, to pluck
तुतलाना (*tutlānā*) *v.i.* to lisp, to stammer
तुनक (*tunak*) *a.* 1. small, little 2. scanty, meagre
  तुनक मिज़ाज *a.* petulant
तुम (*tum*) *pron.* you
तुरंत (*turant*) *adv.* immediately
तुरई (*turaī*) *f.* a green vegetable
तुरही (*turhī*) *f.* trumpet
तुरुप (*turup*) *m.* trump
तुर्रा (*turrā*) *m.* 1. crest 2. an ornament worn in a turban
तुलना (*tulnā*) I. *f.* comparison II. *v.i.* to be weighed
तुलनात्मक (*tulanātmak*) *a.* comparative
तुला (*tulā*) *f.* 1. a pair of scales 2. the Libra sign of the Zodiac
तुषार (*tuṣār*) *m.* 1. frost 2. snow
  तुषारपात *m.* snowfall
तुष्टि (*tuṣṭi*) *f.* 1. appeasement 2. satisfaction
तुष्टीकरण (*tuṣṭīkaraṇ*) *m.* 1. appeasement 2. gratification
तूँबी (*tūṁbī*) *f.* a small gourd
तू (*tū*) *pron.* thou, you
तूणीर (*tūṇīr*) *m.* case for arrows
तूतिया (*tūtiyā*) *m.* copper sulphate, blue vitriol
तूती (*tūtī*) *f.* 1. canary bird 2. a musical pipe
तूफ़ान (*tūfān*) *m.* violent storm of wind and rain
तूलिका (*tūlikā*) *f.* brush pen
तूस (*tūs*) *m.* 1. husk, chaff 2. straw 3. a kind of fine wool

त

तृण (*tṛṇ*) *m.* straw
तृतीय (*tṛtīya*) *a.* third
तृप्ति (*tṛpti*) *f.* satisfaction, contentment
तृषा (*tṛṣā*) *f.* 1. thirst 2. longing
तृषित (*tṛṣit*) *a.* thirsty
तृष्णा (*tṛṣṇā*) *f.* 1. desire, craving, longing 2. thirst
तेंदुआ (*temduā*) *m.* leopard
तेग़ (*teg*) *f.* sword, scimitar
तेज़ *(tez)* I. *f.* 1. sharp 2. fast 3. acrid 4. costly II. *a.* 1. heat 2. glow
   तेज़-तर्रार *a.* sharp and intelligent
तेजस्विता (*tejasvitā*) *f.* 1. spiritedness 2. valour, virility
तेज़ाब (*tezāb*) *m.* acid
तेज़ी (*tezī*) *f.* sharpness
तेल (*tel*) *m.* oil
तेलहन (*telhan*) *m.* oil-seeds
तेली *(telī) m.* oil-miller, oilman
   तेलिया कागज़ *m.* oiled paper
तैनात (*taināt*) *a.* 1. appointed, engaged 2. posted on duty
तैयार (*taiyār*) *a.* ready
तैरना (*tairnā*) *v.i.* to swim
तैराक (*tāirāk*) *m.* swimmer
तैश (*taiś*) *m.* anger, rage
तो (*to*) *conj.* then, in that case
तोड़ (*toṛ*) *m.* 1. breaking 2. fracture 3. antidote
   तोड़-फोड़ *f.* (a) breaking and smashing (b) sabotage
तोता (*totā*) *m.* parrot
तोप (*top*) *f.* cannon, gun
तोपची (*topcī*) *m.* gunner
तोपना (*topnā*) *v.t.* to cover with a mound, to bury
तोबा (*tobā*) *m.* vow to sin no more, abjuring sin
तोमर (*tomar*) *m.* a sub-caste of Rajputs
तोरई (*toraī*) *f.* a vegetable
तोरण (*toraṇ*) *m.* gateway, arch
   तोरणद्वार *m.* archway, arcade
तोहफ़ा (*tohfā*) *m.* gift, present
तोहमत (*tohmat*) *f.* false accusation
तौल (*taūl*) *f.* weight
तौलना (*taulnā*) *v.t.* to weigh

त

तौलिया (*tauliyā*) *m.* towel
तौहीन (*tauhīn*) *f.* insult
त्याग (*tyāg*) *m.* abandonment
त्यागपत्र (*tyāgpatra*) *m.* resignation
त्यागी (*tyāgī*) *m.* one who has relinquished/renounced
त्योरी (*tyorī*) *f.* angry look/ glance
त्योहार (*tyohār*) *m.* festival
त्रय (*traya*) *m.* 1. three 2. triad
त्रस्त (*trast*) *a.* 1. afraid 2. victimised 3. restless
त्राण (*trāṇ*) *m.* rescue, safety
त्राता (*trātā*) *m.* protector
त्रास (*trās*) *m.* fear, terror, dread
त्रासदी (*trāsadī*) *f.* tragedy
त्राहि (*trāhi*) *interj.* save ! help!
त्रिकोण (*trikoṇ*) *m.* triangle
त्रिगुण (*triguṇ*) *m.* the three qualities of nature
त्रिज्या (*trijyā*) *f.* radius
त्रिदोष (*tridoṣ*) *m.* triple disorder of the bile
त्रिपाठी (*tripāṭhī*) *m.* a sub-caste of Brahmins
त्रिपिटक (*tripiṭak*) *m.* religious books of the Buddhists
त्रिपुंड (*tripuṇḍ*) *m.* three- horizontal marks made on the forehead by the followers of Lord Shiva
त्रिफला (*triphalā*) *m.* medicine consisting of three myrobalans
त्रिभुज (*tribhuj*) *m.* triangle
त्रिभुवन (*tribhuvan*) *m.* the three worlds—heaven, earth and nether regions
त्रिमूर्ति (*trimūrti*) *m.* trinity, the three forms of Supreme Being
त्रिया (*triyā*) *f.* woman
त्रिलोक (*trilok*) *m.* the three worlds
त्रिवेणी (*triveṇī*) *f.* confluence of three rivers—Ganga, Yamuna and Saraswati at Allahabad
त्रिशंकु (*triśaṅku*) *m.* one hanging between the heaven and the earth

त्रिशूल (*triśūl*) *m.* trident (weapon of Shiva)

त्रुटि (*truṭi*) *f.* error, blunder

त्रेता (*tretā*) *m.* the second era of Hindu mythology

त्रै (*trai*) *suff.* three

त्रैमासिक (*traimāsik*) *a.* three-monthly, quarterly

त्वक् (*tvak*) *m.* 1. skin 2. touch

त्वचा (*tvacā*) *f.* 1. skin 2. bark 3. rind, peel

त्वरित (*tvarit*) *a.* 1. accelerated 2. fast, swift, rapid

थ

थ

थकान (*thakān*) *f.* /**थकावट** (*thakāvaṭ*) *f.* fatigue, tiredness

थका-मांदा *a.* wearied, exhausted, worn out

थकाना (*thakānā*) *v.t.* to tire out, to wear out

थक्का (*thakkā*) *m.* 1. clot 2. clod

थन (*than*) *m.* udder (of a cow or buffalo)

थपकी (*thapakī*) *f.* pat, tap

थपेड़ा (*thapeṛā*) *m.* 1. slap, blow given with the hand 2. gust, blast (of wind)

थप्पड़ (*thappaṛ*) *m.* slap, spank

थमना (*thamnā*) *v.i.* to stay, to stop, to halt

थरथरी (*tharthari*) *f.* shivering

थर्राना (*tharrānā*) *v.i.* to get frightened

थल (*thal*) *m.* land, ground

थाती (*thātī*) *f.* belongings, entire movable property

थान (*thān*) *m.* 1. place 2. residence 3. full length of cloth

थाना (*thānā*) *m.* police station

थानेदार (*thānedār*) *m.* officer-in charge of a police station

थाप (*thāp*) *f.* 1. pat, tap 2. the sound of a drum

थामना (*thamnā*) *v.t.* 1. to support 2. to check

थाल (*thāl*) *m.* a large flat metal dish or platter

थाली (*thālī*) *f.* a small flat metal plate or platter

थाह (*thāh*) *f.* 1. bottom 2. depth

थिगली (*thiglī*) *f.* patch of cloth used to mend a hole

थिरकना (*thiraknā*) *v.i.* 1. to dance with gliding movement, 2. to strut, to stalk

थनी (*thuthnī*) *f.* snout of a boar

लथुल (*thulthul*) *a.* (of skin) flabby, flaccid

क (*thūk*) *f.* & *m.* sputum, spittle

कना (*thūknā*) *v.i.* to spit

थन (*thūthan*) *m.* snout of an animal, muzzle

ई-थेई (*theī-theī*) *f.* singing and dancing or beating time with the feet

थैला (*thailā*) *m.* bag, wallet, sack

थैली (*thailī*) *f.* small bag, money bag

थोक (*thok*) *m.* wholesale, bulk

थोड़ा (*thoṛā*) *a.*& *adv.* 1. little, not much 2. scanty 3. scarce

थोथा (*thothā*) *a.* 1. hollow, empty 2. worthless 3. blunt

थोपना (*thopnā*) *v.t.* 1. to foist 2. to impose, to thrust

थोबड़ा (*thobṛā*) *m.* snout of an animal

द

द

दंग (*daṅg*) *a.* astonished, amazed

दंगल (*daṅgal) m.* 1. wrestling arena 2. wrestling tournament

दंगा (*daṅgā) m.* 1. riot 2. tumult

दंड (*daṇḍ*) *m.* 1. punishment 2. penalty, fine 3. staff, rod, stick

दंडवत (*daṇḍvat*) *m.* falling prostrate, a mode of salutation

दंडित (*daṇḍit) a.* punished

दंत (*dant) m.* tooth

दंत कथा *f.* legend, anecdote

दंत चिकित्सा *f.* dentistry

दंपति (*dampati*) *m.* /**दंपती** (*dampatī*) *m.* husband and wife

दंभ (*dambh) m.* arrogance, vanity, conceit, haughtiness

दंभी (*dambhī) a.* vain, proud

दंश (*daṃś) m.*1. sting 2. bit[e]

दकियानूस (*daqiyānūs*) *a.*& *n*[.] 1. conservative or old-fash[-]ioned 2. out-of-date

दक्ष (*dakṣ) a.* skilful, expert

दक्षता (*dakṣatā) f.* skilfulnes[s] dexterity, expertness

दक्षिण (*dakṣiṇ*) *m.* south (di[-]rection)

दक्षिणा (*dakṣiṇā*) *f.* present [or] gift

दख़ल (*dakhal) m.* 1. mastery [2.] interference, meddling

दख़लंदाज़ी (*dakhalandāzī) f.* in[-]terference, intervention

दग़ा (*dagā) f.* & *m.* decei[t] treachery, fraud

दग्ध (*dagdh*) *a.* burnt

दढ़ियल (*daṛhiyal) a.* bearded

दत्तचित्त *(datacitt) a.* having cor[...]

centrated mind, attentive

दत्तक (*dattak*) *m.* adopted child

दनादन (*danādan*) *f.* report of a gun

दफ़न (*dafan*) *m.* burial

दफ़ा (*dafā*) *f.* 1. time 2. section or clause (of an Act)

दफ़्तर (*daftar*) *m.* office

दफ़्तरी (*daftarī*) *m.* a man who is in charge of stationery in an office

दबंग (*dabang*) *a.* bold, fearless

दबदबा (*dabdabā*) *m.* awe, sway, commanding influence, glory

दबाव (*dabāv*) *m.* pressure

दबोचना (*dabocnā*) *v.t.* to seize suddenly, to catch

दब्बू (*dabbū*) *a.* unassertive, timid, submissive, meek

दम (*dam*) *m.* 1. breath, life force 2. life, energy, spirit

दमकल (*damkal*) *f.* fire engine

दमन (*daman*) *m.* suppression

दमनचक्र *m.* a series of repressive measure

दमा (*damā*) *m.* asthma

दमाद (*damād*) *m.* son-in-law

दयनीय (*dayanīya*) *a.* pitiable

दया (*dayā*) *f.* mercy, pity

दयावान् *a.* kind, merciful

दयालु (*dayālu*) *a.* kindhearted

दर (*dar*) I. *f.* rate II. *m.* door

दर-(ब)-दर *a.* door to door

दरकार (*darkār*) I. *a.* needed, necessary II. *f.* necessity

दरख़ास्त (*darkhāst*) *f.*/**दरख्वास्त** (*darkhvāst*) *f.* 1. request, solicitation 2. application

दरबा (*darbā*) *m.* coop, bird house, pigeon-hole

दरबान (*darbān*) *m.* doorkeeper, gatekeeper

दरबार (*darbār*) *m.* royal court

दरमियान (*darmiyān*) I. *p.p.* between II. *m.* the middle

दरवाज़ा (*darvāzā*) *m.* gate, door

दराँती (*darāṁtī*) *f.* sickle, scythe

दराज़ (*darāz*) *m.* drawers

दरिंदा (*dariṁdā*) *m.* beast of prey, carnivorous animal

दरिद्र (*daridra*) *a.* poor

द

दरिया (*dariyā*) *m.* river
दरियादिल (*dariyādil*) *a.* large-hearted
दरी (*darī*) *f.* carpet
दरोग़ा (*daroġā*) *m.* inspector
दर्ज़ (*darz*) *a.* entered, inserted
दर्जा (*darjā*) *m.* rank, grade
दर्ज़ी (*darzī*) *m.* tailor
दर्द (*dard*) *m.* pain, ache
  दर्दनाक *a.* painful, piteous
दर्प (*darp*) *m.* pride, arrogance
दर्पण (*darpaṇ*) *m.* mirror
दर्रा (*darrā*) *m.* 1. mountain pass 2. gap 3. floor of coarse grain
दर्शक (*darśak*) *m.* spectator
  दर्शक दीर्घा *f.* visitors' gallery
दर्शन (*darśan*) *m.* seeing, looking with reverence
दर्शनीय (*darśanīya*) *a.* worth seeing, fit to be seen
दल (*dal*) *m.* party, team
  दलबंदी *f.* groupism
  दलबदल *m.* defection
दलदल (*daldal*) *f.* marsh, swamp
दलहन (*dalhan*) *m.* cereals used as pulse, pulses
दलाल (*dalāl*) *m.* commission agent, broker
दलाली (*dalālī*) *f.* the business of a broker
दलित (*dalit*) *a.* & *m.* oppressed or downtrodden
दलिया (*daliyā*) *m.* half-ground or coarsely ground grain
दलील (*dalīl*) *f.* argument, plea
दवा (*davā*) *f.* /**दवाई** (*davāī*) *f.* medicine, drug
  दवाख़ाना *m.* dispensary
दवात (*davāt*) *f.* ink-pot
दशक (*daśak*) *m.* decade
दशम (*daśam*) *a.* tenth
दशमलव (*daśamlav*) *m.* decimal
दशा (*daśā*) *f.* state, condition
दशाब्दी (*daśābdī*) *f.* a period of ten years, decade, decennium
दस्त (*dast*) *m.* 1. loose motion 2. hand

दस्तकार (*dastkār*) *m.* artisan, craftsman

दस्तख़त (*dastkhat*) *m.* signature

दस्तक (*dastak*) *f.* a knock, rap

दस्ताना (*dastānā*) *m.* glove

दस्तावर (*dastāvar*) *a.* laxative

दस्तावेज़ (*dastāvez*) *m.* document, deed

दस्ती (*dastī*) *a.* 1. by hand 2. manual

दस्तूर (*dastūr*) *m.* tradition

दस्यु (*dasyu*) *m.* bandit, robber

दहन (*dahan*) *m.* burning, blazing

दहलीज़ (*dahalīz*) *f.* threshold

दहशत (*dahśat*) *f.* terror, dread

दहाई (*dahāī*) *f.* place of the tens (in numbers)

दहाड़ (*dahāṛ*) *f.* roar

दहाना (*dahānā*) *m.* wide mouth (of a river)

दही (*dahī*) *m.* curd, yoghurt

दहेज (*dahej*) *m.* dowry

दाँत (*dāṁt*) *m.* 1. tooth 2. tusk

दाँती (*dāṁtī*) *f.* sickle, scythe

दांपत्य (*dāmpatya*) *m.* married state

दाँव (*dāṁv*) *m.* 1. chance 2. trick

दाँव-पेच *m.* tactics, stratagem

दाई (*dāī*) *f.* nurse, midwife

दायाँ (*dāyāṁ*) *adv.* right, right hand

दाख़िल (*dākhil*) *a.* 1. inserted, entered 2. admitted

दाख़िला (*dākhilā*) *m.* entrance, admission

दाग़ (*dāg*) *m.* stain, blot

दाग़ी (*dāgī*) *a.* stained

दाढ़ी (*dāṛhī*) *f.* beard

दाता (*dātā*) *m.* 1. donor 2. God

दात्री (*dātrī*) *f.* female donor, giver

दाद (*dād*) I. *m.* ringworm II. *f.* praise

दादरा (*dādrā*) *m.* a mode of popular song with quick tones

दादा (*dādā*) *m.* paternal grandfather

द

दादागीरी (*dādāgīrī*) *f.* hooliganism

दादी (*dādī*) *f.* paternal grandmother

दान (*dān*) *m.* 1. charity, donation 2. gift, present

दानव (*dānav*) *m.* demon

दाना (*dānā*) *m.* corn, grain

दानी (*dānī*) *m.* giver, donor

दानेदार (*dānedār*) *a.* granular

दाम (*dām*) *m.* 1. price, value 2. cost 3. money

दामन (*dāman*) *m.* the skirt or border of a garment

दामिनी (*dāminī*) *f.* lightning

दामी (*dāmī*) I. *a.* costly, precious II. *f.* assessment

दाय (*dāya*) *m.* inheritance

दायरा (*dāyarā*) *m.* circle, ring, orbit

दायाँ (*dāyāṁ*) *a.* right

दायित्व (*dāyitva*) *m.* 1. responsibility 2. liability 3. duty

दारिद्र्य (*dāridrya*) *m.* poverty, penury, indigence

दारुण (*dāruṇ*) *a.* harsh, stern

दारू (*dārū*) *m.* liquor, wine

दारोग़ा (*dāroḡā*) *m.* a sub-inspector (of police)

दारोमदार (*dāromadār*) *m.* dependence, reliance

दार्शनिक (*dārśanik*) *m.* philosopher

दाल (*dāl*) *f.* pulse, lentil

दालान (*dālān*) *m.* 1. hall 2. verandah

दावत (*dāvat*) *f.* 1. invitation, call 2. feast, banquet, dinner

दावा (*dāvā*) *m.* claim

दावेदार (*dāvedār*) *m.* claimant

दास (*dās*) *m.* 1. slave 2. servant

दासता (*dāsatā*) *f.* slavery, serfdom

दास्ताँ (*dāstāṁ*) *f.* /**दास्तान** (*dāstān*) *f.* 1. narration 2. story

दाह (*dāh*) *m.* 1. burning 2. cremation

दाह संस्कार *m.* funeral rites

दाहिना (*dāhinā*) *a.* right

द

क्कत (*diqqat*) *f.* 1. difficulty, hardship 2. problem

खावट (*dikhāvaṭ*) *f.* show

गंत (*digant*) *m.* extreme end of all directions, horizon

गंबर (*digambar*) I. *m.* a sect of naked Jain monks II. *a.* an epithet of Lord Shiva

ग्गज (*diggaj*) *a.* huge, powerful, majestic (like an elephant)

ग्दर्शक (*digdarśak*) *m.* guide, director

ग्विजय (*digvijay*) *f.* conquest of the world

न (*din*) *m.* day (period of 24 hours)

दिनचर्या *f.* daily routine

दिनांक *m.* date

िमाग़ (*dimāġ*) *m.* 1. brain 2. intellect, mental power

िया (*diyā*) I. *m.* earthen lamp II. *a.* given, imparted, granted

िल (*dil*) *m.* 1. heart 2. mind

दिलचस्प *a.* interesting

दिलबर (*dilbar*) *m.* beloved

दिलासा (*dilāsā*) *m.* consolation

दिलेर (*diler*) *a.* bold, brave

दिल्लगी (*dillagī*) *f.* joke, jest, fun

दिवंगत (*divaṅgat*) *a.* deceased, the late

दिवस (*divas*) *m.* day

दिवाकर (*divākar*) *m.* the sun

दिवाला (*divālā*) *m.* bankruptcy

दिवाली (*divālī*) *f.* a Hindu festival celebrated on the day of the new moon in Kartik (Oct.-Nov.)

दिव्य (*divya*) *a.* divine, heavenly, celestial

दिव्यदृष्टि (*divyadṛṣṭi*) *f.* inward eye

दिशा (*diśā*) *f.* direction, side

दीक्षांत (*dīkṣānt*) *a.* conclusion of a phase of education, end of an academic session

दीक्षा (*dīkṣā*) *f.* initiation as a pupil or disciple

दीदी (*dīdī*) *f.* elder sister

दीन (*dīn*) I. *a.* poor, indigent II.

द

m. religion and faith

दीन-ईमान *m.* religion and faith

दीनता (*dīnatā*) *f.* poverty

दीप (*dīp*) *m.*/**दीपक** (*dīpak*) *m.* lamp

दीपमाला *f.* /**दीपमालिका** *f.* row of lamps

दीप्ति (*dīpti*) *f.* splendour, lustre

दीमक (*dīmak*) *m.* white ant, termite

दीर्घ (*dīrgh*) *a.* long

दीर्घकालीन *a.* long-term

दीर्घा (*dīrghā*) *f.* gallery

दीर्घाकार (*dīrghākār*) *a.* huge, gigantic

दीर्घायु (*dīrghāyu*) *a.* long-living

दीवट (*dīvaṭ*) *f.* lampstand

दीवान (*dīvān*) *m.* 1. minister of a princely state 2. collection of a poet's works

दीवानख़ाना (*dīvānkhānā*) *m.* hall of audience

दीवानगी (*dīvāngī*) *f.* madness in love, insanity, lunacy

दीवानी (*dīvānī*) *a.* civil

दीवार (*dīvār*) *f.* 1. wall 2. barrier

दुःख (*duḥkh*) *m.* 1. suffering misery 2. ailment, illness

दुःखद (*duḥkhad*) *a.* 1. painful sorrowful 2. distressing

दुःखित (*duḥkhit*) *a.* /**दुःखी** (*duḥkhī*) *a.* afflicted, distressed, sorrowful, unhappy

दुःसाध्य (*duḥsādhya*) *a.* hard to accomplish

दुःसाहस (*duḥsāhas*) *m.* 1. risk boldness 2. impertinence

दुःस्वप्न (*duḥsvapn*) *m.* bad dream, nightmare

दुआ (*duā*) *f.* blessing

दुकान (*dukān*) *f.* shop

दुखड़ा (*dukhṛā*) *m.* pain, affliction, distress, misery

दुगना (*dugnā*) *a.* double

दुग्ध (*dugdh*) *m.* milk

दुतकार (*dutkār*) *f.* rebuke, reproof

दुनाली (*dunālī*) *a.* & *f.* double

barrelled gun

दुपट्टा (*dupaṭṭā*) *m.* scarf, wrapper

दुपहर (*dupahar*) *m.* noon, mid day

दुबला (*dublā*) *a.* lean, weak

दुभाषिया (*dubhāṣiyā*) *m.* bilinguist, interpreter

दुबारा (*dubārā*) *adv.* twice, once again

दुम (*dum*) *f.* 1. tail 2. end, extremity

दुरवस्था (*duravasthā*) *f.* 1. hardship 2. pitiable condition

दुराग्रह (*durāgrah*) *m.* obduracy, obstinacy, headiness

दुराचार (*durācār*) *m.* 1. bad conduct 2. immorality

दुराव (*durāv*) *m.* 1. concealment, hiding 2. mental reservation

दुरुस्त (*durust*) *a.* 1. right, correct 2. proper, fit 3. safe, sound

दुरूह (*durūh*) *a.* difficult, irksome

दुर्गंध (*durgandh*) *f.* bad or foul smell, stink, stench

दुर्ग (*durg*) *m.* fort, fortress

दुर्गति (*durgati*) *f.* distress, misery, sad plight, hardship

दुर्गम (*durgam*) *a.* 1. inaccessible 2. impassable 3. difficult

दुर्गुण (*durguṇ*) *m.* 1. vice, flaw, defect, fault 2. demerit

दुर्घटना (*durghaṭnā*) *f.* accident

दुर्दशा (*durdaśā*) *f.* 1. distress 2. grief, sorrow

दुर्बल (*durbal*) *a.* weak, feeble

दुर्बुद्धि (*durbuddhi*) *m.* foolish, silly, stupid

दुर्भाग्य (*durbhāgya*) *m.* ill-luck, misfortune, ill-fate

दुर्भाग्यपूर्ण *a.* unfortunate

दुर्भिक्ष (*durbhikṣ*) *m.* famine, dearth, scarcity

दुर्लभ (*durlabh*) *a.* unavailable, rare

दुर्वह (*durvah*) *a.* unwieldy, difficult to bear or carry

दुर्व्यवहार (*durvyavhār*) *m.* 1. ill

द

treatment 2. misbehaviour

दुलत्ती (*dulattī*) *f.* kick (by an ass or horse)

दुलहन (*dulhan*) *f.* 1. bride 2. wife

दुलहा (*dulhā*) *m.* 1. bridegroom 2. husband

दुलार (*dulār*) *m.* fondness, affection, love

दुविधा (*duvidhā*) *f.* uncertainty, predicament, dilemma

दुशवार (*duśvār*) *a.* difficult, arduous, tedious, hard

दुशाला (*duśālā*) *m.* a shawl

दुश्चक्र (*duścakra*) *m.* vicious circle

दुश्चरित्र (*duścaritra*) *a.* wicked, ill-mannered

दुश्मनी (*duśmanī*) *f.* enmity, hostility

दुष्कर (*duṣkar*) *a.* hard to do, difficult

दुष्कर्म (*duṣkarm*) *m.* 1. evil deed 2. vice, sin, sinful act

दुष्कृत्य (*duṣkṛtya*) *m.* vicious act, evil deed, misdeed, wrong

दुष्टता (*duṣṭatā*) *f.* depravity wickedness, profligacy

दुष्परिणाम (*duṣpariṇām*) *m.* ill effect, bad result

दुष्प्रभाव (*duṣprabhāv*) *m.* ba influence, ill-effect

दुष्प्राप्य (*duṣprāpya*) *a.* hard t obtain, scarce, rare

दुहना (*duhanā*) *v.t.* 1. to milk 2 to suck 3. to squeeze out

दुहाई (*duhāī*) I. *f.* a cry for hel or mercy II. *interj.* mercy!

दूत (*dūt*) *m.* 1. messenger, en voy, emissary, legate 2 agent

दूतावास (*dūtāvās*) *m.* embassy legation, consulate

दूध (*dūdh*) *m.* milk

दूधिया (*dudhiyā*) *a.* milky (c colour)

दून (*dūn*) *f.* vale, valley

दूब (*dūb*) *f.* grass, bent gras

दूभर (*dūbhar*) *a.* difficult, har arduous

दूर (*dūr*) *a.* distant, remote, fa

दूरदर्शन *(dūrdarśan)* *m.* television

दूरदर्शी (*dūrdarśī*) I. *a.* farsight, prudent, sagacious II. *m.* wise man

दूरदृष्टि *(dūrdr̥ṣṭi)* *f.* farsightedness, discernment, prudence

दूरबीन *(dūrbīn)* *f.* 1. telescope 2. binoculars

दूरभाष *(dūrbhāṣ)* *m.* telephone

दूरवर्ती *(dūrvartī)* *a.* distant, remote

दूरवीक्षण यंत्र *(dūrvīkṣaṇ yantra)* *m.* telescope

दूरसंचार *(dūrsañcār)* *m.* telecommunication

दूरी (*dūrī*) *f.* 1. distance 2. difference 3. separation

दूल्हा (*dūlhā*) *m.* 1. bridegroom 2. husband

दूषित (*dūṣit*) *a.* 1. polluted, spoiled, foul, tainted 2. disgraced

दूसरा (*dūsrā*) *a.* 1. second 2. other

दृढ़ता (*dr̥r̥htā*) *f.* 1. firmness, steadiness 2. determination

दृश्य (*dr̥śya*) *m.* sight, spectacle, scene, view, scenery

दृष्टांत (*dr̥ṣṭānt*) *m.* illustration, instance, example

दृष्टि (*dr̥ṣṭi*) *f.* eyesight, vision

दृष्टिकोण *m.* outlook, point of view

दृष्टिगोचर *a.* in view, visible

दृष्टिपात *m.* glance, look

दृष्टिहीन *a.* blind, deprived or devoid of eyesight

देखना (*dekhnā*) *v.t.* 1. to see, to look 2. to watch 3. to observe

देगची (*degcī*) *f.* small cooking pot, small cauldron, kettle

देदीप्यमान (*dedīpyamān*) *a.* bright

देनदार (*dendār*) *m.* debtor

देय (*dey*) *a.*& *m.* 1. due 2. payable

देर *(der)* *f.*/**देरी** (*derī*) *m.* delay 2. long time, long period of time

द

देव (*dev*) *m.* God
देवदार *m.* /**देव** *m.* pine tree
देवदासी *f.* woman engaged in the service of a deity
देवदूत *m.* messenger of the gods, divine envoy, angel
देवनागरी *f.* the script in which Hindi, Marathi, Nepali, etc. are written
देवलोक *m.* heaven, the land of Gods
देववाणी *f.* oracle Sanskrit
देवस्थान *m.* abode of Gods, temple

देवता (*devtā*) *m.* god, deity
देवत्व (*devatva*) *m.* divine character, divinity, divine nature
देवर (*devar*) *m.* husband's younger brother
देवरानी (*devrānī*) *f.* husband's younger brother's wife
देवालय (*devālaya*) *m.* seat of a god or deity, temple
देवासुर (*devāsur*) *m.* gods and demons
देवी (*devī*) *f.* goddess, female deity (especially Durga)
देश (*deś*) *m.* 1. countr 2. region
देशद्रोह *m.* treason
देशभक्ति *f.* patriotism

देशाटन (*deśāṭan*) *m.* tourin the country
देशी (*deśī*) *a.* indigenous, na tive, countrymade
देह (*deh*) I. *f.* 1. body 2. th person II. *m.*& *suff.* giver
देह-त्याग *m.* abandonme of one's physical forn death

देहरी (*dehrī*) *f.* /**देहली** (*dehlī* threshold
देहांत (*dehānt*) *m.* end of bodi existence, death, demise
देहात (*dehāt*) *m.* 1. rural are countryside 2. village
देहाती (*dehātī*) I. *a.* 1. rural rustic II. *m.* villager
देहातीत (*dehātīt*) *a.* incorp real, beyond the physic body
देहावसान (*dehāvsān*) *m.* end

physical existence, death

ैत्य *(daitya) m.* demon, giant

ैनंदिन *(dainandin)* I. *a.* daily, day-to-day II. *adv.* day-by-day

ैनंदिनी *(dainandinī) f.* diary

ैनिक *(dainik) a.* daily

ैनिकी *(dainikī) f.* diary

ैन्य *(dainya) m.* 1. poverty, pauperism 2. misery

ैव *(daiva)* I. *m.* 1. fate, destiny 2. God II. *a.* divine

दैवयोग *m.* fortuitous occurrence, accidental happening

ैवी *(daivī) a.* 1. divine, godly 2. natural 3. accidental

ैहिक *(daihik) a.* physical, somatic, corporeal, bodily

ो *(do) a.* two

ोगुना *(dogunā) a.* double

ोटूक *(doṭūk) a.* blunt, clear, plain

ोपट्टा *(dopaṭṭā) m.* sheet, wrapper

ोपहर *(dopahar) m.* 1. noon, mid-day 2. a period of six hours

दोगला *(doglā) a.* mongrel, cross-bred, of impure blood

दोज़ख *(dozakh) f.* hell, inferno

दोष *(doṣ) m.* 1. defect, flaw 2. fault 3. guilt

दोषपूर्ण *a.* faulty, unsound

दोषरहित *a.* (a) blameless, guiltless (b) faultless

दोषारोपण *(doṣāropaṇ) m.* blaming, accusation, charge

दोषी *(doṣī) a.* 1. culpable, corrupt, blamable 2. faulty

दोस्त *(dost) m.* friend

दोस्ती *(dostī) f.* friendship, amity, comradeship

दोहन *(dohan) m.* 1. milking 2. exploitation

दोहरा *(doharā) a.* double, two-fold

दोहराना *(dohrānā) v.t.* 1. to repeat 2. to fold up

दोहा *(dohā) m.* couplet

दौड़ *(dauṛ) f.* 1. race, running 2. competition

दौर *(daur) m.* time, age

द

दौरा (*daurā*) *m.* 1. tour 2. a fit of disease, sudden attack 3. large basket

दौरान (*daurān*) *m.* duration, period

दौर्बल्य (*daurbalya*) *m.* weakness, debility

दौलत (*daulat*) *f.* wealth, riches

दौलतख़ाना *m.* (a) mansion (b) treasury, storehouse

दौलतमंद *a.* rich, wealthy

दौहित्र (*dauhitra*) *m.* grandson

दौहित्री (*dauhitrī*) *f.* granddaughter, daughter's daughter

द्यु (*dyu*) *m.* 1. day, day and night 2. heaven 3. sky

द्युलोक (*dyulok*) *m.* paradise

द्युति (*dyuti*) *f.* light, radiance

द्यूत (*dyūt*) *m.* gambling

द्यूतक्रीड़ा *f.* game of gambling

द्यूतशाला *f.* gambling house

द्योतक (*dyotak*) *a.* showing, expressive, indicative

द्योतित (*dyotit*) *a.* 1. indicated, illustrated 2. lighted

द्यौ (*dyau*) *f.* 1. heaven, paradise 2. sky 3. day

द्रव (*drav*) I. *m.* liquid, fluid II. *a.* 1. liquefied 2. running

द्रवण (*dravaṇ*) *m.* 1. liquefaction 2. dissolution

द्रवणशील *a.* (a) liquefiable (b) fusible (c) dissolvable

द्रविड़ (*draviṛ*) *a.&m.* Dravidian

द्रविण (*draviṇ*) *m.* 1. valuable possession or property 2. strength 3. matter, object

द्रवित (*dravit*) *a.* 1. melted 2. moved 3. liquefied

द्रवीभूत (*dravībhūt*) *a.* 1. liquefied 2. fused, melted 3. moved with pity

द्रव्य (*dravya*) *m.* thing, substance, matter, object

द्रष्टव्य (*draṣṭavya*) *a.* 1. worth-seeing 2. noteworthy, noticeable

द्रष्टा (*draṣṭā*) *m.* 1. spectator 2. sage, seer, God

द्राक्षा (*drākṣā*) *f.* grape

द्राक्षा कुंज *m.* vineyard
द्राक्षा लता *f.* vine

द्राविड़ी (*drāviṛī*) I. *f.* having to do with Dravidians II. *a.* Dravidian

द्रुत (*drut*) *a.* quick, rapid, speedy, swift, fast

द्रुति (*druti*) *f.* speed, pace

द्रुम (*drum*) *m.* tree, plant

द्रोण (*droṇ*) *m.* 1. a weight of about 64 pounds 2. a wooden vessel

द्रोह (*droh*) *m.* 1. malice, spite 2. enmity, hostility 3. rebellion

द्रोही (*drohī*) *a.* 1. malicious 2. hostile 3. rebelling

द्वंद्व (*dvandva*) *m.*1. duel 2. strife, quarrel 3. conflict
द्वंद्व समास *m.* copulative compound (as माँ-बाप)

द्वंद्वात्मक (*dvandvātmak*) *a.* dialectic(al), dualistic

द्वय (*dvaya*) I. *a.* two, both II. *m.* pair, couple

द्वादश (*dvādaś*) *a.* twelve

द्वापर (*dvāpar*) *m.* the third of the four ages of the world

द्वार (*dvār*) *m.* door, gate
द्वारपाल *m.* doorkeeper, gatekeeper

द्वारा (*dvārā*) *adv.* 1. through, by means of 2. care of

द्विगुणित (*dviguṇit*) *a.* duplicated, doubled

द्विज (*dvij*) *a.*& *m.* twice-born, Brahman, Kshatriya and Vaishya caste groups

द्वितीय (*dvitīya*) *a.* second, another

द्विधा (*dvidhā*) *adv.* 1. in two parts 2. in two ways

द्विपक्षी (*dvipakṣī*) *a.* /**द्विपक्षीय** (*dvipakṣīya*) *a.* bilateral

द्विरागमन (*dvirāgaman*) *m.* bride's second visit to her in-laws after marriage

द्विवार्षिक (*dvivārṣik*) *a.* biennial, two-yearly

द्वीप (*dvīp*) *m.* island

द्वेष (*dveṣ*) *m.* 1. ill-will, malice 2. dislike, hatred 3. enmity

द

द्वेषपूर्ण *a.* malicious

द्वैत (*dvait*) *m.* duality (in philosophy), the doctrine that deals with the distinctness of life and soul, God and soul

द्वैतवाद *m.* dualism

द्वैध (*dvaidh*) *m.* 1. duplication 2. double existence of nature

द्वैध शासन-प्रणाली *f.* diarchical system of government

द्वैराज्य (*dvairājya*) *m.* condominium

द्वार्थ (*dvārth*) *a.* /द्वार्थक (*dvārthak*) *a.* ambiguous, equivocal

ध

धंधा (*dhandhā*) *m.* 1. occupation, work 2. profession

धकधकी (*dhakdhakī*) *f.* 1. beating (of the heart) 2. fear

धकेलना (*dhakelnā*) *v.t.* to push

धक्का (*dhakkā*) *m.* push, knock

धज्जी (*dhajjī*) *f.* strip (of cloth)

धड़ (*dhaṛ*) *m.* body of a person, torso

धड़कन (*dhaṛkan*) *f.* beating (of the heart), palpitation

धड़ा (*dhaṛā*) *m.* 1. party, faction 2. weight

धड़ाका (*dhaṛākā*) *m.* explosion, blast

धड़ी (*dhaṛī*) *f.* weight of five kilograms

धतूरा (*dhatūrā*) *m.* thorn-apple (a powerful narcotic plant)

धधक (*dhadhak*) *f.* blaze, flame

धन (*dhan*) *m.* wealth, money

धनकुबेर *m.* multimillionaire

धनधान्य *m.* money and grains

धनवान *a.* rich, wealthy

धनहीन *a.* poor, moneyless

धनकुट्टी (*dhankuṭṭī*) *f.* an instrument for pounding rice

धनाढ्य (*dhanāḍhya*) *a.* rich

धनादेश (*dhanādeś*) *m.* money order

धनाभाव (*dhanābhāv*) *m.* want of money, shortage of money

धनिक (*dhanik*) *a.* rich, wealthy

धनिया (*dhaniyā*) *m.* coriander

धनी (*dhanī*) *a.* wealthy, rich

धनु (*dhanu*) *m.* 1. bow (weapon) 2. ninth sign of zodiac, Sagittarius

धनुर्धर (*dhanurdhar*) *a.*& *m.* /**धनुर्धारी** (*dhanurdhārī*) *m.*

(one) armed with a bow, bowman

धनुर्विद्या (*dhanurvidyā*) *f.* art of archery

धनुष (*dhanuṣ*) *m.* 1. bow 2. arch

धनुष यज्ञ *m.* the ceremony of wielding the bow as performed by Rama (in Ramayana)

धन्य (*dhanya*) *a.* grateful

धन्यवाद (*dhanyavād*) *m.* thank you

धब्बा (*dhabbā*) *m.* stain, spot

धब्बेदार (*dhabbedār*) *a.* stained

धमकाना (*dhamkānā*) *v.t.* to scold

धमकी (*dhamkī*) *f.* threat

धमनी (*dhamnī*) *f.* artery, vein

धमाका (*dhamākā*) *m.* blast

धरणी (*dharṇī*) *f.* earth

धरणीतल *m.* surface of the earth

धरती (*dhartī*) *f.* earth

धरना (*dharnā*) *m.* 1. sit on strike 2. to hold, to seize

धरवाना (*dharvānā*) *v.t.* to cause to be placed or held

धरा (*dharā*) *f.* the earth

धरातल *m.* surface of the earth

धराशायी (*dharāśāyī*) *a.* fallen to the ground

धरित्री (*dharitrī*) *f.* the earth

धर्म (*dharm*) *m.* religion, duty

धर्म-कर्म *m.* religious duties

धर्मग्रंथ *m.* religious books

धर्मच्युत *a.* ousted from a religious sect

धर्मदर्शन *m.* philosophy of religion, theology

धर्मनिरपेक्षता *f.* secularism

धर्मनिष्ठ *a.*/**धर्मपरायण** *a.* devoted to religion, devout

धर्मशास्त्र *m.* theological jurisprudence, theology

धर्मकाँटा (*dharmkāṁṭā*) *m.* standard balance

धर्मशाला (*dharmaśālā*) *f.* hospice, public inn

धर्मांतरण (*dharmāntaraṇ*) *m.* conversion to another reli-

gion
धर्मात्मा (*dharmātmā*) *m.* saint
धर्माधर्म (*dharmādharm*) *m.* right and wrong, righteousness and evil
धर्मोन्माद (*dharmonmād*) *m.* fanaticism, theomania
धर्मोपदेशक (*dharmopdeśak*) *m.* religious preceptor
धर्षण (*dharṣaṇ*) *m.* attack
धवल (*dhaval*) *a.* 1. white 2. bright
धसक (*dhasak*) *f.* 1. subsidence of land 2. sinking
धाँधली (*dhāṁdhalī*) *f.* fraud
धाक (*dhāk*) *f.* renown, fame
धाकड़ (*dhākaṛ*) *a.* daring
धागा (*dhāgā*) *m.* thread, yarn
धातु (*dhātu*) *f.* 1. metal, ore 2. semen
धात्री (*dhātrī*) *f.* 1. wet-nurse 2. mother
धान (*dhān*) *m.* 1. paddy, unhusked rice 2. grain
धान्य (*dhānya*) *m.* grain, corn
धन-धान्य *m.* wealth and food
धाम (*dhām*) *m.* 1. house, abode, dwelling 2. heaven
धाय (*dhāy*) *f.* wet-nurse
धार (*dhār*) *f.* 1. sharp edge of a sword 2. flow, current
धारण (*dhāraṇ*) *m.* supporting, holding, bearing
धारणा (*dhāraṇā*) *f.* presumption
धारा (*dhārā*) *f.* flow, current
धार्मिक (*dhārmik*) *a.* religious
धावक (*dhāvak*) *m.* runner
धावा (*dhāvā*) *m.* attack
धिक्कार (*dhikkār*) *m.* reproach, censure, curse, rebuke
धीमर (*dhīmar*) *m.* fisherman
धीमा (*dhīmā*) *a.* tardy, slow
धीर (*dhīr*) *a.* calm, brave
धीरे (*dhīre*) *adv.* slowly
धुआँ (*dhuāṁ*) *m.* smoke
धुंध (*dhundh*) *f.* mist, fog, haze
धुँधला (*dhuṁdhalā*) *a.* 1. foggy, hazy, misty 2. clouded
धुत्त (*dhutt*) I. *a.* shaken, moved II. *interj.* away! be off!
धुन (*dhun*) *f.* 1. tune 2. craze

ध

ध

धुनना (*dhunanā*) *v.t.* 1. to card (cotton) 2. to beat severely
धुनाई (*dhunāī*) *f.* carding
धुनिया (*dhuniyā*) *m.* carder
धुनी (*dhunī*) *a.* crazy
धुरंधर (*dhurandhar*) *a.* expert
धुरा (*dhurā*) *m.* 1. axle 2. axis
धुरी (*dhurī*) *f.* axis, pivot
धुलाई (*dhulāī*) *f.* washing up
धूनी (*dhūnī*) *f.* 1. smoke 2. burning of incense 3. smouldering fire (as of an ascetic or sadhu)
धूप (*dhūp*) *f.* 1. sunshine, heat of the sun 2. incense stick
  धूप-छाँह *f.* sunshine and shade
  धूपबत्ती *f.* incense stick
धूम (*dhūm*) I. *m.* smoke, fume II. *f.* furore, uproar
  धूम-धड़क्का *m.* pomp and show, merriment
धूमकेतु (*dhūmketu*) *m.* falling star, comet
धूमिल (*dhūmil*) *a.* smoked
धूम्र (*dhūmra*) *a.* smoke smoky
धूर्त (*dhūrt*) I. *a.* cunning, shrewd, crafty II. *m.* knave
धूल (*dhūl*) *f.* dust
  धूल-धक्कड़ *m.* dustiness
धेनु (*dhenu*) *f.* milch cow
धैर्य (*dhairya*) *m.* patience
धैर्यवान् (*dhairyavān*) *a.* patient
धोखा (*dhokhā*) *m.* fraud
  धोखाधड़ी *f.* cheating
  धोखेबाज़ *m.* trickster
धोती (*dhotī*) *f.* loincloth
धोना (*dhonā*) *v.t.* to wash
धोबिन (*dhobin*) *f.* washerwoman
धोबी (*dhobī*) *m.* washerman
धौंकनी (*dhauṁkanī*) *f.* bellows
धौंस (*dhauṃs*) *f.* 1. threat, menace 2. noisy demeanour
धौल (*dhaul*) *f.* thump, buffet, slap
ध्यान (*dhyān*) *m.* 1. attention 2. meditation
ध्यानावस्था (*dhyānāvasthā*) *f.*

the state of getting engrossed in meditation

ध्यानी (*dhyānī*) *a.* & *m.* meditative devotee, contemplative person

ध्येय (*dhyeya*) *m.* goal, aim, object

ध्रुपद (*dhrupad*) *m.* a mode of classical music

ध्रुव (*dhruv*) *a.* firm, stable

ध्वंस (*dhvaṃs*) *m.* destruction, ruin

ध्वंसात्मक (*dhvaṃsātmak*) *a.* destructive

ध्वंसावशेष (*dhvaṃsāvśeṣ*) *m.* 1. ruins 2. relics

ध्वज (*dhvaj*) *m.* flag, banner

ध्वजारोहण (*dhvajārohaṇ*) *m.* flag-hoisting, raising a flag

ध्वनि (*dhvani*) *f.* sound, noise **ध्वनि-प्रसारक** *m.* /**ध्वनि-विस्तारक** *m.* loud speaker **ध्वनि मत** *m.* voice vote

ध्वस्त (*dhvast*) *a.* destroyed, demolished, devastated, ruined

न

न

नंगई (*naṅgaī*) *f.* shamelessness

नंगा (*naṅgā*) *a.* 1. naked 2. open

नंगे पाँव/पैरों *adv.* barefoot

नंदन (*nanďan*) *m.* 1. son 2. one who delights

नंबर (*nambar*) *m.* 1. number, figure 2. marks

नई (*naī*) *a.* new

नई-नवेली *a.* young and beautiful girl

नक़द (*naqad*) I. *a.*/**नक़दी** (*naqadī*) *f.* cash, payment II. *m.* (hard) cash

नक़द जमा *m.* cash deposit

नक़द नारायण *m.* ready cash

नकबेसर (*nakbesar*) *m.* an ornament worn in the nose

नक़ल (*naqal*) *f.* 1. copy, duplicate 2. imitation

नक़ली (*naqalī*) *a.* fake, spurious, not genuine

नक़शा (*naqśā*) *m.* 1. map 2. chart 3. (of a building) plan

नकसीर (*naksīr*) *f.* bleeding from the nose, epistaxis

नक़ाब (*naqāb*) *m.* mask, veil

नक़ाबपोश *a.* & *m.* masked (man), veiled (person)

नकेल (*nakel*) *f.* halter-pin as camel's

नक़्क़ारा (*naqqārā*) *m.* kettledrum

नक़्क़ाशी (*naqqāśī*) *f.* 1. engraving 2. sculpture, statuary

नक़्श (*naqś*) *m.* features

नक्षत्र (*nəkṣatra*) *m.* star, planet

नख (*nakh*) *m.* nail, talon, claw

नख़लिस्तान (*nakhlistān*) *m.* oasis

नग (*nag*) *m.* 1. item 2. gem

नगण्य *(nagaṇya) a.* insignificant, unimportant

नग़मा *(nag̲mā) m.* 1. song 2. melodious sound or melody

नगर *(nagar) m.* town, city

नगरपालिका *f.* municipal committee, municipality

नगाड़ा *(nagāṛā) m.* kettledrum

नगीना *(nagīnā) m.* precious stone, jewel, gem

नग्न *(nagn) m.* naked, nude

नज़दीक *(nazdīk) a. & adv.* 1. near, nearby, close 2. adjacent

नज़र *(nazar) f.* 1. sight 2. glance 3. eye 4. evil eye

नज़रबंद *(nazarband) m.* internee

नज़राना *(nazrānā) m.* gift, present

नज़ला *(nazlā) m.* a cold, catarrh

नज़ाकत *(nazākat) f.* tenderness, delicateness

नजात *(najāt) f.* freedom

नज़ारा *(nazārā) m.* sight, scene

नज़ीर *(nazīr) f.* example

नट *(naṭ) m.* rope dancer, acrobat

नटखट *(naṭkhaṭ) a.* naughty

नत *(nat) a.* bent, bowed

नतमस्तक *a. & adv.* with the head bowed

नतिनी *(natinī) f.* grand-daughter, daughter's daughter

नतीजा *(natijā) m.* result

नत्थी *(natthī) f.* 1. thread or string with which papers are strung 2. record 3. file

नथ *(nath) f.* nosering

नथनी *(nathnī) f.* 1. nosering 2. nose-rope (of a bullock)

नदारद *(nadārad) a.* 1. missing, absent 2. disappeared

नदी *(nadī) f.* river, stream

ननद *(nanad) f.* husband's sister

ननदोई *(nandoī) m.* sister-in-law's husband

ननिहाल *(nanihāl) f.* house or town of maternal grand-

न

father

नन्हा (*nanhā*) *a.* tiny, small, little

नपुंसक (*napuṃsak*) *a.* & *m.* impotent

नफ़रत (*nafrat*) *f.* hate, hatred

नफ़ा (*nafā*) *m.* 1. profit 2. gain

नफ़ासत (*nafāsat*) *f.* 1. nicety, refinement 2. delicacy

नब्ज़ (*nabz*) *f.* pulse

नभ (*nabh*) *m.* 1. sky 2. space

नम (*nam*) *a.* 1. moist 2. wet

नमक (*namak*) *m.* salt

नमकीन (*namkīn*) *a.* saltish, salted food

नमस्कार (*namaskār*) *m.* /**नमस्ते** (*namaste*) *f.* salutation, greeting

नमाज़ (*namāz*) *f.* prayer (by the Muslims)

नमूना (*namūnā*) *m.* 1. sample 2. example

नम्र (*namra*) *a.* humble, meek

नयन (*nayan*) *m.* eye

नयनाभिराम (*naynābhirām*) *a.* pleasing to the eye, charming, attractive

नया (*nayā*) *a.* new, novel

नर (*nar*) *m.* 1. man 2. male

नरक (*narak*) *f.* hell, hades

नरकट (*narkaṭ*) *m.* reed

नरगिस (*nargis*) *f.* narcissus

नरम (*naram*) *a.* 1. soft 2. mild

नराधम (*narādham*) *m.* low or mean person

नरेश (*nareś*) *m.* king, monarch

नर्गिस (*nargis*) *f.* narcissus (flower)

नर्तक (*nartak*) *m.* dancer

नर्तकी (*nartakī*) *f.* dancing girl

नर्तन (*nartan*) *m.* dancing

नर्म (*narm*) *a.* 1. soft 2. mild

नल (*nal*) *m.* /**नलका** (*nalkā*) *m.* 1. water-tap 2. tube

नली (*nalī*) *f.* 1. hollow and thin reed 2. narrow pipe or tube

नवजागरण (*navjāgaraṇ*) *m.* renaissance

नवजात (*navjāt*) *a.* new born

नवनीत (*navnīt*) *m.* butter

नवम (*navam*) *a.* ninth

नवयौवना (*navyauvanā*) *f.*

woman in the prime of youth

नवरत्न (*navratn*) *m.* nine- precious stones, nine gems

नवरस (*navras*) *m.* nine (poetical) sentiments, love, humour, etc.

नवाब (*navāb*) *m.* Muslim feudal lord, provincial ruler

नवासी (*navāsī*) *f.* daughter's daughter, grand-daughter

नवीन (*navīn*) *a.* 1. new 2. fresh

नवीनतम (*navīntam*) *a.* 1. up-to-date 2. newest

नवोढ़ा (*navoṛhā*) *f.* newly married woman, bride

नशा (*naśā*) *m.* intoxication

नशेबाज़ (*naśebāz*) *m.* drug addict, habitual drunkard

नश्तर (*naśtar*) *m.* surgical knife

नश्वर (*naśvar*) *a.* destructible

नष्ट (*naṣṭ*) *a.* perished, destroyed, ruined, annihilated

नस (*nas*) *f.* vein, nerve

नसबंदी (*nasbandī*) *f.* vasectomy

नसवार (*nasvār*) *f.* snuff

नसीब (*nasīb*) *m.* fate, luck

नसीहत (*nasīhat*) *f.* advice

नस्ल (*nasl*) *f.* 1. breed 2. lineage

नहर (*nahar*) *f.* canal

नहीं (*nahīṁ*) I. *adv.* not II. *interj.* no, nay, oh no!

नाँद (*nāṁd*) *f.* trough, vat, tub

नाई (*nāī*) *m.* /**नाऊ** (*nāū*) *m.* barber, hairdresser

नाउम्मीद (*nāummīd*) *a.* disappointed, despaired

नाक (*nāk*) *f.* 1. nose 2. (*fig.*) prestige, honour, self-respect

नाका (*nākā*) *m.* 1. check-point 2. police-post 3. crocodile

नाकाबंदी (*nākābandī*) *f.* blockade

नाकाम (*nākām*) *a.* unsuccessful

नाखून (*nākhūn*) *m.* finger-nail

नाग (*nāg*) *m.* 1. cobra, the hooded snake 2. elephant 3. mountain

न

नागफनी (*nāgfanī*) *f.* cactus

नागरिक (*nāgarik*) I. *m.* citizen II. *a.* civic, urban, town-born

नागरिकता (*nāgariktā*) *f.* citizenship

नागवार (*nāgvār*) *a.* unpleasant

नागिन (*nāgin*) *f.* female cobra

नाच (*nāc*) *m.* dance, dancing

नाचीज़ (*nācīz*) *a.* insignificant, of no consequence

नाज़ (*nāz*) *m.* conceit, pride

नाजायज़ (*nājāyaz*) *a.* improper

नाज़ुक (*nāzuk*) *a.* delicate

नाटक (*nāṭak*) *m.* drama, play

नाटा (*nāṭā*) *a.* 1. short statured person 2. dwarf

नाट्य (*nātya*) *m.* art of dancing

नाड़ी (*nāṛī*) *f.* artery, pulse, vein

नाता (*nātā*) *m.* 1. relation, relationship, kinship 2. affinity

नातेदार (*nātedār*) *m.* relative

नाथ (*nāth*) *m.* 1. lord, master 2. husband

नाद (*nād*) *m.* 1. sound 2. music

नादान (*nādān*) *a.* ignorant

नाना (*nānā*) *m.* grandfather mother's father

नानाविध (*nānāvidh*) *a.* of various kinds

नानी (*nānī*) *f.* maternal grandmother, mother's mother

नाप (*nāp*) *f.* measurement measure

नापसंद (*nāpasand*) *a.* disliked

नापाक (*nāpāk*) *a.* impure

नाबालिग़ (*nābālig*) I. *a.* under age, immature II. *m.* minor

नाभि (*nābhi*) *f.* navel

नाम (*nām*) *m.* name

नामकरण *m.* naming

नामक (*nāmak*) *a.* named, called

नामर्द (*nāmard*) *a.* & *m.* 1. impotent (man) 2. cowardly

नामांकन (*nāmāṅkan*) *m.* 1. nomination 2. enrolment

नायक (*nāyak*) *m.* 1. hero (of a play or story) 2. leader, guide

नायाब (*nāyāb*) *a.* not easily

available, scarce

नायिका (*nāyikā*) *f.* heroine

नारंगी (*nāraṅgī*) *f.* orange tree and its fruit

नारा (*nārā*) *m.* 1. slogan 2. string for fastening pyjamas, etc.

नाराज़ (*nārāz*) *a.* 1. angry 2. displeased, unhappy

नारियल (*nāriyal*) *m.* coconut

नारी (*nārī*) *f.* woman

नाल (*nāl*) *m.* horseshoe

नालायक (*nālāyaq*) *a.* unworthy

नालिश (*nāliś*) *f.* plaint, lawsuit

नाली (*nālī*) *f.* drain, conduit

नाव (*nāv*) *f.* boat, ferry

नाविक (*nāvik*) I. *m.* sailor, boatman II. *a.* nautical

नाश (*nāś*) *m.* destruction

नाशपाती (*nāśpātī*) *f.* pear

नाश्ता (*nāśtā*) *m.* breakfast

नासाज़ (*nāsāz*) *a.* indisposed

नासिका (*nāsikā*) *f.* nose

नासूर (*nāsūr*) *m.* 1. running sore or wound 2. sinus 3. fistula

नास्तिक (*nāstik*) *m.* 1. atheist 2. heretic, infidel

नाहक़ (*nāhaq*) *adv.* for nothing

निंदा (*niṁdā*) *f.* condemnation

निंद्य (*niṁdya*) *a.* censurable

निःशंक (*niḥśaṅk*) *a.* fearless

निःशस्त्र (*niḥśastra*) *a.* unarmed

निःश्वसन (*niḥśvasan*) *m.* breathing out

निकट (*nikaṭ*) *a.* near, close

निकटवर्ती (*nikaṭvartī*) *a.* situated nearby, adjacent

निकम्मा (*nikammā*) *a.* 1. useless 2. idle 3. jobless

निकर (*nikar*) I. *f.* shorts II. *m.* 1. heap, pile 2. group

निकाय (*nikāy*) *m.* 1. assemblage, group 2. body 3. system

निकास (*nikās*) *m.* 1. exit 2. outlet, outflow

निकुंज (*nikuñj*) *m.* arboretum, bower

निकृष्ट (*nikṛṣṭ*) *a.* low, mean

निकेतन (*niketan*) *m.* house

निखार (*nikhār*) *m.* brightening

न

up, blossoming out
निखिल (*nikhil*) I. *m.* the entire world II. *a.* all, whole
निगम (*nigam*) *m.* corporation
निगरानी (*nigarānī*) *f.* watch
निगलना (*nigalnā*) *v.i.* to swallow up
निगाह (*nigāh*) *f.* look, glance
निग्रह (*nigrah*) *m.* self-control
निचला (*niclā*) *a.* lower, nether
निचाई (*nicāī*) *f.* lowness
निचोड़ (*nicoṛ*) *m.* essence
निजी (*nijī*) *a.* own, personal, private
निजी उद्योग *m.* private enterprise
निडर (*niḍar*) *a.* fearless, intrepid
नितंब (*nitamb*) *m.* buttocks, hips
नितांत (*nitānt*) *a.* 1. much, excessive, extreme 2. absolute
नित्य (*nitya*) *a.* 1. regular 2. daily 3. eternal
नित्य-प्रति *adv.* daily, regularly
निदर्शन (*nidarśan*) *m.* illustration, example, instance
निदान (*nidān*) *m.* diagnosis
निदेश (*nideś*) *m.* direction
निदेशक (*nideśak*) *m.* director
निद्रा (*nidrā*) *f.* sleep, slumber
निधन (*nidhan*) *m.* death, demise
निधि (*nidhi*) *f.* 1. fund 2. treasure 3. storehouse
निनाद (*ninād*) *m.* (loud) sound
निपटारा (*nipṭārā*) *m.* 1. settlement 2. adjustment 3. disposal
निपुण (*nipuṇ*) *a.* adept, skilled
निबंध (*nibandh*) *m.* essay
निबटना (*nibaṭnā*) I. *v.t.* to deal, to tackle II. *v.i.* to go for defecation
निबाह (*nibāh*) *m.* pulling on, carrying on or out
निबोली (*nibolī*) *f.*/**निबौरी** (*nibaurī*) *f.* fruit or berry of the neem (margosa) tree

निभना (*nibhnā*) *v.i.* 1. to be dealt with 2. to eke out a living

निमंत्रण (*nimantraṇ*) *m.* invitation

निमग्न (*nimagn*) *a.* 1. sunk 2. drowned 3. immersed

निमज्जन (*nimajjan*) *m.* 1. sinking 2. drowning 3. bathing

निमित्त (*nimitt*) *m.* 1. cause 2. object, purpose, goal

निमिष (*nimiṣ*) *m.* 1. twinkling (of an eye) 2. a moment

निम्न (*nimn*) *a.* 1. low 2. minimum 3. deep 4. under
निम्न कोटि *a.* low grade
निम्नलिखित *a.* mentioned below

नियंता (*niyantā*) *m.* 1. controller 2. ruler 3. director 4. God

नियंत्रण (*niyantraṇ*) *m.* control

नियत (*niyat*) *a.* destined, fated

नियति (*niyatī*) *f.* destiny, providence, fate, nemesis

नियम (*niyam*) *m.* rule, precept, law

नियमानुकूल (*niyamānukūl*) *m.* in accordance with rules, regular

नियामत (*niyāmat*) *f.* 1. rare gift 2. boon

नियुक्ति (*niyukti*) *f.* 1. appointment, employment 2. posting

नियोजन (*niyojan*) *m.* employment

निरंकुश (*niraṅkuś*) *a.* autocratic (power, sway), uncurbed

निरंतर (*nirantar*) *a.* & *adv.* continuous

निरक्षर (*nirakṣar*) *a.* unlettered, uneducated, illiterate

निरखना (*nirakhnā*) *v.t.* to see, to look at, to examine

निरपराध (*niraprādh*) *a.* free from crime or guilt, guiltless

निरपेक्षता (*nirapekṣatā*) *f.* impartiality, neutrality

निरभिमान (*nirabhimān*) *a.* without pride or vanity/conceit

निरर्थक (*nirarthak*) I. *a.* 1. mean-

न

ingless 2. useless II. *adv.* to no purpose

निरवलंब (*niravlamb*) *a.* helpless, without support or shelter

निरस्त (*nirast*) *a.* 1. cancelled 2. cast out, expelled, ejected

निरस्त्रीकरण (*nirastrīkaraṇ*) *m.* disarmament

निरहंकार (*nirahaṅkār*) *a.* without vanity or pride

निरा (*nirā*) *a.* 1. pure 2. absolute

निराकरण (*nirākaraṇ*) *m.* removal, setting aside

निराकार (*nirākār*) I. *a.* formless, bodiless II. *m.* God

निरादर (*nirādar*) *m.* 1. disrespect 2. insult 3. disgrace

निराधार (*nirādhār*) *a.* baseless, unfounded, groundless

निरापद (*nirāpad*) *a.* 1. free from misfortune 2. safe

निरामिष (*nirāmiṣ*) *a.* (of food) without meat, vegetarian

निराला (*nirālā*) I. *a.* strange II. *m.* solitude, solitary

निराशा (*nirāśā*) *f.* disappointment, despair, frustration

निराहार (*nirāhār*) *a.* going without food, fasting or starving

निरीक्षण (*nirīkṣaṇ*) *m.* 1. observing, watching 2. invigilation

निरीह (*nirīh*) *a.* innocent

निरुत्तर (*niruttar*) *a.* unable to reply, without a reply

निरुत्साह (*nirutsāh*) *a.* lacking zeal

निरुद्देश्य (*niruddeśya*) *a.* without purpose or goal

निरुपम (*nirupam*) *a.* matchless

निरुपाय (*nirupāy*) *a.* helpless, resourceless

निरूपण (*nirūpaṇ*) *m.* 1. determination 2. demonstration

निरोग (*nirog*) *a.* /**निरोगी** (*nirogī*) *a.* free from disease, healthy

निरोध (*nirodh*) *m.* restraint, control, check

निर्गुट (*nirguṭ*) *a.* non-aligned

निर्गुण (*nirguṇ*) *a.* devoid of or

beyond all qualities, without attributes

निर्जन (*nirjan*) *a.* 1. solitary, lonely, secluded 2. unpeopled, uninhabited, desolate

निर्जीव (*nirjīv*) *a.* 1. lifeless 2. dead, deceased

निर्झर (*nirjhar*) *m.* 1. spring, fountain 2. small waterfall

निर्णय (*nirṇay*) *m.* decision, judgment, verdict

निर्णायक (*nirṇāyak*) I. *a.* 1. decisive, determining, settling, 2. crucial, critical II. *m.* referee, judge, umpire

निर्दय (*nirday*) *a.* 1. pitiless, merciless, unfeeling, ruthless, unkind, remorseless 2. violent, fierce, terrible

निर्दलीय (*nirdalīya) a.* independent, not belonging to any group or party, non-partisan

निर्दिष्ट (*nirdiṣṭ*) *a.* 1. indicated, pointed out, shown 2. directed

निर्देश (*nirdeś*) *m.*/**निर्देशन** (*nirdeśan*) *m.* 1. direction 2. indication 3. determination

निर्देशिका (*nirdeśikā*) *f.* directory, guide-book

निर्दोष (*nirdoṣ*) *a.* 1. faultless, flawless, without defect 2. guiltless, innocent

निर्द्वंद्व (*nirdvandva*) 1. *a.* (of a person) free from jealousy or envy 2. *adv.* without quarrel or dispute, peacefully

निर्धन (*nirdhan*) *a.*&*m.* poor, penniless, indigent

निर्धनता (*nirdhanatā*) *f.* poverty, pennilessness, indigence

निर्धारण (*nirdhāraṇ*) *m.* assessment, determination, ascertainment

निर्निमेष (*nirnimeṣ*) *a.* without winking or blinking

निर्बल (*nirbal*) *a.* weak, feeble

निर्बाध (*nirbādh*) *a.* unobstructed, unimpeded, unrestricted

न

निर्भय (*nirbhay*) *a.* /**निर्भीक** (*nirbhīk*) fearless, dauntless, intrepid, bold, daring

निर्भर (*nirbhar*) *a.* dependant

निर्भ्रान्त (*nirbhrānt*) *a.* free from doubts, having no doubt

निर्मम (*nirmam*) *a.* merciless, pitiless, cruel, relentless

निर्मल (*nirmal*) *a.* 1. pure 2. free from dirt or impurities, stainless, spotless 3. clean, limpid

निर्माण (*nirmāṇ*) *m.* 1. construction, building 2. production 3. creation

निर्माणाधीन (*nirmāṇādhīn*) *a.* under construction

निर्माता (*nirmātā*) *m.* 1. builder 2. maker 3. creator 4. producer 5. manufacturer 6. architect

निर्मूल (*nirmūl*) *a.* 1. without any root, rootless 2. unfounded, baseless, groundless

निर्यात (*niryāt*) I. *m.* export II. *a.* gone forth or out, issued

निर्लज्ज (*nirlajj*) *a.* shameless, immodest

निर्लिप्त (*nirlipt*) *a.* uninvolved, unstained, undefiled, uncontaminated, unconnected

निर्वहण (*nirvahaṇ*) *m.* 1. carrying on (as a relationship) 2. accomplishment

निर्वाचन (*nirvācan*) *m.* election, choosing by casting vote

निर्वाचन क्षेत्र *m.* constituency

निर्वाण (*nirvāṇ*) *m.* 1. salvation, final beatitude, emancipation 2. extinction 3. peace, calmness 4. blessedness

निर्वासन (*nirvāsan*) *m.* exile, banishment, deportation

निर्वाह (*nirvāh*) *m.* 1. maintenance 2. treatment, handling

निर्विकार (*nirvikār*) *a.* 1. changeless, immutable, invariable 2. dispassionate or stolid

निर्विघ्न (*nirvighna*) *a.* unobstructed, unhampered, uninterrupted, safe

निर्विरोध (*nirvirodh*) I. *a.* unopposed, uncontested II. *adv.* without opposition or contest

निर्विवाद (*nirvivād*) *a.* undisputed, indisputable, non-controversial

निर्वैर (*nirvair*) I. *a.* free from enmity II. *m.* absence of enmity

निलंबन (*nilamban*) *m.* suspension

निलय (*nilay*) *m.* house, residence, abode, dwelling place

निवर्तमान (*nivartamān*) *a.* retiring

निवारण (*nivāraṇ*) *m.* 1. prevention 2. preclusion

निवाला (*nivālā*) *m.* morsel, a mouthful

निवास (*nivās*) *m.* residence, dwelling place

निवासी (*nivāsī*) *m.* resident, habitant, dweller

निविड़ (*niviṛ*) *a.* thick, dense, deep

निविदा (*nividā*) *f.* tender

निवेदन (*nivedan*) *m.* prayer, petition, request, application

निवेश (*niveś*) *m.* investment

निशा (*niśā*) *f.* night

निशाचर (*niśācar*) *a.* & *m.* 1. demon, goblin, fiend 2. (any animal) that prowls about at night 3. thief

निशान (*niśān*) *m.* 1. mark, sign 2. impression

निशाना (*niśānā*) *m.* target, aim, point

निशिदिन (*niśidin*) *adv.* /**निशिबासर** (*niśibāsar*) *adv.* day and night, ceaselessly, continuously

निश्चय (*niścay*) *m.* certainty, surety

निश्चल (*niścal*) *a.* motionless, stationary

न

निश्चिंत (*niścimt*) *a.* free from care or worry/anxiety, carefree

निश्चित (*niścit*) *a.* certain, definite, sure

निश्चेष्ट (*niśceṣṭ*) *a.* deprived of motion or action, motionless, effortless

निश्छल (*niśchal*) *a.* guileless, not deceptive

निश्वास (*niśvās*) *m.* breath, exhalation, breathing out

निश्शंक (*niśśaṅk*) *a.* fearless, dauntless, daring, courageous, bold

निषिद्ध (*niṣiddh*) *a.* prohibited, forbidden, interdicted

निषेध (*niṣedh*) *m.* 1. prohibition, forbidden 2. negation 3. veto

निषेधाज्ञा (*niṣedhājñā*) *f.* 1. prohibitory order 2. stay order, injunction

निष्कंटक (*niṣkaṅṭak*) *a.* 1. free from thorns, without thorns 2. unimpeded, unhindered, unobstructed

निष्कपट (*niṣkapaṭ*) *a.* 1. guileless 2. artless, simple

निष्कर्ष (*niṣkarṣ*) *m.* 1. conclusion 2. essence, substance

निष्कलुष (*niṣkaluṣ*) *a.* unblemished, stainless

निष्काम (*niṣkām*) *a.* 1. (action) done without desire or selfish gain 2. (of person) free from desire or lust, unselfish

निष्कासन (*niṣkāsan*) *m.* 1. removal 2. rustication 3. expulsion, ostracism, ejectment, eviction

निष्क्रिय (*niṣkriy*) *a.* inactive, idle, lazy

निष्ठा (*niṣṭhā*) *f.* 1. loyalty, fidelity, allegiance 2. devotion

निष्ठुर (*niṣṭhur*) *a.* hard-hearted, cruel, heartless, unkind

निष्णात (*niṣṇāt*) *a.* expert, skilled, adept, dexterous

निष्पंद (*niṣpand*) *a.* 1. motionless 2. without vibration

निष्पक्ष (*niṣpakṣ*) *a.* impartial, fair

निष्पादन (*niṣpādan*) *m.* 1. performance, accomplishment 2. execution

निष्पाप (*niṣpāp*) *a.* sinless, guiltless

निष्प्रयोजन (*niṣprayojan*) *m.* purposeless, aimless

निष्प्राण (*niṣprāṇ*) *a.* lifeless, destitute of life, inanimate

निष्फल (*niṣphal*) *a.* fruitless, bearing no fruit

निसर्ग (*nisarg*) *m.* 1. nature, natural state or condition 2. bestowal 3. heaven

निस्तब्ध (*nistabdh*) *a.* 1. motionless, still, stationary 2. quiet

निस्तेज (*nistej*) *a.* lustreless, without splendour

निस्पंद (*nispand*) *a.* motionless, not vibrating

निस्पृह (*nispṛh*) *a.* free from any desire

निस्संकोच (*nissaṅkoc*) *adv.* without hitch or hesitation

निस्संग (*nissaṅg*) *a.* 1. friendless 2. lonely 3. without any desire

निस्संतान (*nissantān*) *a.* childless, without an issue, issueless

निस्संदेह (*nissandeh*) I. *adv.* undoubtedly II. *a.* free from doubt

निस्सहाय (*nissahāy*) *a.* helpless, without support

निस्सार (*nissār*) *a.* 1. without substance 2. unsubstantial

निस्सीम (*nissīm*) *a.* unlimited, unbounded, limitless

निस्स्वार्थ (*nissvārth*) *a.* 1. selfless 2. unselfish

निहत्था (*nihatthā*) *a.* 1. empty-handed 2. unarmed

निहाई (*nihāī*) *f.* anvil

निहायत (*nihāyat*) *adv.* excessively, very much

निहाल (*nihāl*) *a.* 1. perfectly satisfied 2. exalted

न

निहित (*nihit*) *a.* 1. placed, laid 2. vested 3. implied

निहोरा (*nihorā*) *m.* prayer, request, entreaty, solicitation

नींद (*nīṁd*) *f.* sleep, slumber

नींबू (*nīṁbū*) *m.* lemon

नींव (*nīṁv*) *f.* foundation, base

नीच (*nīc*) *a.* 1. low, lowly, mean 2. ignominious 3. wicked

नीचा (*nīca*) *a.* 1. low 2. slanting, sloping 3. bent down, stooped 4. mean

नीचे (*nīce*) *adv.* below, under, underneath

नीड़ (*nīṛ*) *m.* 1. nest 2. shelter, refuge, resort

नीति (*nīti*) *f.* 1. policy 2. morality, ethics, moral philosophy

नीतिपरायण *a.* apt in policy-making, righteous

नीम (*nīm*) I. *f.* neem tree (margosa) II. *a.* 1. light 2. half, semi

नीयत (*nīyat*) *f.* intent, motive, intention

नीर (*nīr*) *m.* water

नीरज (*nīraj*) *m.* anything born out of water, lotus, pearl

नीरव (*nīrav*) *a.* soundless, noiseless, silent

नीरस (*nīras*) *a.* 1. juiceless 2. sapless 3. dry

नीरा (*nīrā*) *f.* juice of date-palm

नील (*nīl*) *m.* 1. blue, indigo 2. ten billion 3. bruise

नीलम (*nīlam*) *m.* sapphire

नीला (*nīlā*) *a.* blue

नीलाम (*nīlām*) *m.* auction

नीलिमा (*nīlimā*) *f.* blueness, bluishness, bluish tint

नीहारिका (*nīhārikā*) *f.* a patch of white cloud or gas seen as a fog, nebula

नुक़ता (*nuqatā*) *m.* 1. point (to be considered) 2. dot

नुकसान (*nuksān*) *m.* 1. loss 2. deficiency 3. harm

नुकीला (*nukīlā*) *a.* having a sharp point, pointed, acute

नुक्कड़ (*nukkaṛ*) *m.* nook, corner (especially street corner)

नुक्स (*nuqs*) *m.* defect, flaw, fault, deficiency

नुमाइंदगी (*numāindgī*) *f.* 1. representation 2. delegation

नुमाइश (*numāiś*) *f.* 1. exhibition 2. exposition

नुसख़ा (*nusakhā*) *m.* /**नुस्ख़ा** (*nuskhā*) *m.* 1. prescription, recipe, regimen 2. (of a book) manuscript

नूतन (*nūtan*) *a.* new, novel

नूपुर (*nūpur*) *m.* an ornament for ankles and feet, anklet

नूर (*nūr*) *m.* 1. light 2. vision, eyesight 3. brilliance 4. beauty

नृत्य (*nṛtya*) *m.* dance

नृत्यशाला *f.* dance hall, ballroom, theatre

नृप (*nṛp*) *m.*/**नृपति** (*nṛpati*) *m.*/**नृपेंद्र** (*nṛpeṁdra*) *m.* king, sovereign

नृशंस (*nṛśaṃs*) *a.* inhuman, inhumane, cruel, unfeeling

नेक (*nek*) *a.* & *pref.* good, virtuous

नेक आदमी *m.* a good or virtuous man

नेग (*neg*) *m.* present or tip given at auspicious occasions to relatives and dependants

नेता (*netā*) *m.* 1. leader 2. pioneer

नेतागीरी *f.* (pejorative) leadership

नेतृत्व (*netṛtva*) *m.* leadership, leading

नेत्र (*netra*) *m.* eye

नेत्री (*netrī*) *f.* female leader

नेपथ्य (*nepathya*) *m.* green room, offstage, backstage

नेवला (*nevlā*) *m.* mongoose, weasel

नेह (*neh*) *m.* love, affection

नैतिक (*naitik*) *a.* moral, ethical

नैवेद्य (*naivedya*) *m.* offering, oblation (as of rice, sugar, banana, etc.) made to a deity or idol

न

नैष्ठिक (*naiṣṭhik*) *a.* conformist, orthodox, devoted to observing rites

नैसर्गिक (*naisargik*) *a.* natural, innate, instinctive, heavenly

नैहर (*naihar*) *m.* married woman's paternal home

नोक (*nok*) *f.* 1. point 2. tip

नोकझोंक (*nok-jhoṁk*) *f.* skirmish, sharp contest of wit

नोचना (*nocnā*) *v.t.* to snatch, to scratch, to claw, to gnaw

नोन (*non*) *m.* salt

नौकर (*naukar*) *m.* servant, menial employee

नौकरी (*naukarī*) *f.* service

नौका (*naukā*) *f.* boat

नौजवान (*naujavān*) *a.* & *m.* young man, youth in prime of life

नौटंकी (*nauṭaṅkī*) *f.* folk-drama with music and dance

नौनिहाल (*naunihāl*) *m.* promising lad

नौबत (*naubat*) *f.* 1. state of affairs 2. kettledrum

नौलखा (*naulakhā*) *a.* costing nine lakhs of rupees, very costly

नौशा (*nauśā*) *m.* bridegroom, husband

नौशी (*naūśī*) *f.* bride, wife

नौसादर (*nausādar*) *m.* ammonium chloride

नौसिखिया (*nausikhiyā*) *a.*& *m.* novice, not well-trained (person), green hand, fresher

नौसेना (*nausenā*) *f.* navy, naval force

न्याय (*nyāy*) *m.* 1. justice, fairness 2. right course of action

न्यायपालिका *f.* judiciary

न्यायमूर्ति *m.* Mr. Justice

न्यायसंगत *a.* fair, just, right, lawful, proper, equitable

न्यायाधीश (*nyāyādhīś*) *m.* judge

न्यायालय (*nyāyālay*) *m.* court, court of justice, court of law

न्यारा (*nyārā*) *a.* 1. separate, isolated 2. uncommon

न्यास (*nyās*) *m.* 1. trust 2. endowment

न्यासिता (*nyāsītā*) *f.* trusteeship

न्यासी (*nyāsī*) *m.* a trustee

न्यून (*nyūn*) *a.* 1. less, short 2. defective, faulty

न्यूनतम (*nyūntam*) *a.* minimum, least

न्यूनता (*nyūnatā*) *f.* shortfall, deficiency, shortcoming

न्यूनन (*nyūnan*) *m.* 1. curtailment 2. diminution

न्यौतना *(nyautrā) v.t.* to invite

न्यौता (*nyotā*) *m.* invitation

न्योली (*nyolī*) *f.* a yogic exercise to purge the stomach

प

पंक *(pank)* *m.* 1. mud 2. slush, mire

पंकज *(pankaj)* *m.* lotus

पंक्ति *(pankti)* *f.* row, line

पंख *(pankh)* *m.* feather, wing

पंखा *(pankhā)* *m.* fan

पंखुड़ी *(pankhurī)* *f.* petal of a flower

पंगु *(pangu)* *a.* lame, crippled, bandy-legged

पंच *(pañc)* I. *a.* & *suff.* used before stressed syllable for five II. *m.* 1. member of a Panchayat 2. arbitrator

पंचगव्य *(pañcgavya)* *m.* five sacred products of a cow—milk, curd, butter, urine and dung

पंचतत्त्व *(pañctattva)* *m.* the five elements of which the body is made—earth, water, fire, air and ether

पंचनद *(pañcnad)* *m.* the five rivers (of the Punjab)—Sutlej, Beas, Ravi, Chenab and Jhelum

पंचपरमेश्वर *(pañc parmeśvar)* *m.* the five supreme gods, a village court or tribunal

पंचप्राण *(pañcprāṇ)* *m.* five kinds of winds in the body

पंचवटी *(pañcvaṭī)* *f.* venue of Ram's stay in Dandkaranya

पंचवर्षीय *(pañcvarṣīya)* *a.* five-yearly, quinquennial

पंचशील *(pañcśīl)* *m.* 1. set of five tenets 2. five basic principles of international conduct

पंचांग *(pañcāng)* *m.* calendar, almanac

पंचामृत *(pañcāmṛt)* *m.* sacred

mixture of milk, curd, sugar, ghee and honey

पंचायत (*pañcāyat*) *f.* village council

पंछी (*pañchī*) *m.* bird

पंजर (*pañjar*) *m.* 1. skeleton 2. a very thin person or animal

पंजा (*pañjā*) *m.* full hand

पंजिका (*pañjikā*) *f.*/**पंजी** (*pañjī*) *f.* 1. detailed commentary 2. small register

पंजीकरण (*pañjīkaraṇ*) *m.* registration, registry

पंडा (*paṇḍā*) *m.* a priest at a place of pilgrimage

पंडाल (*paṇḍāl*) *m.* a big tent

पंडित (*paṇḍit*) *a.* 1. scholar, learned person 2. Brahmin

पंडिताई (*paṇḍitāī*) *f.* 1. scholarship 2. priestly job

पंथ (*panth*) *m.* 1. pathway 2. sect

पंथी (*panthī*) *m.* 1. traveller 2. follower of a particular sect

पंसारी (*paṃsārī*) *m.* grocer, trader

पकड़ (*pakaṛ*) *f.* 1. hold 2. catch

पकड़ना (*pakaṛnā*) *v.t.* to catch

पकवान (*pakvān*) *m.* fried delicacy

पकाना (*pakānā*) *v.t.* 1. to cook 2. to ripen (chemically)

पकौड़ा (*pakauṛā*) *m.* a kind of salty patty of gram flour

पक्का (*pakkā*) *a.* 1. strong 2. firm

पक्ष (*pakṣ*) *m.* 1. side 2. party 3. fortnight 4. wing 5. favour

पक्षधर *m.* partisan, supporter

पक्षपात *m.* favouritism

पक्षाघात (*pakṣāghāt*) *m.* paralysis of one side of the body, hemiplegia

पक्षी (*pakṣī*) *m.* bird

पखवाड़ा (*pakhvāṛā*) *m.* fortnight

पखावज (*pakhāvaj*) *f.* a kind of drum, timbrel

प

पखेरू (*pakherū*) *m.* bird, birds
पग (*pag*) *m.* foot
  पगडंडी *f.* footpath, track
पगड़ी (*pagṛī*) *f.* turban
पगहा (*paghā*) *m.* tether
पगुराना (*pagurānā*) *v.i.* to chew the cud, to ruminate
पचड़ा (*pacṛā*) *m.* muddle, fuss
पचना (*pacnā*) *v.i.* 1. to be digested 2. to be swallowed
पच्छिम (*pacchim*) *m.* west
पछताना (*pachtānā*) *v.i.* to repent, to rue, to regret
पछवा (*pachvā*) *a.* western
पछाड़ना (*pachāṛnā*) *v.t.* 1. to throw down 2. to defeat
पट (*paṭ*) *m.* 1. door 2. cloth
पटकथा (*paṭkathā*) *f.* screenplay
पटकना (*paṭaknā*) *v.t.* to dash down, to throw down
पटरा (*paṭrā*) *m.* low wooden seat
पटरी (*paṭrī*) *f.* 1. rail, railway track 2. footpath 3. pavement
पटसन (*patsan*) *m.* jute
  पटसन उद्योग *m.* jute industry
पटाका (*paṭākā*) *m.*/ **पटाखा** (*paṭākhā*) *m.* firecracker
पटाक्षेप (*paṭākṣep*) *m.* 1. curtain call 2. ringing down of the curtain
पटाना (*paṭānā*) *v.t.* 1. to get something covered up 2. to settle (money matter)
पटु (*paṭu*) *a.* clever, skilful
पट्टा (*paṭṭā*) *m.* 1. lease 2. (dog's) collar 3. horse's girth
पट्टी (*paṭṭī*) *f.* bandage
पट्ठा (*paṭṭhā*) I. *a.*& *m.* robust (youth) II. *m.* spine
पठनीय (*paṭhanīy*) *a.* readable
पठार (*paṭhār*) *m.* tableland, plateau
पड़दादा (*paṛdādā*) *m.* great grandfather (paternal)
पड़वा (*paṛvā*) *m.* calf of a buffalo
पड़ाव (*paṛāv*) *m.* 1. resting or halting place, halt

2. camp

पड़ोस (*paṛos*) *m.* neighbourhood

पड़ोसी (*paṛosī*) *m.* neighbour

पढ़ना (*paṛhanā*) *v.t.* 1. to read 2. to study

पढ़ाई (*paṛhāī*) *f.* studying

पतंग (*pataṅg*) *f.* kite

पतंगा (*pataṅgā*) *m.* moth, winged insect

पत (*pat*) *f.* honour, name

पतझड़ (*patjhaṛ*) *m.* autumn

पतन (*patan*) *m.* (down) fall

पतनशील *a.* prone to fall

पतला (*patlā*) *a.* 1. thin 2. slender

पतलून (*patlūn*) *f.* trousers

पतवार (*patvār*) *f.* rudder, helm

पता (*patā*) *m.* address

पताका (*patākā*) *f.* flag, banner

पति (*pati*) *m.* husband

पतित (*patit*) *a.* 1. fallen 2. degraded 3. ostracized, outcast

पतीला (*patīlā*) *m.* wide metal pot, a small cauldron

पतोहू (*patohū*) *f.* daughter- in-law

पत्तन (*pattan*) *m.* 1. town, city 2. port 3. port town

पत्तल (*pattal*) *f.* platter made of leaves

पत्ता (*pattā*) *m.* 1. leaf 2. a playing card

पत्थर (*patthar*) *m.* 1. stone 2. gem

पत्नी (*patnī*) *f.* wife, spouse

पत्र (*patra*) *m.* 1. letter 2. newspaper

पत्रकार *m.* journalist

पत्र-पुष्प *m.* honorarium

पत्र-व्यवहार *m.* correspondence

पत्र-संख्या *f.* letter number

पत्राचार (*patrācār*) *m.* correspondence

पत्रोत्तर (*patrottar*) *m.* reply to a letter

पथ (*path*) *m.* path, way, track

पथ-प्रदर्शक *m.* guide, leader, torch-bearer

पथभ्रष्ट *m.* misguided

प

पथराव (*pathrāv) m.* stoning, stone-throwing

पथरी (*pathrī) f.* 1. bladder-stone, gallstone 2. stone bowl

पथरीला (*pathrīlā) m.* stony

पथिक (*pathik) m.* traveller

पथ्य (*pathya*) *m.* wholesome food or diet

पद (*pad*) *m.* 1. rank 2. designation 3. foot 4. stanza

पदचाप *m.* footfall

पदचिह्न *m.* footprint, footmark

पदयात्रा *f.* travel by foot

पदक (*padak*) *m.* medal

पदवी (*padavī) f.* 1. degree 2. title

पदाक्रांत *(padākrānt) a.* crushed under the feet, trampled

पदाधिकारी (*padādhikārī*) *m.* office- bearer, official

पदार्थ (*padārth*) *m.* 1. thing, object, substance 2. matter

पदार्पण (*padārpaṇ*) *m.* coming, advent (of a great person)

पदोन्नति (*padonnati*) *f.* promotion

पद्धति *(paddhati) f.* 1. custom, practice 2. tradition

पद्म (*padm*) *m.* 1. lotus 2. one thousand billion

पद्मभूषण *m.*/**पद्मविभूषण** *m.*/**पद्मश्री** *m.* awards given by the Government of India to eminent persons

पद्य (*padya*) *m.* verse

पनघट (*panghaṭ*) *m.* place to draw water from a well

पनडुब्बी (*panḍubbī) f.* submarine

पनबिजली (*panbijlī) f.* hydro-electricity

पनसारी (*pansārī*) *m.* a vendor of herbs, spices and dry fruits

पनाला (*panālā*) *m.* gutter, drain pipe

पनाह (*panāh) f.* shelter

पनिहारिन (*panihārin*) *f.* female water-carrier

पनीर (*panīr*) *m.* cheese

पन्ना (*pannā*) *m.* 1. leaf or page (of a book) 2. emerald

पपड़ी (*papṛī*) *f.* crust, scab

पपीता (*papītā*) *m.* papaya

परंतु (*parantu*) *conj.* but, however, nevertheless, yet, still

परंपरा (*paramparā*) *f.* tradition

परंपरागत (*paramparāgat*) *a.* traditional, conventional

परदेश (*pardeś*) *m.* foreign country

परख (*parakh*) *f.* 1. trial 2. test

परख नली (*parakh nalī*) *f.* test tube

परखना (*parakhnā*) *v.t.* 1. to try 2. to test

परचा (*parcā*) *m.* 1. a piece of paper 2. an examination paper

परची (*parcī*) *f.* 1. chit, slip 2. ballot

परचून (*parcūn*) *m.* grocery

परछाईं (*parchāīṁ*) *f.* 1. reflection 2. shadow

परतंत्रता (*partantratā*) *f.* 1. dependence 2. subordination

परत (*parat*) *f.* 1. layer 2. surface

परती (*partī*) *f.* waste land

परदा (*pardā*) *m.* 1. veil, purdah 2. screen, curtain

परदानशीन *a.* living in purdah

परदेश (*pardeś*) *m.*/**परदेस** (*pardes*) *m.* another region, another country, foreign country

परब्रह्म (*parbrahma*) *m.* the Supreme Spirit, Brahma

परम (*param*) *a.* 1. highest, supreme 2. ultimate 3. primary

परमाणु (*parmāṇu*) *m.* atom

परमाणु बम *m.* atom bomb

परमाणु युद्ध *m.* atomic war

परमाणु शक्ति *f.* atomic power

परमात्मा (*parmātmā*) *f.* the Supreme Soul, God

परमार्थ (*parmārth*) *m.* the highest or most sublime good

परमुखापेक्षी (*parmukhāpekṣī*) *m.* dependent on others

प

परमेश्वर (*parmeśvar*) *m.* the Supreme Lord, God

परलोक (*parlok*) *m.* the other world, the next after world

परवरदिगार (*parvardigār*) *m.* the Almighty who nurtures or fosters the whole world

परवरिश (*parvariś*) *m.* bringing up, fostering, nurture

परवल (*parval*) *m.* a green vegitable

परवाना (*parvānā*) *m.* 1. moth 2. written command or order

परवाह (*parvāh*) *f.* care, heed

परसों (*parsoṁ*) *adv.* 1. day before yesterday 2. day after tomorrow

परस्पर (*paraspar*) *a.* mutual, mutually, one another

परहेज़ (*perhez*) *m.* abstention

पराँठा (*parāṁṭhā*) *m.* a kind of fried chapati

पराई (*parāī*) *f.& a.* of or belonging to another, alien

पराक्रम (*parākram*) *m.* prowess, vigour, valour, bravery

पराकाष्ठा (*parākāṣṭhā*) *f.* extreme, extremity, height

पराग (*parāg*) *m.* the pollen of a flower

पराजय (*parājay*) *f.* defeat

पराधीन (*parādhīn*) *a.* dependent

पराभव (*parābhav*) *m.* defeat

परामर्श (*parāmarś*) *m.* counselling, consultation

पराया (*parāyā*) *a.* of or belonging to another, alien

परास्त (*parāst*) *a.* defeated

परिंदा (*pariṁdā*) *m.* bird

परिकल्पना (*parikalpanā*) *f.* 1. speculation 2. hypothesis

परिक्रमा (*parikramā*) *f.* cicumambulation, going round

परिग्रह (*parigrah*) *m.* 1. receiving 2. acquiring 3. control

परिचय (*paricay*) *m.* 1. introduction 2. familiarity

परिचर (*paricar*) *m.* attendant, bearer, servant

परिचर्चा (*paricarcā*) *f.* 1. discussion 2. symposium

परिचर्या (*paricaryā*) *f.* 1. service 2. nursing

परिचालक (*paricālak*) *m.* 1. conductor 2. operator 3. organiser

परिच्छेद (*paricched*) *m.* 1. distinction 2. section 3. chapter

परिजन (*parijan*) *m.* members of a family, kith and kin

परिणति (*pariṇati*) *f.* resulting in (something)

परिणय (*pariṇay*) *m.* marriage

परिणाम (*pariṇām*) *m.* 1. result 2. consequence 3. conclusion

परिताप (*paritāp*) *m.* 1. heat 2. anguish 3. grief, sorrow

परितृप्त (*paritr̥pt*) *a.* 1. fully contented 2. happy, pleased

परितोष (*paritoṣ*) *m.* gratification, satisfaction

परित्याग (*parityāg*) *m.* abandonment

परिदृश्य (*paridr̥śya*) *m.* panorama

परिधान (*paridhān*) *m.* dress, robe

परिधि (*paridhi*) *f.* 1. fence 2. periphery 3. ambit, bounds

परिपक्व (*paripakva*) *a.* 1. well-cooked 2. mature

परिपत्र (*paripatra*) *m.* circular, circular letter

परिपाटी (*paripāṭī*) *f.* custom, tradition, convention, usage

परिपूर्ण (*paripūrṇ*) *a.* 1. brimful 2. fulfilled, satisfied

परिप्रश्न (*paripraśn*) *m.* interrogation

परिप्रेक्ष्य (*paripreksya*) *m.* 1. perspective 2. background

परिभाषा (*paribhāṣā*) *f.* 1. definition 2. technical term

परिभ्रमण (*paribhramaṇ*) *m.* 1. going round 2. touring

परिमल (*parimal*) *m.* fragrance, aroma, perfume, odour

परिमाण (*parimāṇ*) *m.* mea-

प

sure

परिमार्जन (*parimārjan*) *m.* 1. moderation 2. purification

परिमित (*parimit*) *a.* 1. finite 2. measured 3. limited

परियोजना (*pariyojanā*) *f.* project

परिरक्षण (*pariraksạṇ*) *m.* 1. full protection 2. guarding

परिवर्तन (*parivartan*) *m.* 1. change, alteration 2. conversion

परिवर्तनशील *a.* changing, changeable, alterable

परिवर्धन (*parivardhan*) *m.* 1. full growth 2. enlargement

परिवहन (*parivahan*) *m.* 1. transport 2. conveying

परिवार (*parivār*) *m.* family

परिवार-कल्याण *m.* family welfare

परिवार-नियोजन *m.* family planning

परिवेश (*parivesí*) *m.* environment, surroundings

परिवेष्टित (*pariveṣṭit*) *a.* surrounded, encircled, enclosed

परिव्याप्त (*parivyāpt*) *a.* 1. overlapped 2. spread throughout

परिव्रज्या (*parivrajyā*) *f.* wandering about

परिशिष्ट (*pariśisṭ*) I. *m.* appendix II. *a.* remaining

परिशीलन (*pariśīlan*) *m.* thorough or critical study

परिश्रम (*pariśram*) *m.* 1. labour, hard work 2. exertion

परिषद् (*pariṣad*) *f.* council, board

परिष्कार (*pariṣkār*) *m.* 1. revision 2. refinement 3. decoration

परिसंवाद (*parisaṃvād*) *m.* 1. symposium 2. discussion

परिसर (*parisar*) *m.* 1. proximity, neighbourhood 2. dimension

परिसीमन (*parisīman*) *m.* marking the boundary

परिस्थिति (*paristhiti*) *f.* circumstance, situation

प

परिहार (*parihār*) *m.* 1. avoidance 2. expiation 3. abandonment

परिहास (*parihās*) *m.* 1. jest, joke 2. mockery, ridicule

परी (*parī*) *f.* fairy, elf, nymph

परीक्षण (*parīkṣaṇ*) *m.* 1. test 2. experiment 3. check-up 4. trial

परीक्षा (*parīkṣā*) *f.* 1. examination, test 2. trial

परीक्षार्थी (*parīkṣārthī*) *m.* examinee

परे (*pare*) I. *adv.* away II. *p.p.* (से) beyond

परेशानी (*pareśānī*) *f.* 1. distraction 2. harassment 3. worry

परोक्ष (*parokṣ*) *a.* 1. indirect 2. invisible

परोपकार (*paropkār*) *m.* benevolence, generosity

परोसना (*parosnā*) *v.t.* to serve (food)

पर्चम (*parcam*) *m.* flag, banner

पर्ण (*parṇ*) *m.* 1. leaf 2. feather
पर्णकुटी *f.* bower, a thatched hut

पर्दा (*pardā*) *m.* 1. screen 2. curtain 3. eyelid

पर्यंत (*paryant*) *adv.* up to, as far as, to the extent of

पर्यटन (*paryaṭan*) *m.* tourism

पर्यवेक्षक (*paryavekṣak*) *m.* supervisor, superintendent

पर्याप्त (*paryāpt*) *a.* 1. adequate, sufficient 2. ample, plentiful

पर्याय (*paryāy*) *m.* synonym
पर्यायवाची *a.* synonymous

पर्यावरण (*paryāvaraṇ*) *m.* environment, surroundings

पर्व (*parv*) *m.* 1. festival 2. chapter (as in Mahabharata)

पर्वत (*parvat*) *m.* mountain

पर्वतीय (*parvatīya*) *a.* mountainous, having many mountains

पलंग (*palaṅg*) *m.* bed, bedstead

पल (*pal*) *m.* moment, second

पलक (*palak*) *f.* eyelid

प

पलटन (*palṭan*) *f.* battalion

पलटना (*palaṭnā*) *v.i.* 1. to turn over 2. to turn back, to return

पलड़ा (*palṛā*) *m.* scale pan (of a balance)

पलस्तर (*palastar*) *m.* plaster

पलायन (*palāyan*) *m.* 1. escaping 2. absconding 3. fleeing

पलाश (*palāś*) *m.* dhāk tree

पलीता (*palītā*) *m.* 1. thick wick, fuse, igniter 2. match of a gun

पल्लव (*pallav*) *m.* sprout, shoot

पल्ला (*pallā*) *m.* 1. border of a garment 2. veil, purdah

पल्लू (*pallū*) *m.* border, hem, end of a woman's headwear

पवन (*pavan*) *m.* 1. air, wind 2. the breath of life

पवन चक्की *f.* windmill

पवित्र (*pavitra*) *a.* 1. pure 2. holy

पशमीना (*paśmīnā*) *m.* a kind of silk-like cloth

पशु (*paśu*) *m.* animal, cattle

पशुधन *m.* livestock

पशुपालन *m.* cattle-breeding, animal husbandry

पश्चात (*paścāt*) *adv.* afterwards, thereafter

पश्चात्ताप (*paścāttāp*) *m.* repentance, deep regret

पश्चिम (*paścim*) *m.* west

पसंद (*pasand*) *f.* choice

पसली (*paslī*) *f.* rib

पसारना (*pasārnā*) *v.t.* to extend

पसीना (*pasīnā*) *m.* sweat

पसोपेश (*pasopeś*) *f.* dilemma, hesitation, hitch, fix

पस्त (*past*) *a.* defeated

पहचान (*pahcān*) *f.* 1. recognition 2. acquaintance 3. identity

पहनना (*pahananā*) *v.t.* to put on, to wear, to dress

पहनावा (*pahnāvā*) *m.* dress, apparel, garment

पहर (*pahar*) *m.* a measure of time equal to three hours

पहरा (*pahrā*) *m.* watch, guard

पहरेदार (*pahredār*) *m.* watchman

पहल (*pahal*) *f.* initiative

पहलवान (*pahalvān*) *m.* 1. wrestler 2. stout and sturdy fellow

पहला (*pahlā*) *a.* 1. first 2. previous, former

पहलू (*pahlū*) *m.* side, flank

पहलौठा (*pahlauṭhā*) *a.* & *m.* first-born, the eldest son

पहाड़ (*pahāṛ*) *m.* mountain

पहाड़ा (*pahāṛā*) *m.* multiplication table

पहाड़ी (*pahāṛī*) *m.* hill

पहुँच (*pahuṁc*) *f.* 1. arrival, reach 2. access, approach

पहुँचना (*pahuṁcnā*) *v.i.* to arrive, to reach

पहुँची (*pahuṁcī*) *f.* an ornament for wrist, bracelet

पहुनाई (*pahunāī*) *f.* hospitality

पहेली (*pahelī*) *f.* riddle, puzzle

पांडित्य (*pāṇḍitya*) *m.* scholarship, learnedness

पांडुलिपि (*pāṇḍulipi*) *f.* manuscript

पाँव (*pāṁv*) *m.* 1. foot 2. leg

पाँवड़ा (*pāṁvṛā*) *m.* doormat carpet spread to walk on

पाँसा (*pāṁsā*) *m.* dice

पाक (*pāk*) I. *a.* 1. pure 2. holy 3. innocent II. *m.* cooking

पाक्षिक (*pākṣik*) *a.* fortnightly

पाखंड (*pākhaṇḍ*) *m.* hypocrisy

पाख़ाना (*pākhānā*) *m.* latrine

पागल (*pāgal*) *a.* mad, insane

पागलख़ाना *m.* lunatic asylum, mental hospital

पागुर (*pāgur*) *f.* the act or process of chewing the cud

पाचन (*pācan*) *m.* digestion

पाजामा (*pājāmā*) *m.* trousers

पाजी (*pājī*) I. *a.* low, mean II. *m.* wicked person

पाज़ेब (*pāzeb*) *f.* an ornament for ankles, anklet

पाठ (*pāṭh*) *m.* 1. lesson 2. recitation (especially of a poem)

पाठशाला (*pāṭhśālā*) *f.* school

पाठक (*pāṭhak*) *m.* 1. reader 2.

a sub-caste of Brahmins

पाणि (*pāṇi*) *m.* hand (used in compounds)

पाणिग्रहण *m.* (a) taking the hand of a girl (b) marriage

पातक (*pātak*) *m.* sin, crime, offence, defilement

पाताल (*pātāl*) *m.* hades, lower world, hell

पातिव्रत (*pātivrat) m.* loyalty to one's husband

पात्र (*pātra*) I. *a.* 1. eligible 2. suitable II. *m.* character in a play or novel

पात्रता (*pātratā*) *f.* eligibility

पाथेय (*pātheya*) *m.* provisions for journey

पाद (*pād*) *m.* 1. foot, feet 2. wind from bowels

पाद-टिप्पणी *f.* footnote

पादना (*pādnā*) *v.i.* to expel wind from intestines or bowels, to fart

पादुका (*pādukā*) *f.* 1. wooden sandal 2. slipper, sandal

पान (*pān*) *m.* 1. drinking 2. betel-leaf

पाना (*pānā*) *v.t.* 1. to receive, to acquire 2. to find

पानी (*pānī*) *m.* 1.water 2. rain

पाप (*pāp*) *m.* sin, evil

पापकर्म *m.* sinful act, evil deed

पापड़ (*pāpaṛ*) *m.* thin crisp cake made from pulses

पापाचार (*pāpācār*) *m.* sinful conduct, sinful way of living

पापी (*pāpī*) *m.* sinner

पाबंदी (*pābandī*) *f.* 1. ban 2. restriction, control

पायदान (*pāydān*) *m.* footboard

पायल (*pāyal*) *m.* an ornament for the ankles, anklet

पारंगत (*pāraṅgat*) *a.* & *m.* conversant, well-versed, learned

पारंपरिक (*pāramparik*) *a.* traditional, conventional

पार (*pār*) *m.* the other side, (of a river, lake, etc.), across

पारखी (*pārakhī*) *m.* 1. connoisseur, judge 2. expert

पारदर्शक (*pārdarśak*) *a.* /**पारदर्शी** (*pārdarśī*) *a.* transparent

पारमार्थिक (*pārmārthik*) *a.* 1. spiritual 2. real 3. absolute

पारलौकिक (*pārlaukik*) *a.* other worldly, transcendental

पारस्परिक (*pārasparik*) *a.* mutual

पारा (*pārā*) *m.* mercury

पारायण (*pārāyaṇ*) *m.* regular and complete reading (of a religious book)

पारावार (*pārāvār*) *m.* 1. limit 2. extent 3. sea, ocean

पारित (*pārit*) *a.* passed (of a motion, or bill)

पारितोषिक (*pāritoṣik*) I. *a.* gratifying II. *m.* 1. reward 2. prize

पारिभाषिक (*pāribhāṣik*) *a.* technical

पारिवारिक (*pārivārik*) *a.* 1. of a family, familial 2. domestic

पारिश्रमिक (*pāriśramik*) *m.* payment for service rendered

पारी (*pārī*) *f.* turn, shift

पार्थक्य (*pārthakya*) *m.* 1. separate feeling 2. separation

पार्थिव (*pārthiv*) *a.* earthly

पार्श्व (*pārśva*) *m.* 1. side, flank 2. vicinity 3. facet, aspect

पार्श्वगायन *m.* playback singing, background singing

पार्षद (*pārṣad*) *m.* councillor

पाल (*pāl*) *m.* 1. sail 2. keeper

पालक (*pālak*) *m.* 1. spinach 2. guardian

पालकी (*pālakī*) *f.* palanquin

पालतू (*pāltū*) *a.* tamed

पालथी (*pālthī*) *f.* sitting posture with crossed legs, squatting

पालन (*pālan*) *m.* 1. bringing up 2. maintenance 3. keeping

पालना (*pālnā*) I. *v.t.* to nurse, to nourish II. *m.* cradle

पाला (*pālā*) *m.* 1. frost, hoarfrost 2. cold, coldness

पावन (*pāvan*) *a.* holy, sacred

पावस (*pāvas*) *m.* 1. rain 2. rainy season

प

पाश (*pāś*) *m.* noose, trap

पाशविकता (*pāśvikatā*) *f.* beastliness, brutality, bestiality

पाश्चात्य (*pāścātya*) *a.* western, occidental

पाषाण (*pāṣāṇ*) *m.* stone

पासंग (*pāsaṅg*) *m.* balance-weight, set-off

पास (*pās*) *adv.* near, beside

पासा (*pāsā*) *m.* dice

पिंजर (*piṁjar*) *m.* skeleton

पिंजरा (*piṁjarā*) *m.* cage

पिंड (*piṁḍ*) *m.* 1. body 2. lump

पिंडली (*piṁḍalī*) *f.* calf of the leg

पिक (*pik*) *m.* Indian cuckoo

पिघलना (*pighalnā*) *v.i.* to melt, to liquify

पिचकना (*picaknā*) *v.i.* 1. to subside 2. to be pressed in

पिचकारी (*pickārī*) *f.* 1. spray gun 2. squirt, syringe

पिछड़ना (*picharṇā*) *v.i.* to lag, to lag behind, to be left

पिछड़ा (*pichṛā*) *a.* backward

पिछला (*pichlā*) *a.* 1. back 2. last, previous 3. past, old

पिछवाड़ा (*pichvāṛā*) *m.* the back portion of a house or any area

पिटना (*piṭnā*) *v.t.* to be beaten

पिटारी (*piṭārī*) *f.* small basket or box

पिट्ठू (*piṭṭhū*) *m.* stooge, lackey

पितर (*pitar*) *m.& pl.* dead ancestors

पिता (*pitā*) *m.* father

पितामह (*pitāmah*) *m.* paternal grandfather

पितृ (*pitṛ*) *m.* 1. father 2. manes

पितृ-ऋण *m.* debt or obligation owed to the ancestors

पितृपक्ष *m.* dark fortnight in the month of Bhadon meant for oblations to be offered to dead ancestors

पितृ-लोक *m.* world of ancestors' spirits

पित्त (*pitt*) *m.* bile, gall

पित्ताशय (*pittāśay*) *m.* gall-bladder

पिद्दी *(piddī) f.* a tiny bird of the sparrow family

पिनक *(pinak) f.* lethargy and drowsiness

पिपासा *(pipāsā) f.* 1. thirst 2. yearning, craving, desire

पिपीलिका *(pipīlikā) f.* the common ant

पियक्कड़ *(piyakkaṛ) m.* drunkard

पिया *(piyā) m.* 1. lover, sweetheart 2. husband

पिरोना *(pironā) v.t.* 1. to thread 2. to string

पिलाना *(pilānā) v.t.* to make one drink, to give a drink of water

पिल्ला *(pillā) m.* pup, puppy

पिशाच *(piśāc) m.* 1. evil spirit, fiend 2. vampire 3. demon

पिसना *(pisnā) v.i.* to be ground, to be powdered

पिसान *(pisān) m.* flour, meal

पिसाना *(pisānā) v.t.* to have something ground

पिस्ता *(pistā) m.* pistachio (nut or kernel)

पीक *(pīk) f.* spittle

पीकदान *m.* spittoon, cuspidore

पीछा *(pīchā) m.* 1. hind part, backside, rear 2. pursuit

पीछे *(pīche) adv.* 1. behind 2. after 3. later

पीटना *(pīṭnā) v.t.* to beat

पीठ *(pīṭh) f.* 1. back 2. spine 3. base, seat of a deity 4. bench of a law court

पीड़ा *(pīṛā) f.* pain, ache

पीढ़ा *(pīṛhā) m.* stool, seat

पीढ़ी *(pīṛhī) f.* 1. small stool or pedestal 2. generation

पीत *(pīt) a.* yellow

पीतल *(pītal) m.* brass, bronze

पीब *(pīb) f.* pus, purulent matter oozing from a wound

पीब पड़ना *v.i.* to suppurate

पीपल *(pīpal)* I. *m.* the peepal tree II. *f.* long pepper

पीपा *(pīpā) m.* can, canister

पीला *(pīlā) a.* yellow, pale

पीलिया *(pīliyā) m.* jaundice

प

पीसना (*pīsnā*) *v.t.* to grind

पीहर (*pīhar*) *m.* parents' home (of a married woman)

पुंज (*puñj*) *m.* heap, mass

पुंलिंग (*puṃliṃg*) *m.* masculine gender

पुंश्चली (*puṃścalī*) *f.* woman of loose character, harlot

पुआ (*puā*) *m.* a sweet cake

पुआल (*puāl*) *m.* straw, especially paddy straw

पुकार (*pukār*) *f.* 1. call 2. cry

पुख़्ता (*pukhtā*) *a.* strong, sturdy, well-built, healthy

पुचकार (*puckār*) *f.* caress, fondling

पुजापा (*pujāpā*) *m.* articles required for worship

पुजारी (*pujārī*) *m.* 1. priest 2. worshipper

पुड़िया (*puṛiyā*) *f.* small paper-packet

पुण्य (*puṇya*) I. *a.* holy, sacred II. *m.* righteous act

पुण्यतिथि (*puṇyatithi*) *f.* death anniversary

पुतला (*putlā*) *m.* effigy

पुतली (*putlī*) *f.* 1. puppet 2. doll 3. pupil of the eye

पुताई (*putāī*) *f.* 1. whitewashing 2. wages paid for whitewashing

पुत्र (*putra*) *m.* son

पुत्रवधू *f.* daughter-in-law

पुदीना (*pudīnā*) *m.* mint plant

पुनः (*punaḥ*) *adv.* again, afresh

पुनरागमन (*punarāgaman*) *m.* return, coming again

पुनरुक्ति (*punarukti*) *f.* repetition, repeated saying of a word

पुनरुत्थान (*punarutthān*) *m.* revival, resurrection

पुनर्गठन (*punargaṭhan*) *m.* reorganization

पुनर्जन्म (*punarjanm*) *m.* rebirth

पुनर्निर्माण (*punarnirmāṇ*) *m.* 1. reconstruction 2. reproduction

पुनर्वास (*punarvās*) *m.* 1. rehabilitation 2. resettlement

पुनर्विभाजन (*punarvibhājan*) *m.*

1. redivision 2. repartition

पुनश्च (*punaśca*) I. *m.* post-script II. *adv.* further, more-over

पुनीत (*punīt*) *a.* 1. pure, clean 2. holy, sacred, pious

पुर (*pur*) *m.* town, city

पुरज़ोर (*purzor*) *a.* forceful

पुरखा (*purkhā*) *m.* ancestors

पुरज़ा (*purzā*) *m.* part of machinery, piece of paper, slip, chit

पुरवैया (*purvaiyā*) *f.* easterlies, east winds

पुरश्चरण (*puraścaraṇ*) *m.* introductory or preparatory ritual

पुरस्कार (*puraskār*) *m.* 1. prize, award 2. reward

पुरा (*purā*) *pref.* old, ancient

पुराकाल (*parākāl*) *m.* old times

पुराण (*purāṇ*) *m.* 1. mythology 2. mythological scriptures

पुरातत्त्व (*purātattva*) *m.* 1. antiquity 2. archaeology

पुरातन (*purātan*) *a.* ancient, old

पुराना (*purānā*) *a.* 1. old 2. ancient, olden

पुरी (*purī*) *f.* city, town

पुरुष (*puruṣ*) *m.* man, human being, male person

पुरुषत्त्व (*puruṣattva*) *m.* 1. manhood 2. virility, valour

पुरुषार्थ (*puruṣārth*) *m.* 1. objective of man's life 2. valour

पुरोधा (*purodhā*) *m.* 1. priest, 2. pioneer

पुरोहित (*purohit*) *m.* priest

पुर्ज़ा (*purzā*) *m.* 1. machinery 2. piece of paper

पुलंदा (*pulandā*) *m.* 1. packet, bundle 2. roll of papers

पुल (*pul*) *m.* bridge

पुश्त (*puśt*) *f.* 1. back 2. back portion 3. generation

पुश्तैनी (*puśtainī*) *a.* ancestral

पुष्ट (*puṣṭ*) *a.* fat, well-built, strong, sturdy, robust

पुष्टि (*puṣṭī*) *f.* 1. nourishment, nutrition 2. confirmation

पुष्टिकर *a.* (a) nourishing, nutrient (b) confirmatory

प

पुष्प (*puṣp*) *m.* flower
पुष्पवाटिका *f.* garden
पुष्पांजलि (*puṣpāñjali*) *f.* a handful of flowers
पुस्तक (*pustak*) *f.* book
पुस्तकालय (*pustakālay*) *m.* library
पूँछ (*pūṁch*) *f.* 1. tail 2. rear portion of any object
पूँजी (*pūṁjī*) *f.* 1. capital, principal amount 2. asset
पूँजीवाद *m.* capitalism
पूआ (*pūā*) *m.* a bun-like fried cake
पूछना (*pūchnā*) *v.t.* 1. to ask 2. to enquire (of)
पूजन (*pūjan*) *m.* worship
पूजनीय (*pūjnīya*) *a.* revered, highly respectable
पूजा (*pūjā*) *f.* worship
पूज्य (*pūjya*) *a.* worthy to be worshipped
पूत (*pūt*) *a.* 1. purified 2. holy
पूनो (*pūno*) *f.* full moon (day, night)
पूरक (*pūrak*) *a.* complementary, supplementary
पूरक प्रश्न *m.* supplementary question
पूरब (*pūrab*) *m.* the east
पूरा (*pūrā*) *a.* 1. full 2. complete
पूरापन (*pūrāpan*) *m.* fullness, completeness
पूरी (*pūrī*) *f.* /**पूड़ी** (*pūṛī*) *f.* a round cake of unleavened flour deep fried in oil/ghee
पूर्ण (*pūrṇ*) *a.* full, complete
पूर्णकाम *a.* having desires fulfilled
पूर्णमासी *f.* the night of full moon
पूर्णविराम *m.* full stop, period
पूर्णतः (*purṇataḥ*) *adv.* completely
पूर्णता (*purṇatā*) *f.* perfection
पूर्णाहुति (*pūrṇāhutī*) *f.* 1. concluding function of a yagya 2. the last oblation
पूर्णिमा (*pūrṇimā*) *f.* full-moon night
पूर्व (*pūrva*) I. *m.* east II. a

eastern

पूर्वग्रह (*pūrvagrah*) *m.* prejudice

पूर्वज (*pūrvaj*) *m.* ancestors

पूर्वजन्म (*pūrvajanm*) *m.* previous birth

पूर्वपक्ष (*pūrvapakṣ*) *m.* 1. first half of a lunar month 2. the first argument or plea (in a law-suit)

पूर्ववत् (*pūrvavat*) *adv.* as before, as it was

पूर्ववर्ती (*pūrvavartī*) *a.* preceding, previous, former

पूर्वसूचना (*pūrvasūcanā*) *f.* premonition, prior information

पूर्वाग्रह (*pūrvāgrah*) *m.* prejudice

पूर्वापेक्षा (*pūrvāpekṣā*) *f.* prerequisite

पूर्वाभास (*pūrvābhās*) *m.* premonition, foreboding

पूर्वी (*pūrvī*) *a.* eastern

पूर्वोक्त (*pūrvokt*) *a.* aforesaid

पूस (*pūs*) *m.* tenth month of Hindu calendar

पृथक् (*pṛthak*) *a.* separate

पृथ्वी (*pṛthvī*) *f.* earth, world

पृष्ठ (*pṛṣṭh*) I. *m.* page II. *f.* 1. back 2. surface

पेंदा (*peṁdā*) *m.* 1. bottom 2. base

पेच (*pec*) *m.* 1. screw 2. fold

पेचकश *m.* screwdriver

पेचिश (*peciś*) *f.* dysentery

पेचीदा (*pecīdā*) *a.* 1. intricate, complicated 2. difficult

पेट (*peṭ*) *m.* belly, stomach

पेटी (*peṭī*) *f.* 1. small box, chest 2. belt 3. iron safe

पेटू (*peṭū*) *a.* gluttonous

पेठा (*peṭhā*) *m.* 1. white pumpkin 2. a sweetmeat made from gourd

पेड़ (*peṛ*) *m.* tree

पेड़-पौधे *m.* vegetation, flora

पेड़ा (*peṛā*) *m.* a round sweetmeat made of milk

पेरना (*pernā*) *v.t.* 1. (of oil, etc.) to mill, to crush 2. to squeeze

पेशगी (*peśgī*) *f.* advance (money)

प

पेशा (*peśā*) *m.* profession, occupation
पेशानी (*peśānī*) *f.* forehead
पेशाब (*peśāb*) *m.* urine
पेशी (*peśī*) *f.* 1. presentation 2. hearing in a law-court 3. muscle
पेशेवर (*peśevar*) *a.* professional
पैंजनी (*paiṁjanī*) *f.* ankie bells for children or pigeons
पैंठ (*pāiṁth*) *f.* market
पैंतरा (*paiṁtarā*) *m.* 1. preparatory movement of a wrestler 2. tactics
पैंताना (*paiṁtānā*) *m.* foot (or lower end) of a bed
पैग़ाम (*paiḡām*) *m.* message
पैदल (*paidal*) *m.* pedestrian
पैदाइश (*paidāiś*) *f.* 1. birth 2. creation
पैदावार (*paidāvār*) *f.* 1. produce (from land) 2. production (as of a factory or industry)
[illegible]ा (*painā*) *a.* sharp, pointed
[illegible]श (*paimāiś*) *m.*1. mea[illegible]ent 2. survey (of land)
पैमाना (*paimānā*) *m.* 1. measure 2. scale 3. metre 4 gauge
पैर (*pair*) *m.*1. foot 2. footste[illegible]
पैरवी (*pairvī*) *f.* advocacy
पैवंद (*paivand*) *a.* 1. patch 2 graft
पैसा (*paisā*) *m.* 1. paisa, pice 2 money 3. wealth
पोंछना (*poṁchnā*) *v.t.* to wip[illegible] off, to dust, to clean
पोखरा (*pokhrā*) *m.* small tan[illegible]
पोटली (*poṭlī*) *f.* small bundle
पोत (*pot*) *m.* ship, junk
पोतना (*potnā*) *v.t.* 1. to smea[illegible] to wash with 2. to whitewash
पोता (*potā*) *m.* 1. grandso[illegible] son's son 2. daubing clout [illegible] rag
पोती (*potī*) *f.* grand daughte[illegible] son's daughter
पोथी (*pothī*) *f.* book (especial[illegible] a religious one)
पोदीना (*podīnā*) *m.* mint, mi[illegible] leaves

पोपला (*poplā*) I. *m.* a toothless person II. *a.* hollow

पोल (*pol*) *f.* hollow, emptiness

पोला (*polā*) *a.* 1. hollow 2. empty

पोशाक (*pośāk*) *f.* 1. dress, garment 2. uniform

पोशीदा (*pośīdā*) *a.* 1. hidden, concealed 2. secret

पोषण (*poṣaṇ*) *m.* nourishment

पोस्ता (*postā*) *m.* poppy seed, opium plant

पौ (*pau*) *f.* dawn

पौत्र (*pautra*) *m.* grandson

पौत्री (*pautrī*) *f.* granddaughter

पौधा (*paudhā*) *m.* plant

पौन (*paun*) *a.*& *m.* three-fourth

पौरुष (*pauruṣ*) I. *a.* manly, of a man II. *m.* vigour

पौरोहित्य (*paurohitya*) *m.* priesthood, functions of a priest

पौवा (*pauvā*) *m.* 1. one-fourth (of a kilogram) 2. quarter bottle

पौष्टिक (*pauṣṭik*) *a.* nutritive

प्याज़ (*pyāz*) *m.* onion

प्यादा (*pyādā*) *m.* 1. pedestrian, footman 2. (of chess) pawn

प्यार (*pyār*) *m.* love, affection

प्यारा (*pyārā*) *a.* dear, beloved

प्याला (*pyālā*) *m.* cup

प्यास (*pyās*) *f.* 1. thirst 2. longing

प्रकट (*prakaṭ*) *a.* open

प्रकटतः (*prakaṭtaḥ*) *adv.* prima facie, obviously

प्रकरण (*prakaraṇ*) *m.* 1. reference 2. section 3. chapter 4. topic

प्रकांड (*prakāṇḍ*) *a.* 1. eminent, outstanding, best 2. profound

प्रकार (*prakār*) *m.* kind, type

प्रकारांतर (*prakārāntar*) *m.* another or different manner

प्रकाश (*prakāś*) *m.*light

प्रकाशन (*prakāśan*) *m.* 1. publication 2. published work

प्रकृति (*prakr̥ti*) *f.* 1. nature 2. temperament

प्रकृतिस्थ (*prakr̥tisth*) *a.* in the

original or natural condition

प्रकोप (*prakop*) *m.* violent anger

प्रक्रिया (*prakriyā*) *f.* 1. process 2. procedure 3. proceedings

प्रक्षालन (*prakṣālan*) *m.* 1. washing, ablution 2. bleaching

प्रक्षिप्त (*prakṣipt*) *a.* 1. thrown 2. projected

प्रक्षेपास्त्र (*prakṣepāstra*) *m.* rocket, ballistic missile

प्रखर (*prakhar*) *a.* 1. hot, acrid 2. sharp, keen

प्रख्यात (*prakhyāt*) *a.* celebrated, renowned, famous, reputed

प्रगति (*pragati*) *f.* progress, development, advancement

प्रगतिशील *a.* progressive

प्रगल्भ (*pragalbh*) *a.* 1. bold 2. insolent, arrogant

प्रगाढ़ (*pragāṛh*) *a.* 1. deep in colour 2. thick, dense

प्रचंड (*pracaṇḍ*) *a.* 1. violent 2. (of person) furious

प्रचलन (*pracalan*) *m.* 1. currency 2. vogue 3. usage

प्रचार (*pracār*) *m.* 1. propaganda 2. publicity

प्रचुर (*pracur*) *a.* abundant

प्रच्छन्न (*pracchann*) *a.* 1. concealed, hidden 2. disguised

प्रजनन (*prajanan*) *m.* procreation, breeding, reproduction

प्रजा (*prajā*) *f.* 1. subjects 2. people

प्रजातंत्र (*prajātantra*) *m.* democracy

प्रजाति (*prajāti*) *f.* 1. race 2. species

प्रज्ञा (*prajña*) *f.* intelligence, intellect, wisdom

प्रज्वलन (*prajvalan*) *m.* setting on fire, ignition, act of burning

प्रण (*praṇ*) *m.* 1. pledge, vow 2. resolution, determination

प्रणम्य (*praṇamya*) *a.* deserving salutation or obeisance

प्रणय (*praṇay*) *m.* love, affection

प्रणयन (*praṇayan) m.* 1. ... ing 2. creation 3. writing

प्रणाम (*praṇām*) *m.* respectful or reverential salutation (to elders, to a deity)

प्रणाली (*praṇālī) f.* 1. system, method, mode 2. way

प्रणीत (*praṇīt) m.* 1. made, created 2. written, composed

प्रताड़ना (*pratāṛanā*) *f.* 1. admonition, rebuke 2. affliction

प्रताप (*pratāp*) *m.* 1. majesty, glory 2. brilliance

प्रति (*prati)* I. *prep.* for each, for every one, per, a II. *p.p* towards, to III. *f.* duplicate copy

प्रतिकार (*pratikār) m.* 1. retaliation, revenge 2. reward

प्रतिकूल (*pratikūl*) *a.* 1. adverse 2. opposite, contrary

प्रतिक्रिया (*pratikriyā*) *f.* reaction

प्रतिगामी (*pratigāmī*) *a.* regressive, retroactive

तिज्ञा (*pratijñā) f.* vow, promise, pledge

प्रतिदान (*pratidān*) *m.* 1. return 2. repayment 3. redemption

प्रतिदिन (*pratidin*) *adv.* every day, daily, day to day, day by day

प्रतिद्वंद्विता (*pratidvandvitā*) *f.* 1. competition 2. conflict

प्रतिध्वनि (*pratidhvani*) *f.* echo, reverberation, resound

प्रतिनिधि (*pratinidhi*) *m.* 1. representative 2. delegate

प्रतिपक्ष (*pratipakṣ*) *m.* 1. opposite party 2. defendant

प्रतिपदा (*pratipadā) f.* the first day of the lunar fortnight

प्रतिपादन (*pratipādan*) *m.* 1. exposition 2. presentation

प्रतिपाद्य (*pratipādya*) I. *a.* 1. to be expounded 2. presentable II. *m.* subject matter, theme

प्रतिप्रश्न (*pratipraśn*) *m.* cross-question, question as a reply

प्रतिफल (*pratiphal*) *m.* reward,

प

recompense

प्रतिबंध (*pratibandh) m.* 1. ban 2. restriction 3. condition

प्रतिबद्ध (*pratibaddh*) *a.* 1. committed 2. restricted 3. bound

प्रतिबिंब (*pratibimb*) *m.* reflection, image, shadow

प्रतिभा (*pratibhā*) *f.* 1. intellect 2. talent, genius

प्रतिभाशाली *a.* talented, gifted

प्रतिमा (*pratimā*) *f.* image, icon, idol, statue

प्रतिमान (*pratimān*) *m.* 1. model, pattern 2. norm, standard

प्रतिमूर्ति *(pratimūrti) m.* 1. exact, duplicate 2. imitation

प्रतियोगिता (*pratiyogitā*) *f.* 1. competition, contest 2. rivalry

प्रतिरक्षा (*pratirakṣā*) *f.* defence

प्रतिरोपण (*pratiropaṇ*) *m.* transplanting, transplantation

प्रतिलिपि (*pratilipi*) *f.* duplicate copy, transcript

प्रतिलोम (*pratilom) a.* inverse, reverse, vile, base, low

प्रतिशत (*pratiśat*) *adv.* per cent

प्रतिशोध (*pratiśodh*) *m.* revenge

प्रतिष्ठा (*pratiṣṭhā*) *f.* 1. prestige 2. status 3. reputation

प्रतिष्ठान (*pratiṣṭhān*) *m.* 1. establishment 2. foundation, basis

प्रतिस्पर्द्धा *(pratisparddhā) f.* /**प्रतिस्पर्धा** (*pratispardhā*) *f.* competition, contest

प्रतिहारी *(pratihārī) m.* 1. gatekeeper 2. watchman

प्रतिहिंसा (*pratihiṃsā*) *f.* revenge, reprisal, retaliation

प्रतीक (*pratīik) m.* 1. symbol 2. emblem 3. token

प्रतीकात्मक (*pratīikātmak*) *a.* symbolic

प्रतीक्षा (*pratīikṣā*) *f.* waiting, wait

प्रतीक्षालय (*pratīiksālaya) m.* waiting room

प्रतीची (*pratīicī*) *f.* the west

(quarter)

प्रतीत (*pratīt*) *a.* appeared, seemed

प्रत्यंग (*pratyaṅg*) *m.* 1. secondary or minor organ or limb 2. part

प्रत्यंचा (*pratyañcā*) *f.* bow-string

प्रत्यक्ष (*pratyakṣ*) *a.* perceptible, evident, apparent, clear

प्रत्यय (*pratyay*) *m.* 1. affix, suffix 2. concept, idea 3. conviction

प्रत्यर्पण (*pratyarpaṇ*) *m.* 1. extradition 2. refund

प्रत्यारोप (*pratyārop*) *m.* /**प्रत्यारोपण** (*pratyāropaṇ*) *m.* counter-charge, counter-accusation

प्रत्यावर्तन (*pratyāvartan*) *m.* 1. return 2. reversion

प्रत्याशा (*pratyāśā*) *f.* 1. expectation 2. anticipation 3. reliance

प्रत्याशित (*pratyāśit*) *m.* expected

प्रत्याशी (*pratyāśī*) I. *m.* candidate II. *a.* expectant

प्रत्युत (*pratyut*) *conj.* on the contrary, however, on the other hand, but, besides

प्रत्युत्तर (*pratyuttar*) *m.* 1. retort, repartee 2. rejoinder

प्रत्युत्पन्न (*pratyutpann*) *a.* reborn, regenerated

प्रत्युपकार (*pratyupkār*) *m.* return of kindness or assistance

प्रत्येक (*pratyek*) *a.* each, every, each one, everyone

प्रथम (*pratham*) *a.* 1. first, foremost 2. primary 3. previous

प्रथा (*prathā*) *f.* tradition, usage

प्रदक्षिणा (*pradakṣiṇā*) *f.* going clockwise round the fire or deity

प्रदत्त (*pradatt*) *a.* 1. conferred, given, granted 2. paid (up)

प्रदान (*pradān*) *m.* granting, presenting

प्रदीप (*pradīp*) *m.* lamp, light

प

प्रदीप्त (*pradīpt*) *a.* 1. illuminated, brightened, lighted 2. kindled

प्रदूषण (*pradūṣaṇ*) *m.* pollution

प्रदेश (*prades*) *m.* 1. state 2. region 3. zone 4. land 5. province

प्रधान (*pradhān*) *a.* head, chief

प्रधान कार्यालय *m.* head office

प्रधानमंत्री *m.* Prime Minister

प्रधानाचार्य (*pradhānācārya*) *m.* principal (as of a college)

प्रपंच (*prapañc*) *m.* illusory creation, this world

प्रपत्र (*prapatra*) *m.* 1. form, proforma 2. legal document

प्रपात (*prapāt*) *m.* waterfall

प्रफुल्ल (*praphulla*) *a.* 1. delighted, gay 2. cheerful

प्रबंध (*prabandh*) *m.* 1. management 2. arrangement

प्रबल (*prabal*) *a.* 1. mighty, very powerful, strong 2. great

प्रबुद्ध (*prabuddh*) *a.* 1. wise 2. awakened 3. enlightened

प्रभा (*prabhā*) *f.* splendour, radiance, lustre, brightness

प्रभाकर (*prabhākar*) *m.* 1. illuminator 2. the sun

प्रभाग (*prabhāg*) *m.* sub-division, section

प्रभात (*prabhāt*) *m.* dawn, early morning, daybreak

प्रभामंडल (*prabhāmaṇḍal*) *m.* halo

प्रभार (*prabhār*) *m.* charge

प्रभारी (*prabhārī*) *a.* in-charge

प्रभाव (*prabhāv*) *m.* 1. influence 2. effect 3. pressure

प्रभावशाली *a.* influential

प्रभावी (*prabhāvī*) *a.* 1. effectual 2. influential 3. dominant

प्रभु (*prabhu*) *m.* 1. God 2. ruler

प्रभुसत्ता (*prabhusattā*) *f.* sovereign power/authority, sovereignty

प्रभृति (*prabhṛti*) *f.* start

प्रमत्त (*pramatt*) *a.* intoxicated

प्रमाण (*pramāṇ*) *m.* 1. proof 2. testimony, evidence
प्रमाण पत्र *m.* certificate

प्रमाद (*pramād*) *m.* intoxication

प्रमुख (*pramukh*) *a.* 1. foremost 2. chief, principal 3. main

प्रमुखता (*pramukhtā*) *f.* 1. priority 2. primacy

प्रमेय (*prameya*) *m.* (math.) theorem

प्रमेह (*prameh*) *m.* diabetes

प्रमोद (*pramod*) *m.* 1. excessive joy 2. entertainment

प्रयत्न (*prayatna*) *m.* attempt, effort, endeavour
प्रयत्नशील *a.* endeavouring

प्रयाण (*prayāṇ*) *m.* departing, death

प्रयास (*prayās*) *m.* 1. attempt, effort, endeavour 2. labour

प्रयोग (*prayog*) *m.* 1. use 2. experiment

प्रयोगशाला (*prayogśālā*) *f.* laboratory

प्रयोजन (*prayojan*) *m.* purpose, object, aim, intention

प्रलय (*pralaya*) *m.* 1. deluge, disastrous flood 2. doomsday

प्रलाप (*pralāp*) *m.* lamentation

प्रलोभन (*pralobhan*) *m.* temptation, allurement, seducing

प्रवंचना (*pravañcanā*) *f.* deceit, trickery, fraud, cheating

प्रवक्ता (*pravaktā*) *m.* spokesman

प्रवचन (*pravacan*) *m.* sermon

प्रवर (*pravar*) *a.* 1. selected 2. upper 3. superior 4. senior
प्रवर समिति *f.* select committee

प्रवर्तक (*pravartak*) *m.* 1. promoter 2. pioneer

प्रवहमान (*pravahmān*) *a.* flowing, fluent

प्रवाद (*pravād*) *m.* 1. slander 2. rumour 3. fable, myth

प्रवास (*pravās*) *m.* migration

प्रवाह (*pravāh*) *m.* 1. flow, fluency 2. stream, current, flux

प

प्रविष्ट (*praviṣṭ*) *a.* 1. entered (into) 2. admitted

प्रविष्टि (*praviṣṭi*) *f.* 1. entry 2. entrance 3. admission

प्रवीण (*pravīṇ*) *a.* proficient, efficient, skilful, expert

प्रवृत्ति (*pravṛtti*) *f.* tendency, proclivity, inclination, trend

प्रवेश (*praveś*) *m.* 1. entrance, entry 2. admission

प्रवेश-द्वार *m.* gateway

प्रवेश-पत्र *m.* pass, admission ticket

प्रवेशिका (*praveśikā*) *f.* 1. entry ticket or fee 2. entrance examination

प्रव्रजन (*pravrajan*) *m.* going abroad, migration

प्रव्रज्या (*pravrajyā*) *f.* 1. asceticism 2. migration

प्रशंसा (*praśaṃsā*) *f.* praise, commendation, admiration

प्रशस्त (*praśast*) *f.* 1. praiseworthy, admirable 2. grand

प्रशस्ति (*praśasti*) *f.* eulogy

प्रशांत (*praśānt*) *a.* tranquil, calm, pacific, peaceful

प्रशासन (*praśāsan*) *m.* administration

प्रशिक्षण (*praśikṣaṇ*) *m.* training

प्रश्न (*praśn*) *m.* question

प्रश्नचिह्न *m.* question-mark

प्रश्न पत्र *m.* question paper

प्रश्नावली (*praśnāvalī*) *f.* questionnaire

प्रश्नोत्तर (*praśnottar*) *m.* question and answer

प्रश्रय (*praśray*) *m.* 1. shelter, haven 2. protection 3. prop

प्रसंग (*prasaṅg*) *m.* 1. context, reference 2. topic

प्रसंगवश (*prasaṅgvaś*) *adv.* 1. as the occasion arises 2. incidentally, by the way

प्रसन्न (*prasann*) *a.* glad, delighted, pleased, happy

प्रसव (*prasav*) *m.* 1. maternity 2. child birth, labour

प्रसव-कक्ष *m.* labour room

प्रसाद (*prasād*) *m.* 1. offerings made to a deity 2. leavings of food of a religious person

प्रसाधन (*prasādhan*) *m.* 1. adornment, decoration 2. dressing

प्रसार (*prasār*) *m.* 1. expansion, dispersion 2. spread

प्रसारण (*prasāraṇ*) *m.* 1. broadcast 2. transmission, broadcasting

प्रसिद्ध (*prasiddh*) *a.* famous, well-known, reputed, renowned

प्रसिद्धि (*prasiddhi*) *f.* fame, reputation, renown, name

प्रसुप्त (*prasupt*) *a.* 1. asleep, sleeping 2. in abeyance

प्रसूत (*prasūt*) *a.* born, begotten

प्रसूति (*prasūti*) *f.* 1. maternity 2. child birth 3. delivery

प्रस्ताव (*prastāv*) *m.* 1. proposal 2. resolution 3. offer

प्रस्तावना (*prastāvanā*) *f.* preface, preamble, introduction

प्रस्तुति (*prastuti*) *f.* 1. production 2. presentation 3. submission

प्रस्थान (*prasthān*) *m.* 1. departure, setting out 2. march

प्रहर (*prahar*) *m.* 1. three-hour period 2. watch, vigilance

प्रहरी (*praharī*) *m.* watchman

प्रहसन (*prahasan*) *m.* comedy

प्रहार (*prahār*) *m.* assault

प्रांगण (*prāṅgaṇ*) *m.* courtyard

प्रांजल (*prāñjal*) *a.* refined, clear

प्रांत (*prānt*) *m.* 1. province 2. territory

प्राकृतिक (*prākṛtik*) *a.* natural

प्राक्कथन (*prākkathan*) *m.* foreword, preface

प्रागैतिहासिक (*prāgaitihāsik*) *a.* prehistorical

प्राचार्य (*prācārya*) *m.* principal (of a college)

प्राची (*prācī*) *f.* the east, orient

प्राचीन (*prācīn*) *a.* old, ancient

प्राचीर (*prācīr*) *f.* bulwark, rampart

प्राण (*prāṇ*) *m.* 1. vital breath 2. life, animus 3. soul, spirit
प्राणदंड *m.* capital punish-

प

ment

प्राणायाम (*prāṇāyām*) *m.* yogic practice or exercise of deep inhalation and exhalation and control of breath

प्राणी (*prāṇī*) *m.* living being

प्रात: (*prātaḥ*) *m.* sunrise, morning

प्रात:काल *m.* morning time

प्रातराश (*prātarāś*) *m.* breakfast

प्राथमिकता (*prāthmiktā*) *f.* priority, precedence

प्रादुर्भाव (*prādurbhāv*) *m.* 1. manifestation 2. appearance

प्रादेशिक (*prādeśik*) *a.* regional, territorial

प्राधान्य (*prādhānya*) *m.* 1. superiority 2. prominence

प्राधिकरण (*prādhikaraṇ*) *m.* 1. authority 2. authorization

प्राध्यापक (*prādhyāpak*) *m.* lecturer (in a collegeor university)

प्राप्ति (*prāpti*) *f.* 1. attainment, acquisition, gain 2. receipt

प्राप्य (*prāpya*) *a.* available, obtainable, attainable

प्रामाणिक (*prāmāṇik*) *f.* 1. authentic, authoritative 2. genuine

प्राय: (*prāyaḥ*) *adv.* often, usually, generally

प्रायद्वीप (*prāydvīp*) *m.* peninsula

प्रायश्चित्त (*prāyaścitt*) *m.* atonement, expiation

प्रारंभ (*prārambh*) *m.* beginning, commencement

प्रारंभिक (*prārambhik*) *a.* 1. initial 2. preliminary, elementary

प्रारब्ध (*prārabdh*) *m.* fate, destiny

प्रारूप (*prārūp*) *m.* draft

प्रार्थना (*prārthanā*) *f.* 1. prayer 2. request 3. petition

प्रार्थना पत्र *m.* application

प्रावधान (*prāvdhān*) *m.* provision

प्रासंगिक (*prāsaṅgik*) *a.* 1. relevant 2. secondary, incidental

प्रासाद *(prāsād)* *m.* 1. palace 2. palatial building

प्रिय *(priya)* I. *a.* dear, lovable II. *m.* lover, beloved

प्रियतम *(priyatam)* I. *a.* dearest II. *m.* beloved

प्रिया *(priyā)* *f.* 1. darling, beloved, sweetheart 2. wife

प्रीतम *(prītam)* *m.* lover, husband

प्रीति *(prīti)* *f.* affection, love

प्रेक्षण *(prekṣaṇ)* *m.* observation

प्रेत *(pret)* *m.* ghost, evil spirit

प्रेम *(prem)* *m.* love, affection
प्रेम-पत्र *m.* love-letter

प्रेमिका *(premikā)* *f.* beloved

प्रेमी *(premī)* *m.* lover

प्रेयसी *(preyasī)* *f.* beloved, sweetheart

प्रेरक *(prerak)* *a.* 1. inspiring, motivating 2. incentive

प्रेरणा *(preraṇā)* *f.* inspiration

प्रेषण *(preṣaṇ)* *m.* 1. consignment 2. despatch

प्रोत्साहन *(protsāhan)* *m.* 1. encouragement 2. boosting up

प्रौढ़ *(prauṛh)* *a.* 1. mature, full-grown 2. adult

प्रौद्योगिकी *(praudyogikī)* *f.* technology

प्लावन *(plāvan)* *m.* 1. flood, inundation 2. (act of) flooding

फ

फ

फंदा (*phandā*) *m.* 1. noose 2. trap

फँसना (*phaṁsnā*) *v.i.* 1. to be entrapped or ensnared 2. to be taken or caught by trick

फक (*phak*) *a.* 1. pale 2. clean

फ़क़ीर (*faqīr*) *m.* 1. Muslim mendicant or beggar 2. pauper

फक्कड़ (*phakkaṛ*) *a.* 1. carefree 2. lighthearted 3. indigent, poor

फ़ख्र (*fakhra*) *m.* pride

फ़ज़ीहत (*fazīhat*) *f.* 1. embarrassment 2. disgrace

फटकना (*phaṭaknā*) *v.i.* 1. to flail 2. to winnow

फटकार (*phaṭkār*) *f.* reprimand, rebuke, scolding, chiding

फटना (*phaṭnā*) *v.i.* 1. to burst, to explode 2. to be torn

फटाफट (*phaṭāphaṭ*) *adv.* at once, immediately

फड़कना (*phaṛaknā*) *v.i.* 1. to throb 2. to pulsate 3. to flutter

फड़फड़ाना (*pharphaṛānā*) *v.i.* 1. to flutter, to flap 2. to throb

फ़तवा (*fatvā*) *m.* verdict or sentence of a Muslim authority

फ़तह (*fatah*) *f.* conquest, victory

फन (*phan*) *m.* 1. hood (of a snake) 2. art 3. skill 4. technique

फ़नकार (*fankār*) *m.* artist

फफकना (*phaphakanā*) *v.i.* to cry, weep bitterly

फफूँद (*phaphūṁd*) *f.* /**फफूँदी** (*phaphūṁdī*) *f.* fungus, mildew

फफोला (*phapholā*) *m.* 1. blister 2. bubble (of water)

फबना (*phabnā*) *v.t.* to befit, to suit, to look good

फ़रमाइश (*farmāiś*) *f.* 1. order 2. pleasure 3. as desired

फ़रमान (*farmān*) *m.* 1. command 2. royal edict 3. ordinance

फ़रश (*faraś*) *m.* 1. floor 2. mat

फरसा (*pharsā*) *m.* battle-axe

फ़रार (*farār*) *m.* absconder

फ़रियाद (*fariyād*) *f.* 1. cry for help 2.complaint

फ़रिश्ता (*fariśtā*) *m.* angel, divine messenger

फ़रेब (*fareb*) *m.* fraud, deception

फ़र्क़ (*farq*) *m.* difference

फ़र्ज़ (*farz*) *m.* duty, obligation

फ़र्ज़ी (*farzī*) *a.* 1. imaginary 2. assumed

फ़र्राश (*farrāś*) *m.* 1. chamberlain 2. bedmaker

फ़र्श (*farś*) *m.* 1. floor 2. mat

फल (*phal*) *m.* 1. fruit 2. result

फलतः (*phaltaḥ*) *adv.* consequently, as a result

फलाँग (*phalāṁg*) *f.* jump, hop

फलाहार (*phalāhār*) *m.* fruit diet, a meal of fruits

फ़व्वारा (*favvārā*) *m.* fountain

फ़सल (*fasal*) *f.* harvest, crop

फ़साद (*fasād*) *m.* 1. trouble 2. quarrel, altercation

फ़साना (*fasānā*) *m.* tale, story

फहराना (*phahrānā*) I. *v.t.* to hoist (a flag) II. *v.i.* to flutter

फाँक (*phāṁk*) *f.* 1. a slice of fruit, etc. 2. clove

फाँदना (*phāṁdnā*) *v.i.* to leap over, to jump across

फाँस (*phāṁs*) *f.* snare, noose, trap

फाँसना (*phaṁsnā*) *v.t.* 1. to ensnare, to entrap 2. to involve

फाँसी (*phāṁsī*) *f.* 1. execution by hanging 2. noose

फ़ाक़ा (*fāqā*) *m.* 1. fast 2. starvation 3. want 4. poverty

फ़ाख़्ता (*fākhtā*) *f.* dove

फाटक (*phāṭak*) *m.* gate, en-

फ

trance

फाड़ना (*phāṛnā*) *v.t.* to tear off

फ़ानूस (*fānūs*) *m.* glass-shade of a lamp, chandelier

फायदा (*fayadā*) *m.* 1. gain, advantage 2. benefit

फ़ारिग़ (*fārig*) *a.* free

फाल (*fāl*) *m.* 1. ploughshare, blade 2. measure of one pace

फ़ालतू (*fāltū*) *a.* spare, extra

फ़ालिज (*fālij*) *m.* paralysis

फावड़ा (*phāvṛā*) *m.* spade

फ़ासिला (*fāsilā*) *m.* distance

फ़िक्र (*fiqra*) *f.* 1. worry 2. care

फिटकिरी (*phiṭkirī*) *f.* alum

फ़ितरत (*fitrat*) *f.* 1. nature 2. wiliness, shrewdness

फ़ितूर (*fitūr*) *m.* 1. defect 2. disorder 3. craze

फ़िदा (*fidā*) I. *f.* sacrifice II. *a.* devoted, charmed

फिरकी (*phirkī*) *f.* spool, reel

फिरौती (*phirautī*) *f.* ransom

फ़िलहाल (*filhāl*) *adv.* at present

फिसलन (*phislan*) *f.* 1. slipperiness 2. (for vehicles) skid

फ़ी (*fī*) *a.* each, every

फ़ीसदी (*fīsadī*) *adv.* per cent, per hundred

फीका (*phīkā*) *a.* tasteless

फ़ीता (*fītā*) *m.* 1. tape 2. lace 3. ribbon 4. strap 5. shoelace

फ़ील (*fīl*) *m.* elephant

फुंसी (*phuṃsī*) *f.* small boil, pimple

फुटकर (*phuṭkar*) *a.* 1. miscellaneous 2. retail

फुदकना (*phudaknā*) *v.i.* to hop, to jump, to skip

फुनगी (*phungī*) *f.* tip, upper end, top (especially of a tree)

फुफकार (*phuphkār*) *f.* hiss

फुरती (*phurtī*) *f.* 1. activity 2. agility 3. alertness

फ़ुरसत (*fursat*) *f.* 1. leisure, spare time 2. relief 3. opportunity

फुलका (*phulkā*) *m.* thin and small bread

फुलझड़ी (*phuljharī*) *f.* a kind of sparkling firecracker

फुलवाड़ी (*phulvāṛī*) *f.* /**फुलवारी** (*phulvāṛī*) *f.* a small garden

फुलाना (*phulānā*) *v.t.* 1. to inflate 2. to puff up with flattery

फुलेल (*phulel*) *m.* scented oil

फुसफुसाना (*phusphusānā*) *v.i.* to whisper in a low hissing tone

फुसलाना (*phuslānā*) *v.t.* to coax, to coax by endearment

फुहार (*phuhār*) *f.* 1. drizzle 2. light and fine rain 3. fine drops of rain

फूँक (*phūṁk*) *f.* 1. act of blowing up (fire) 2. breath

फूट (*phūṭ*) *f.* 1. dissension 2. disunion 3. a species of melon-like cucumber

फूटना (*phūṭnā*) *v.i.* 1. to break, to crack 2. to shatter

फूफा (*phūphā*) *m.* husband of a paternal aunt

फूल (*phūl*) *m.* flower

फूलना (*fūlnā*) *v.i.* 1. to blossom, to bloom, to flower 2. to swell

फूस (*phūs*) *m.* straw, hay

फूहड़ (*phūhaṛ*) *a.* mannerless, stupid, foolish

फेंकना (*pheṁknā*) *v.t.* to throw out/away or off, to cast away

फेंटना (*pheṁṭnā*) *v.t.* 1. to beat (an egg) 2. to shuffle (a pack of cards)

फेन (*phen*) *m.* 1. froth 2. foam

फेफड़ा (*phephṛā*) *m.* lung

फेरी (*pherī*) *f.* rounds of a pedlar, hawking

फ़ेहरिस्त (*feharist*) *f.* list, inventory

फैलना (*phailnā*) *v.i.* /**फैलाना** (*phailānā*) *v.i.* 1. to spread 2. to expand

फ़ैसला (*faislā*) *m.* 1. decision 2. judgement

फोकट (*phokaṭ*) *a.* free of charge

फोड़ना (*phoṛnā*) *v.t.* 1. to break 2. to cause to defect

फोड़ा (*phoṛā*) *m.* 1. ulcer 2. boil

फ

sore 3. tumour

फ़ौज (*fauj*) *f.* army, troops

फ़ौजदारी (*faujdārī*) *f.* 1. criminal court 2. criminal casesuit

फ़ौजी (*faujī*) I. *m.* a soldier II. *a.* 1. pertaining to the army 2. martial

फ़ौरन (*fauran*) *adv.* at once, immediately, instantly

फ़ौलाद (*faulād*) *m.* steel

फ़ौलादी (*faulādī*) *a.* 1. made of or pertaining to steel 2. strong, stout, sturdy

फ़ौलादी आदमी *m.* an iron-man

फ़ौवारा (*fauvārā*) *m.* fountain

ब

बँगला (*baṁglā*) I. *m.* bungalow, one-storeyed house II. *f.* Bengali language

बंजर (*bañjar*) I *a.* 1. barren 2. fallow II. *f.* barren land

बंजारा (*bañjārā*) *m.* 1. gypsy 2. nomad, wanderer

बँटवारा (*baṁṭvārā*) *m.* 1. division 2. distribution 3. partition

बंटाढार (*baṇṭāḍhār*) *m.* complete destruction, devastation, ruin

बंडी (*baṇḍī*) *f.* jacket, waistcoat

बंद (*band*) I. *m.* 1. joint 2. knot 3. stanza II. *a.* closed, shut

बंदगोभी (*bandgobhī*) *f.* cabbage

बंदगी (*bandgī*) *f.* 1. salutation 2. devotion 3. worship

बंदनवार (*bandanvār*) *m.* buntings or festoons (hung on festive occasions), swag

बंदर (*bandar*) *m.* 1. monkey 2. harbour

बंदी (*bandī*) *m.* prisoner

बंदूक (*bandūq*) *f.* gun, rifle

बंदोबस्त (*bandobast*) *m.* 1. management 2. settlement

बंधक (*bandhak*) I. *m.* mortgage, pawn II. *a.* bonding

बंधन (*bandhan*) *m.* 1. bond 2. binding 3. bondage 4. tie

बंधु (*bandhu*) *m* kin, relative

बंधुआ (*bandhuā*) *a.* bonded

बंसी (*baṃsī*) *f.* 1. flute 2. fish gorge

बँहगी (*baṁhgī*) *f.* a pole with slings at the two ends for carrying loads

बकना (*baknā*) *v.i.* to jabber, to

ब

babble, to gabble

बकरा (*bakrā*) *m.* male goat

बकवास (*bakvās*) *f.* babbling

बक़ाया (*baqāyā*) I. *a.* due, payable II. *m.* arrears, balance

बक्स (*baks*) *m.* box

बखान (*bakhān*) *m.* 1. tale, story 2. description 3. eulogy, praise

बखार (*bakhār*) *m.* storage bin (especially for grains)

बखिया (*bakhiyā*) *m.* fine stitching

बखेड़ा (*bakheṛā*) *m.* complicated matter

बख़्शीश (*bakhśiś*) *f.* tip

बग़ल (*bagal*) I. *f.* armpit II. *adv.* on one side

बग़ावत (*bagāvat*) *f.* 1. rebellion, revolt 2. disloyalty

बगीचा (*bagīcā*) *m.* a small garden

बग़ैर (*bagāir*) *adv.* without

बग्घी (*bagghī*) *f.* horse-carriage

बघार (*baghār*) *m.* act of seasoning (a dish with spices)

बचकाना (*backānā*) *a.* 1. childish, puerile 2. immature

बचत (*bacat*) *f.* 1. saving 2. profit

बचना (*bacnā*) *v.i.* to be saved

बचपन (*bacpan*) *m.* childhood

बच्चा (*baccā*) /**बच्ची** (*baccī*) I. *m.* child, baby II. *a.* immature

बछड़ा (*bachṛā*) *m.* male calf

बछिया (*bachiyā*) *f.* female calf

बजना (*bajnā*) *v.i.* to sound

बज़ाज़ (*bazāz*) *m.* cloth merchant

बजाना (*bajānā*) *v.t.* 1. to play upon a musical instrument 2. to beat (a drum)

बजाय (*bajāy*) *adv.* instead of, in place of, in lieu of

बटखरा (*baṭkharā*) *m.* weight

बटना (*baṭnā*) *v.i.* 1. (of attention) to be divided 2. to be shared

बटमार (*baṭmār*) *m.* robber

बटलोई (*baṭloī*) *f.* a round vessel for cooking

बटवारा *(baṭvārā) m.* 1. sharing 2. partition 3. distribution

बटुआ *(baṭuā) m.* purse

बटेर *(baṭer) f.* quail (bird)

बटोरना *(baṭornā) v.t.* to collect

बटोही *(baṭohī) m.* traveller

बट्टा *(baṭṭā) m.* 1. deficiency 2. loss 3. blemish 4. damage

बड़प्पन *(baṛappan) m.* greatness

बड़बड़ाना *(baṛbaṛānā) v.i.* to grumble, to mutter, to gabble

बड़ा *(baṛā)* I. *a.* 1. large 2. big II. *m.* a fried cake made of ground pulse and spices
 बड़ा बाबू *m.* head clerk

बड़ाई *(baṛāī) f.* 1. greatness 2. largeness, bigness

बड़ी *(baṛī) f.* dried tiny balls made from powdered pulses

बढ़ई *(baṛhaī) m.* carpenter

बढ़ना *(baṛhanā) v.i.* 1. to increase 2. to grow 3. to rise

बढ़िया *(baṛhiyā) a.* excellent, fine

बढ़ोतरी *(baṛhotarī) f.* 1. increase 2. addition 3. increment

बतलाना *(batlānā) v.t.* to tell

बतासा *(batāsā) m.* /**बताशा** *(batāśā) m.* 1. bubble 2. a kind of small sugar-cake

बतियाना *(batiyānā) v.i.* to talk

बतौर *(bataur) adv.* as, like

बत्तख *(battakh) f.* duck

बत्ती *(battī) f.* light, lamp

बद *(bad) a.* 1. bad 2. wicked

बदक़िस्मत *(badqismat) a.* ill-fated

बदचलन *(badcalan) a.* of bad conduct or character

बदतमीज़ *(badtamīz) a.* 1. ill-mannered 2. uncivilized

बददिमाग़ *(baddimāg̱) a.* 1. proud, conceited 2. arrogant

बदन *(badan) m.* body

बदनसीब *(badnasīb) a.* unlucky

बदनाम *(badnām) a.* notorious

ब

बदबू (*badbū*) *f.* foul smell

बदमिज़ाज (*badmizāj*) *a.* ill-natured, ill-tempered

बदरंग (*badraṅg*) *a.* of bad colour

बदलना (*badalnā*) *v.i.* to change

बदला (*badlā*) *m.* retaliation, revenge, vengeance

बदली (*badlī*) *f.* 1. transfer 2. a stray cloud

बदशक्ल (*badśakl*) *a.* 1. ugly 2. grotesque

बदसूरत (*badsūrat*) *a.* ugly, ill-looking, grotesque

बदहज़मी (*badhazmī*) *f.* indigestion

बदहवास (*badhavās*) *a.* 1. senseless 2. stupefied

बदहाल (*badhāl*) *a.* in a sorry/bad plight, in bad circumstances

बदी (*badī*) *f.* vice, evil

बधाई (*badhāī*) *f.* 1. congratulations 2. felicitations

बधिया (*badhiyā*) *m.* castrated bull

बधिर (*badhir*) *a.* deaf

बनना (*bananā*) *v.i.* to be made

बनमानुष (*banmānuṣ*) *m.* ape, chimpanzee

बनाना (*banānā*) *v.t.* 1. to make 2. to build 3. to form

बनाम (*banām*) *adv.* versus, (as) against

बनावट (*banāvaṭ*) *f.* 1. make 2. build 3. form 4. artificiality

बनावटी (*banāvaṭī*) *a.* artificial

बनिया (*baniyā*) *m.* trader, grocer

बनिस्बत (*banisbat*) *adv.* as compared with

बपौती (*bapautī*) *f.* 1. paternal property 2. heritage

बबूल (*babūl*) *m.* acacia tree

बबूला (*babūlā*) *m.* bubble

बया (*bayā*) *m.* the weaver bird

बयान (*bayān*) *m.* 1. statement 2. (law) deposition 3. account

बयाना (*bayānā*) *m.* earnest money, advance

बयार (*bayār*) *f.* breeze

बरकत (*barkat*) *f.* 1. auspiciousness 2. good fortune 3. grace

बरकरार (*barkarār*) *a.* 1. intact 2. well-kept, well-maintained

बरखास्त (*barkhāst*) *a.* discharged, dismissed

बरगद (*bargad*) *m.* banyan tree

बरछा (*barchā*) *m.* lance, spear

बरतन (*bartan*) *m.* utensil, vessel

बरदाश्त (*bardāśt*) *f.* 1. tolerance 2. patience

बरबाद (*barbād*) *a.* destroyed

बरसात (*barsāt*) *f.* 1. rain 2. rainy season

बरसी (*barsī*) *f.* death anniversary

बरात (*barāt*) *f.* marriage party

बराबर (*barābar*) *a.* equal

बरामद (*barāmad*) *a.* 1. recovered 2. seized

बरामदा (*barāmadā*) *m.* verandah, balcony, portico with roof

बरी (*barī*) *a.* 1. acquitted 2. set free 3. absolved

बर्ताव (*bartāv*) *m.* behaviour

बर्फ़ (*barf*) *f.* 1. ice 2. snow

बर्फ़ी (*barfī*) *f.* a kind of sweetmeat

बर्बर (*barbar*) *a.* barbarian

बर्र (*barr*) *f.* wasp

बल (*bal*) *m.* 1. strength 2. army, force

बलशाली *a.* powerful, strong

बलग़म (*balgam*) *f.* phlegm

बलवान् (*balvān*) *a.* strong

बला (*balā*) *f.* 1. calamity 2. misfortune

बलात् (*balāt*) *adv.* 1. forcibly 2. suddenly, all of a sudden

बलात्कार (*balātkār*) *m.* rape

बलाय (*balāy*) *f.* 1. calamity 2. misfortune 3. evil spirit

बलि (*bali*) *f.* 1. sacrifice 2. oblation

बलिदान (*balidān*) *m.* 1. sacrifice 2. martyrdom

बली (*balī*) *a.* strong, vigorous

बलुआ (*baluā*) *a.* sandy

बल्कि (*balki*) *conj.* yet, rather,

ब

nevertheless, on the other hand

बल्लम (*ballam*) *m.* spear, lance

बल्ला (*ballā*) *m.* 1. cricket bat 2. tennis racquet

बवंडर (*bavaṇḍar*) *m.* cyclone

बवाल (*bavāl*) *m.* 1. misfortune 2. disaster 3. distress

बसंत (*basant*) *m.* spring (season)

बसना (*basnā*) *v.i.* 1. to inhabit 2. to live 3. to settle

बसेरा (*baserā*) *m.* abode, dwelling

बस्ता (*bastā*) *m.* satchel, bag

बहकाना (*bahakānā*) *v.t.* 1. to seduce 2. mislead

बहन (*bahan*) *f.* sister

बहना (*bahanā*) *v.i.* 1. (of water) to flow 2. (of air or wind) to blow

बहनोई (*bahanoī*) *m.* brother-in-law, sister's husband

बहरहाल (*baharhāl*) I. *conj.* anyhow, however, nevertheless II. *adv.* at any rate

बहरा (*bahrā*) *a.* deaf

बहस (*bahas*) *f.* 1. discussion 2. argumentation 3. debate

बहादुर (*bahādur*) I. *a.* 1. brave 2. fearless II. *m.* hero

बहाना (*bahānā*) *m.* pretence, excuse

बहार (*bahār*) *f.* 1. spring season 2. (of flowers) bloom

बहाल (*bahāl*) *f.* 1. restored 2. reinstated 3. refreshed

बहिष्कार (*bahiṣkār*) *m.* excommunication, boycott

बही (*bahī*) *f.* ledger, account book

बहुत (*bahut*) *a.* much, many

बहुधंधी (*bahudhandhī*) *a.* 1. multipurpose 2. occupied in multifarious trades

बहुधा (*bahudhā*) *adv.* usually, generally, mostly, often

बहुमत (*bahumat*) *m.* majority

बहुमूल्य (*bahumūlya*) *a.* precious, costly, invaluable

बहुरिया (*bahurīyā*) *f.* wife, bride

बहुरूपिया (*bahurūpiyā*) *m.* one

who assumes various forms or disguises

बहुल (*bahul*) *a.* 1. plentiful, abundant 2. much

बहुसंख्यक (*bahusaṅkhyak*) *a.* majority

बहू (*bahū*) *f.* bride, daughter-in-law

बहेड़ा (*baheṛā*) *m.* a large gun tree and its fruit

बहेलिया (*baheliyā*) *a.* hunter

बांका (*bāṅkā*) I. *a.* 1. curved 2. cunning, sly II. *m.* fop, dandy

बाँग (*bāṁg*) *f.* crowing of a cock

बाँचना (*bāṁcanā*) *v.i.* to read, to recite

बाँझ (*bāṁjh*) *a.* 1. (of woman) barren 2. sterile

बाँटना (*bāṁṭnā*) *v.i.* to distribute

बाँदी (*bāṁdī*) *f.* 1. slave girl 2. female servant

बाँध (*bāṁdh*) *m.* dam

बाँधना (*bāṁdhnā*) *v.t.* to tie

बाँबी (*bāṁbī*) *f.* 1. anthill 2. snake hole

बाँस (*bāṁs*) *m.* 1. bamboo 2. pole

बाँसुरी (*bāṁsurī*) *f.* flute

बाँह (*bāṁh*) *f.* arm

बाक़ायदा (*bāqāydā*) *a.* 1. regular 2. orderly 3. systematic

बाक़ी (*bāqī*) I. *a.* remaining, left over II. *f.* balance, arrears

बाग (*bāg*) I. *f.* rein, bridle II. *m.* garden, orchard, grove

बागडोर *f.* a. rein b. control

बाग़ी (*bāg̲ī*) I. *a.* rebellious, revolting II. *m.* 1. rebel 2. traitor

बाघ (*bāgh*) *m.* tiger

बाज़ (*bāz*) *m.* hawk, falcon

बाजरा (*bājrā*) *m.* millet

बाजा (*bājā*) *m.* 1. musical instrument/organ 2. band

बाज़ार (*bāzār*) *m.* market, bazaar

बाज़ी (*bāzī*) *f.* game, play

बाज़ीगर (*bāzīgar*) *m.* 1. ropedancer 2. conjurer 3. acro-

ब

bat

बाजूबंद (*bāzūband*) *m.* amulet

बाट (*bāṭ*) *m.* weight, measure of weight

बाड़ (*bāṛ*) *f.* 1. hedge 2. fence

बाढ़ (*bāṛh*) *f.* flood, spate

बाण (*bāṇ*) *m.* arrow

बात (*bāt*) *f.* 1. word 2. saying

बातचीत (*bātcīt*) *f.* 1. conversation 2. dialogue, talks

बादल (*bādal*) *m.* cloud, clouds

बादशाह (*bādśāh*) *m.* 1. king, sovereign, ruler 2. king in chess

बादाम (*bādām*) *m.* almond

बादी (*bādī*) *a.* flatulent, windy rheumatism

बाधा (*bādhā*) *f.* hindrance, obstruction, obstacle

बाध्य (*bādhya*) *a.* 1. compelled, forced 2. obligatory

बान (*bān*) I. *m.* rope or string II. *f.* 1. habit 2. manners

बानगी (*bāngī*) *f.* 1. model, pattern 2. sample

बाना (*bānā*) *m.* garment

बाप (*bāp*) *m.* father

बाबुल (*bābul*) *m.* father

बाबू (*bābu*) *m.* 1. father 2. clerk

बायाँ (*bāyāṁ*) *a.* 1. left 2. adverse

बारंबार (*bārambār*) *adv.* again and again

बारात (*bārāt*) *f.* marriage party

बारिश (*bāriś*) *f.* rain, shower

बारी (*bārī*) *f.* 1. turn 2. time

बारीक (*bārīk*) *a.* 1. fine, thin 2. slender 3. subtle

बारूद (*bārūd*) *m.* gunpowder

बाल (*bāl*) *m.* 1. hair 2. an ear of corn 3. child, boy

बालक (*bālak*) *m.* 1. boy 2. child

बालम (*bālam*) *m.* lover, husband

बालिका (*bālikā*) *f.* girl

बालिग़ (*bāliġ*) *a.* adult, major

बालिश्त (*bāliśt*) *f.* hand-span

बाली (*bālī*) I. *f.* 1. ear-ring 2. ear of corn II. *m.* a character in Ramayan

बालू (*bālū*) *f.* sand, gravel

बाल्टी (*bālṭī*) *f.* pail, bucket

बावड़ी (*bāvṛī*) *f.* a well with a flight of stairs, step well
बावरची (*bāvarcī*) *m.* cook
बावला (*bāvlā*) *a.* mad, demented
बाशिंदा (*bāśindā*) *m.* inhabitant, resident, dweller
बास (*bās*) *f.* bad odour
बासन (*bāsan*) *m.* utensil, vessel
बाहर (*bāhar*) *adv.* out, outside, outwards
बाहुल्य (*bāhulya*) *m.* plenty
बिंदी (*biṁdī*) *f.* 1. dot or mark 2. zero
बिंदु (*biṁdu*) *m.* dot, spot
बिंब (*biṁb*) *m.* 1. image 2. reflection
बिकाऊ (*bikāū*) *a.* for/on sale
बिक्री (*bikrī*) *f.* sale
  बिक्री कर sales-tax
बिखरना (*bikharnā*) *v.i.* to be scattered
बिगाड़ना (*bigāṛnā*) *v.t.* to spoil
बिगुल (*bigul*) *m.* bugle
बिचकना (*bicaknā*) *v.i.* to startle
बिचौलिया (*bicauliyā*) *m.* mediator
बिच्छू (*bicchū*) *m.* scorpion
बिछड़ना (*bicharṇā*) *v.i.* to be separated or parted (from)
बिछाना (*bichānā*) *v.t.* to spread
बिछिया (*bichiyā*) *f.* a toe-ring
बिछोह (*bichoh*) *m.* separation (from the beloved)
बिछौना (*bichaunā*) *m.* bedding
बिजली (*bijlī*) *f.* power, electricity
बिटिया (*biṭiyā*) *f.* daughter
बिठाना (*biṭhānā*) *v.t.* to seat
बिताना (*bitānā*) *v.t.* to pass (time)
बिदकना (*bidaknā*) *v.i.* to be alarmed or startled
बिनना (*binanā*) *v.t.* 1. to knit 2. to be picked up or selected
बिना (*binā*) *adv.* without
बिनौला (*binaulā*) *m.* cotton seed
बिफरना (*bipharnā*) *v.i.* to become irritated or enraged
बियाबान (*biyābān*) *m.* wilderness

ब

बिरला (*birlā*) *a.* 1. rare 2. scarce

बिरवा (*birvā*) *m.* small tree

बिरहा (*birhā*) *m.* a folk song depicting separation of lovers

बिरादरी (*birādarī*) *f.* 1. brotherhood 2. small community

बिल (*bil*) *f.* 1. hole 2. burrow

बिलकुल (*bilkul*) *adv.* quite, at all, wholly, absolutely, utterly

बिलखना (*bilakhnā*) *v.i.* to weep bitterly

बिलबिलाना (*bilbilānā*) *v.t.* to sob or cry bitterly

बिलोना (*bilonā*) *v.t.* to churn

बिल्ली (*billī*) *f.* female cat

बिवाई (*bivāī*) *f.* chilblain, crack on the heel

बिसात (*bisāt*) *f.* 1. chess board 2. capacity

बिसूरना (*bisūrnā*) *v.i.* 1. to be distressed 2. to sob

बिस्तर (*bistar*) *m.* bedding, mattress

बीघा (*bīghā*) *m.* a measure of land equal to five-eighth of an acre

बीच (*bīc*) *m.* middle, centre

बीज (*bīj*) *m.* 1. seed 2. germ

बीट (*bīṭ*) *f.* droppings of birds

बीड़ा (*bīṛā*) *m.* a betel- leaf with spices

बीड़ी (*bīṛī*) *f.* roll of leaf containing tobacco

बीतना (*bītnā*) *v.i.* (of time) to pass, to be spent

बीन (*bīn*) *f.* flute made of dried gourd and used by snake charmers

बीनना (*bīnanā*) *v.t.* to pick, to select

बीभत्स (*bībhatsa*) *a.* abhorrent, loathsome

बीमार (*bīmār*) I. *a.* sick II. *m.* patient

बीवी (*bīvī*) *f.* wife

बीहड़ (*bīhaṛ*) *a.* 1. dense, thick forest) 2. rough path

बुआ (*buā*) *f.* father's sister

बुख़ार (*bukhār*) *m.* fever

बुज़दिल (*buzdil*) *a.* cowardly

बुज़ुर्ग (*buzurg*) *a.* & *m.* venerable and aged man

बुझना (*bujhnā*) *v.i.* to be extinguised, to be quenched

बुड्ढा (*buḍḍhā*) *a.* old man, aged

बुढ़ापा (*buṛhāpā*) *m.* old age

बुढ़िया (*buṛhiyā*) *f.* an old woman

बुत (*but*) *m.* 1. statue 2. idol

बुद्धि (*buddhi*) *f.* intellect, intelligence

बुद्धिमत्ता (*buddhimattā*) *f.* wisdom

बुद्धू (*buddhū*) *m.* fool, stupid

बुनकर (*bunkar*) *m.* weaver

बुनना (*bunanā*) *v.t.* to weave

बुनियाद (*buniyād*) *f.* foundation, groundwork

बुरा (*burā*) *a.* /**बुरी** (*burī*) *a.* 1. bad 2. wicked

बुरादा (*burādā*) *m.* sawdust

बुर्ज (*burj*) *m.* tower, turret

बुलंद (*buland*) *a.* high, lofty

बुलबुल (*bulbul*) *f.* nightingale

बुलबुला (*bulbulā*) *m.* bubble

बूँद (*būṁd*) *f.* 1. drop 2. rain drop

बूँदी (*būṁdī*) *f.* a small, round sweetmeat

बू (*bū*) *f.* bad smell, odour

बूचड़ (*būcaṛ*) *m.* butcher

बूढ़ा (*būṛhā*) *a.* & *m.* old man

बूता (*būtā*) *m.* strength, power

बृहत् (*bṛhat*) *a.* /**बृहद्** (*bṛhad*) *a.* large, big, huge

बेंत (*beṁt*) *m.* a stick

बेईमानी (*beīmānī*) *f.* dishonesty

बेकरार (*beqarār*) *a.* restless

बेकसूर (*bekasūr*) *a.* innocent

बेकार (*bekār*) *a.* 1. unemployed, idle 2. useless

बेख़बर (*bekhabar*) *a.* 1. careless 2. uninformed

बेगार (*begār*) *f.* forced service, unpaid labour

बेगुनाह (*begunāh*) *a.* innocent, guiltless

बेचारा (*becārā*) *a.* helpless

बेचैन (*becain*) *a.* restless, uneasy

ब

बेज़बान (*bezabān*) *a.* 1. speechless 2. dumb
बेजोड़ (*bezoṛ*) *a.* matchless
बेटा (*beṭā*) *m.* son
बेटी (*beṭī*) *f.* daughter
बेड़ा (*beṛā*) *m.* 1. fleet 2. raft
बेड़ी (*beṛī*) *f.* fetters, shackles
बेडौल (*beḍaul*) *a.* shapeless
बेढंगा (*beḍhaṅgā*) *a.* 1. unsystematic 2. unsymmetrical
बेतकल्लुफ़ (*betakalluf*) *a.* informal
बेतहाशा (*betahāśā*) *adv.* rashly
बेताब (*betāb*) *a.* impatient
बेतुका (*betukā*) *a.* ridiculous
बेदर्द (*bedard*) *a.* pitiless
बेधड़क (*bedhaṛak*) *a.* fearless
बेनसीब (*benasīb*) *a.* unfortunate
बेनामी (*benāmī*) *a.* in another person's name
बेबस (*bebas*) *a.* 1. helpless 2. weak
बेबाक (*bebāk*) *a.* fearless
बेबुनियाद (*bebuniyād*) *a.* groundless, without foundation
बेमतलब (*bematlab*) *a.* without any purpose
बेमानी (*bemānī*) *a.* meaningless
बेमेल (*bemel*) *a.* mismatched
बेरहम (*beraham*) *a.* merciless
बेरुखी (*berukhī*) *f.* disregard
बेरोज़गार (*berozgār*) *a.* unemployed
बेलन (*belan*) *m.* roller
बेवकूफ़ (*bevaqūf*) *a.* foolish
बेवफ़ा (*bevafā*) *a.* unfaithful
बेवा (*bevā*) *f.* widow
बेशक (*beśak*) *adv.* 1. without doubt 2. of course
बेशर्म (*beśarm*) *a.* shameless
बेशुमार (*beśumār*) *a.* countless
बेसन (*besan*) *m.* gram flour
बेस्वाद (*besvād*) *a.* tasteless
बेहतर (*behtar*) *a.* better
बेहया (*behayā*) *a.* shameless
बेहाल (*behāl*) *a.* miserable
बेहूदा (*behūdā*) *a.* indecent, foolish, crass
बेहोश (*behoś*) *a.* unconscious
बैठक (*baiṭhak*) *f.* 1. seat 2.

meeting
ठना (*baiṭhnā*) *v.t.* to sit (down)
र (*bair*) *m.* animosity, enmity
ल (*bail*) *m.* ox, bull, bullock
बैलगाड़ी *f.* bullock-cart
झ (*bojh*) *m.* 1. burden 2. load
झिल (*bojhil*) *a.* heavy, weighty
टी (*boṭī*) *f.* chop, slice of flesh
ध (*bodh*) *m.* knowledge
धगम्य (*bodhgamya*) *a.* intelligible, understandable
ना (*bonā*) *v.t.* to sow (seeds)
रसी (*borsī*) *f.* a pot for holding fire
रा (*borā*) *m.* gunny bag, sack
रियत (*boriyat*) *f.* boredom
लचाल (*bolcāl*) *f.* conversation
लबाला (*bolbālā*) *m.* clout
लना (*bolnā*) *v.i.* to speak
ली (*bolī*) *f.* 1. dialect 2. bid (in auction) 3. taunt

बोसा (*bosā*) *m.* kiss
बोहनी (*bohanī*) *f.* first sale of the day
बौखलाना (*baukhalānā*) *v.t.* to be perplexed
बौछार (*bauchāṛ*) *f.* heavy shower
बौना (*baunā*) *a.& m.* dwarf
ब्याज (*byāj*) *m.* interest
ब्याना (*byānā*) *v.i.* to give birth to (of animals)
ब्यालू (*byālū*) *f.* dinner, supper (usually taken in the early hours of night)
ब्याह (*byāh*) *m.* marriage
ब्योरा (*byorā*) *m.* detail
ब्रह्मचर्य (*brahmacarya*) *m.* celibacy
ब्रह्मांड (*brahmāṇḍ*) *m.* cosmos, the universe
ब्राह्मण (*brāhmaṇ*) *m.* one of the four Hindu castes based on duties and rights of individual

भ

भंग (*bhaṅg*) I. *m.* breach, breakdown II. *f.* an intoxicating drug made from leaves of hemp

भंगड़ा (*bhaṅgṛā*) *m.* a folk dance of Punjab

भंगिमा (*bhaṅgimā*) *f.* posture

भंगी (*bhaṅgī*) *m.* sweeper

भंगुर (*bhaṅgur*) *a.* momentary

भंजन (*bhañjan*) *m.* breaking

भंडार (*bhaṇḍār*) *m.* 1. store, storehouse 2. storage

भँवर (*bhaṁvar*) *m.* whirlpool

भँवरा (*bhaṁvarā*) *m.* black bee

भइया (*bhaiyā*) *m.* brother

भक्ति (*bhakti*) *f.* devotion
  भक्तिपूर्वक *adv.* devotedly

भक्षक (*bhakṣak*) *m.*/**भक्षी** (*bhakṣī*) *m.* feeding upon

भगदड़ (*bhagdaṛ*) *f.* stampede, sudden movement of people

भगवा (*bhagvā*) *a.* saffron-coloured

भगाना (*bhagānā*) *v.t.* to cause to run away

भगिनी (*bhaginī*) *f.* sister

भगोड़ा (*bhagoṛā*) *m.* & *a.* a runaway, fugitive

भग्न (*bhagn*) *a.* broken

भग्नावशेष (*bhagnāvaśeṣ*) *m.* ruins

भजन (*bhajan*) *m.* devotional song

भटकना (*bhaṭaknā*) *v.i.* to go astray, to lose one's right path

भटियारा (*bhaṭiyārā*) *m.* inn-keeper

भट्ठा (*bhaṭṭhā*) *m.* kiln

भट्ठी (*bhaṭṭhī*) *f.* fireplace

भड़कना (*bhaṛaknā*) *v.i.* to burst forth into flame

भड़कीला (*bhaṛkīlā*) *a.* glittering

भड़भूँजा (*bhaṛbhūṁjā*) *m.* 1. grain parcher 2. a community of grain-parchers

भड़ास (*bhaṛās*) *f.* accumulated spite/ grudge

भतीजा (*bhatījā*) *m.* nephew, brother's son

भतीजी (*bhatījī*) *f.* niece, brother's daughter

भत्ता (*bhattā*) *m.* allowance

भद्द (*bhadd*) *f.* disgrace, insult

भद्र (*bhadra*) *a.* 1. civil 2. urbane

भनक (*bhanak*) *f.* 1. a low distant sound 2. hum

भभकना (*bhabhaknā*) *v.i.* to burst into flame, to blaze

भभूत (*bhabhūt*) *f.* sacred ashes

भयंकर (*bhayaṅkar*) *a.* terrible

भय (*bhaya*) *m.* 1. fear 2. terror

भयानक (*bhayānak*) *a.* terrible

भरती (*bhartī*) *f.* recruitment

भरना (*bharnā*) *v.i.* to be filled

भरपूर (*bharpūr*) *a.* abundant

भरमार (*bharmār*) *f.* abundance

भरवाना (*bharvānā*) *v.t.* to cause to be filled

भरसक (*bharsak*) *adv.* as far as possible, utmost

भरोसा (*bharosā*) *m.* 1. reliance, trust 2. faith, belief

भर्त्सना (*bhartsanā*) *m.* rebuke

भलमनसाहत (*bhalmansāhat*) *f.* gentlemanliness

भला (*bhalā*) *a.* 1. good 2. virtuous 3. nice 4. healthy

भलाई (*bhalāī*) *f.* kindness

भवन (*bhavan*) *m.* building

भविष्य (*bhaviṣya*) *m.* future

भव्य (*bhavya*) *a.* splendid, grand

भस्म (*bhasm*) *f.* ashes, cinders

भाँग (*bhaṁg*) *f.* hemp, an intoxicating herb

भाँजना (*bhāṁjnā*) *v.t.* (of club, mace, etc.) to brandish

भाँड़ (*bhāṁṛ*) *m.* 1. clown 2. jester

भाँति (*bhāṁti*) *f.* 1. kind, 2. manner

भ

भाँपना (*bhāṁpnā*) *v.i.* 1. to see through 2. to guess

भाँवर (*bhāṁvar*) *f.* ceremony of going round the sacrificial fire performed by the bride and the bridegroom

भाई (*bhāī*) *m.* brother

भागना (*bhāgnā*) *v.i.* to run away

भाग्य (*bhāgya*) *m.* fate, luck

भाग्यवान् (*bhāgyavān*) *a.* lucky, fortunate

भाटा (*bhāṭā*) *m.* 1. current, stream 2. ebb-tide, low tide

भाड़ (*bhāṛ*) *m.* a fireplace for parching grains

भात (*bhāt*) *m.* boiled rice

भाप (*bhāp*) *f.* 1. steam 2. vapour

भाभी (*bhābhī*) *f.* sister-in-law, (elder) brother's wife

भार (*bhār*) *m.* 1. load 2. burden 3. duty 4. obligation

भारवाह (*bhārvāh*) *m.* carrier, porter, coolie

भारी (*bhārī*) *a.* heavy, weighty **भारी-भरकम** *a.* very heavy

भार्या (*bhāryā*) *f.* wife

भाल (*bhāl*) *m.* forehead

भाला (*bhālā*) *m.* spear, lance

भालू (*bhālū*) *m.* bear

भाव (*bhāv*) *m.* 1. feeling 2. emotion 3. price 4. rate

भावज (*bhāvaj*) *f.* sister-in-law, (elder) brother's wife

भावना (*bhāvnā*) *f.* feeling

भावी (*bhāvī*) I. *a.* future, coming II. *f.* destiny

भावुक (*bhāvuk*) *a.* emotional

भाषण (*bhāṣaṇ*) *m.* speech

भाषा (*bhāṣā*) *f.* language, speech

भाष्य (*bhāṣya*) *m.* commentary (of a text)

भास्कर (*bhāskar*) *m.* the sun

भिंडी (*bhiṁḍī*) *f.* lady's-finger (a green vegetable)

भिक्षा (*bhikṣā*) *f.* 1. begging 2. alms

भिक्षुक (*bhikṣuk*) *m.* beggar

भिखारी (*bhikhārī*) *m.* /**भिखमंगा** (*bhikhmaṅgā*) *m.* /1. beggar 2. pauper

भिगोना (*bhigonā*) *v.t.* to wet

भ

भिड़ंत (*bhiṛant*) *f.* encounter, clash

भिनभिनाना (*bhinbhinānā*) *v.i.* to go on humming and buzzing

भिन्न (*bhinn*) *a.* 1. different, separate 2. fraction

भिश्ती (*bhiśtī*) *m.* water-carrier

भींचना(*bhīṁcnā*) *v.t.* to press

भीख (*bhīkh*) *f.* 1 begging 2. alms

भीगना (*bhīgnā*) *v.i.* to get wet

भीड़ (*bhīṛ*) *f.* crowd, multitude

भीतर (*bhītar*) *postp.* in, inside

भीरु (*bhīru*) *a.* timid, cowardly

भीषण (*bhīṣaṇ*) *a.* awful, gruesome, fearsome

भुखमरी (*bhukhmarī*) *f.* 1. starvation 2. famine

भुगतना (*bhugatnā*) *v.i.* to suffer

भुगतान (*bhugtān*) *m.* payment

भुजा (*bhujā*) *f.* arm

भुजिया (*bhujiyā*) *f.* fried vegetable, snacks

भुट्टा (*bhuṭṭā*) *m.* corn, maize

भुनभुनाना (*bhunbhunānā*) *v.i.* to gabble

भुनाना (*bhunānā*) *v.t.* to cause to be parched or roasted

भुलक्कड़ (*bhulakkaṛ*) *a.* 1. very forgetful 2. oblivious

भूमंडल (*bhūmaṇḍal*) *m.* globe, the earth

भूकंप (*bhūkamp*) *m.* earthquake

भूख (*bhūkh*) *f.* 1. hunger 2. appetite 3. want

भूखा (*bhūkhā*) *a.* hungry

भूगोल (*bhūgol*) *m.* geography

भूचाल (*bhūcāl*) *m.* earthquake

भूत (*bhūt*) I. *m.* ghost II. *a.* past

भूतपूर्व (*bhūtpūrv*) *a.* former, previous

भूदान (*bhūdān*) *m.* gift of land

भूधर (*bhūdhar*) *m.* mountain, hill

भूनना (*bhūnanā*) *v.t.* 1. to roast 2. to parch

भूमि (*bhūmi*) *f.* earth

भ

भूमिका (*bhūmikā*) *f.* 1. introduction, preface 2. role

भूमिहार (*bhūmihār*) *m.* land proprietor, Brahmin

भूरा (*bhūrā*) *a.* 1. brown 2. (of hair) auburn

भूल (*bhūl*) *f.* 1. forgetfulness, negligence 2. mistake

भूलभुलैया *f.* labyrinth, maze

भूलना (*bhūlnā*) *v.t.* to forget

भूषण (*bhūṣaṇ*) *m.* ornament

भूसा (*bhūsā*) *m.* straw, chaff

भृकुटि (*bhr̥kuṭi*) *f.* eyebrow

भृत्य (*bhr̥tya*) *m.* servant

भेंट (*bheṁṭ*) *f.* 1. meeting 2. offering, present

भेजना (*bhejnā*) *v.t.* to send

भेड़ (*bheṛ*) *f.* sheep, ewe

भेड़िया (*bheṛiyā*) *m.* wolf

भेद (*bhed*) *m.* 1. secret 2. mystery 3. difference

भेदिया (*bhediyā*) *a.&m.* /**भेदी** (*bhedī*) *a.&m.* 1. informer 2. confidant 3. spy

भेरी (*bherī*) *f.* kettledrum

भेली (*bhelī*) *f.* a small lump

भेष (*bheṣ*) *m.* 1. appearance 2. form

भैंगा (*bhaiṁgā*) *a.* squint-eyed

भैंसा (*bhaiṁsā*) *m.* female buffalo

भैया (*bhaiyā*) *m.* brother

भोंकना (*bhoṁknā*) *v.t.* 1. to thrust, to pierce through 2. to stab

भोग (*bhog*) *m.* enjoyment

भोग्य (*bhogya*) *a.* enjoyable

भोज (*bhoj*) *m.* 1. feast, banquet 2. a kind of tree, birch

भोजन (*bhojan*) *m.* meals, food

भोर (*bhor*) *f.* daybreak, dawn

भोला (*bholā*) *a.* simple, artless, innocent

भौंकना (*bhauṁknā*) *v.i.* to bark

भौंह (*bhauṁh*) *m.* eyebrow

भौंचक (*bhauṁcak*) *a.* /**भौंचक्का** (*bhauṁcakkā*) *a.* amazed

भौजाई (*bhaujāī*) *f.* /**भौजी** (*bhaujī*) *f.* sister-in-law, brother's wife

भौतिक (*bhautik*) *a.* physical

भौतिकी (*bhautikī*) *f.* physics

भ्रम (*bhram*) *m.* 1. illusion 2. misunderstanding

भ्रमण (*bhramaṇ*) *m.* travel

भ्रमर (*bhramar*) *m.* beetle

भ्रमरी (*bhramarī*) *f.* a female black-bee

भ्रमात्मक (*bhramâtmak*) *a.* illusive, illusory

भ्रष्ट (*bhraṣṭ*) *a.* corrupt (ed)

भ्रष्टाचार (*bhraṣṭâcār*) *m.* corruption

भ्रांत (*bhrānt*) *a.* misled, mistaken

भ्रांति (*bhrānti*) *f.* delusion

भ्राता (*bhrātā*) *m.* brother

भ्रातृत्व (*bhrātṛtva*) *m.* 1. brot erhood 2. fraternity

भ्रामक (*bhrāmak*) *a.* confusing

भ्रूण (*bhrūṇ*) *m.* embryo, foetus

म

म

मँगनी (*mamgnī*) *f.* engagement

मंगल (*mangal*) *m.* 1. the planet Mars 2. Tuesday 3. welfare

मँगेतर (*mamgetar*) *m.* & *f.* one to whom a boy or a girl is betrothed

मंच (*mañc*) *m.* 1. platform 2. forum 3. dais 4. stage

मंचन (*mañcan*) *m.* 1. performing on the stage 2. staging

मंजन (*mañjan*) *m.* tooth-powder

मंज़र (*maṃzar*) *m.* scene

मंजा (*mañjā*) *m.* string for a kite

मंज़िल (*maṃzil*) *f.* 1. storey 2. destination 3. journey's end 4. goal

मँजीरा (*mamjīrā*) *m.* (a pair of) cymbals

मंज़ूर (*mamzūr*) *a.* 1. sanctioned 2. accepted

मँझधार (*mamjhdhār*) *f.* midstream, mid-current

मँझला (*mamjhlā*) *a.* middle

मंडप (*maṇḍap*) *m.* canopy, pavilion

मँडराना (*mamḍrānā*) *v.i.* to hover about, to hang around

मंडल (*maṇḍal*) *m.* division

मंडली (*maṇḍalī*) *f.* 1. group 2. troupe 3. company 4. band

मंडी (*maṇḍī*) *f.* market, bazaar

मंतव्य (*mantavya*) *m.* view, opinion

मंत्र (*mantra*) *m.* a sacred verse or text, spell, charm

मंत्रालय (*mantrālaya*) *m.* ministry

मंत्रिमंडल (*mantrimaṇḍal*) *m.* cabinet, ministry

मंत्री (*mantrī*) *m.* minister

मंथन (*manthan*) *m.* churning

मंथर (*manthar*) *a.* 1. slow-moving 2. creeping

मंद (*mand*) *a.* slow, tardy

मंदा (*mandā*) I. *m.* depression (in business) II. *a.* slow, tardy

मंदिर (*mandir*) *m.* temple

मंदी (*mandī*) *f.* depression (in business)

मंशा (*maṃśā*) *f.* intention

मंसूबा (*maṃsūbā*) *m.* 1. contrivance 2. project

मकड़ी (*makṛī*) *f.* spider

मक़बरा (*maqbarā*) *m.* mausoleum

मक़सद (*maqsad*) *m.* intention

मकान (*makān*) *m.* house

मक्का (*makkā*) *m.* maize

मक्खन (*makkhan*) *m.* butter

मक्खी (*makkhī*) *f.* fly, housefly

मक्खीचूस (*makhīcūs*) *m.* miser

मख़मल (*ma<u>kh</u>mal*) *f.* velvet, plush

मख़ौल (*ma<u>kh</u>aul*) *m.* joke, jest

मग़रूर (*ma<u>g</u>rūr*) *a.* proud

मचलना (*macalnā*) *v.i.* to be restless

मचान (*macān*) *m.* 1. platform (as for hunters, watchmen) 2. stage

मचिया (*maciyā*) *f.* a small stool

मच्छर (*macchar*) *m.* mosquito

मछली (*machalī*) *f.* fish

मछुआ (*machuā*) *m.* fisherman

मज़दूर (*mazdūr*) *m.* labourer

मज़बूत (*mazbūt*) *a.* 1. strong 2. firm 3. durable

मजबूर (*majbūr*) *a.* compelled

मज़मून (*mazmūn*) *m.* 1. topic, subject 2. text

मजलिस (*majlis*) *f.* 1. assembly 2 company

मज़हब (*mazhab*) *m.* religion, sect

मज़ा (*mazā*) *m.* pleasure

मज़ाक (*mazāq*) *m.* joke, jest

मज़ार (*mazār*) *m.* 1. shrine 2. tomb

मजाल (*majāl*) *f.* 1. authority 2. power 3. capacity

म

मजीरा (*majīrā*) *m.* cymbals
मज़ेदार (*mazedār*) *a.* tasteful
मटकना (*maṭaknā*) *v.i.* to coquette, to ogle, to flirt
मटका (*maṭakā*) *m.* a large,
मटमैला (*maṭmailā*) *a.* dust-coloured
मटर (*maṭar*) *m.* pea, peas
मटरगश्ती (*maṭargaśtī*) *f.* vagrancy, wandering leisurely
मटियामेट (*maṭiyāmeṭ*) *a.* 1. ruined, destroyed 2. undone
मट्ठा (*maṭṭhā*) *m.* buttermilk
मठ (*maṭh*) *m.* 1. abode of an ascetic 2. monastery
मड़ई (*maṛaī*) *f.* hut, cottage
मढ़ना (*maṛhnā*) *v.t.* to cover
मणि (*maṇi*) *f.* jewel, gem
मत (*mat*) *m.* opinion, view, vote
मतदान *m.* poll, polling, voting
मतलब (*matlab*) *m.* purpose
मतवाला (*matvālā*) I. *m.* drunkard II. *a.* intoxicated, drunken
मति (*mati*) *f.* 1. intellect 2. thought
मथना (*mathanā*) *v.t.* to churn
मथनी (*mathani*) *f.* /**मथानी** (*mathānī*) *f.* 1. churning stick 2. churning pot
मदद (*madad*) *f.* help, aid
मदरसा (*madarasā*) *m.* 1. school 2. seminary (for study of holy Quran)
मदहोश (*madhoś*) *m.* intoxicated
मदारी (*madārī*) *m.* 1. one who trains and shows dances of monkey or bear 2. juggler
मदिरा (*madirā*) *f.* wine, liquor
मद्य (*madya*) *m.* alcohol, liquor
मधु (*madhu*) *m.* 1. honey 2. juice of flowers 3. liquor, wine
मधुमक्खी *f.* bee, honeybee
मधुकर (*madhukar*) *m.*/**मधुप** (*madhup*) *m.* a large black bee
मधुमेह (*madhumeh*) *m.* diabetes
मधुर (*madhur*) *a.* melodious

मध्य (*madhya*) *a.* mid, middle

मध्यम (*madhyam*) *a.* 1. medium 2. middle, intermediate

मध्यस्थ (*madhyasth*) I. *a.* medial II. *m.* mediator

मध्यांतर (*madhyāntar*) *m.* interval, intermission

मध्याह्न (*madhyāhn*) *m.* midday, noon

मन (*man*) *m.* 1. mind 2. heart

मनगढ़ंत *a.* concocted

मनमानी *f.* self-will, wilfulness

मनमुटाव *m.* ill-feeling

मनका (*manakā*) *m.* bead

मनन (*manan*) *m.* deep thinking

मनस्वी (*manasvī*) *a.* thoughtful

मनहूस (*manhūs*) *a.* 1. ill-fated, inauspicious 2. unlucky

मनाना (*manānā*) I. *v.t.* to appease II. *m.* persuasion

मनीषा (*manīṣā*) *f.* intellect, wisdom, mental power

मनुष्य (*manuṣya*) *m.* man, human being

मनोदशा (*manodaśā*) *f.* state of mind, mood, temper

मनोनयन (*manonayan*) *m.* nomination

मनोबल (*manobal*) *m.* moral strength

मनोरंजन (*manorañjan*) *m.* entertainment, recreation

मनोरथ (*manorath*) *m.* desire

मनोरम (*manoram*) *a.* lovely, charming, pleasing

मनोविज्ञान (*manovijñān*) *m.* psychology

मनोवृत्ति (*manovṛtti*) *f.* mentality

मनौती (*manautī*) *f.* /**मन्नत** (*mannat*) *f.* votive offering

ममता (*mamtā*) *f.* affection

ममेरा (*mamerā*) *a.* related to maternal uncle

ममेरा भाई *m.* /**ममेरी बहन** *f.* cousin

मयस्सर (*mayassar*) *a.* available

मयूर (*mayūr*) *m.* peacock

मरघट (*marghaṭ*) *m.* cremation

म

ground

मरण (*maraṇ*) *m.* death

मरणोपरांत (*maraṇoparānt*) *adv.* after death

मरतबान (*maratbān*) *m.* a glazed clay jar for keeping preserves

मरदानगी (*mardāngī*) *f.* manliness, bravery

मरदूद (*mardūd*) *a.* 1. rejected 2. damned, good-for-nothing

मरना (*marnā*) *v.i.* to die

मरम्मत (*marammat*) *f.* 1. mending 2. repairs

मरहम (*marham*) *f.* ointment, salve

मरहूम (*marhūm*) *a.* dead, deceased

मरियल (*mariyal*) *a.* 1. lean 2. weak

मरीचिका (*marīcikā*) *f.* illusion

मरीज़ (*marīz*) *m.* patient

मरु (*maru*) *m.* a desert

मरुस्थल (*marusthal*) *m.* desert

मरोड़ना (*maroṛnā*) *v.t.* to twist

मर्ज़ (*marz*) *f.* sickness, illness

मर्ज़ी (*marzī*) *f.* desire

मर्द (*mard*) *m.* 1. potent ma[n] 2. man 3. husband

मर्मज्ञ (*marmajñ*) *m.* one wh[o] knows the real significanc[e]

मर्मर (*marmar*) *m.* rustling

मर्मस्पर्शी (*marmasparśī*) heart-rending, touching moving

मर्यादा (*maryādā*) *f.* limit

मल (*mal*) *m.* 1. excremen[t] faeces, stool 2. rubbish, fil[th]

मलद्वार (*maldvār*) *m.* anus

मलना (*malanā*) *v.t.* to mas[sage]

मलबा (*malabā*) *m.* 1. debris rubbish

मलमल (*malmal*) *f.* muslin clot[h]

मलाई (*malāī*) *f.* cream

मलाल (*malāl*) *m.* regret

मलिका (*malikā*) *f.* queen

मलीदा (*malīdā*) *m.* a swee[t] meat of mashed bread ar[nd] sugar

मल्लाह (*mallāh*) *m.* boatma[n]

मवाद (*mavād*) *m.* pus, purule[nce]

matter

वेशी (*maveśī*) *m.* cattle

शक (*maśak*) *f.* a leather bag for carrying water

शक्कत (*maśaqqat*) *f.* labour

शगूल (*maśgūl*) *a.* busy

शविरा (*maśvirā*) *m.* advice

शहूर (*maśahūr*) *a.* well-known, famous, reputed

शाल (*maśāl*) *f.* burning torch

सखरा (*maskharā*) I. *a.* humourous II. *m.* joker, jester

सनद (*masnad*) *f.* a large round pillow, bolster

सलना (*masalnā*) *v.t.* to massage, to mash

सला (*maslā*) *m.* 1. question, problem 2. issue

सविदा (*masvidā*) *m.* a sketch or rough draft

सहरी (*mashari*) *f.* mosquito-net

सान (*masān*) *m.* crematory, place of burning the dead

साला (*masālā*) *m.* spices

मसूड़ा (*masūṛā*) *m.* gums of the teeth

मसूर (*masūr*) *f.* a variety of black pulse

मस्त (*mast*) *a.* 1. intoxicated 2. carefree

मस्तक (*mastak*) *m.* forehead

मस्तिष्क (*mastiṣk*) *m.* brain, mind

महँगाई (*mahṁgāī*) *f.* 1. inflation 2. dearness 3. a time of scarcity

महंत (*mahant*) *m.* head of a religious order

महक (*mahak*) *f.* 1. perfume 2. odour

महकमा (*mahakmā*) *m.* 1. department 2. office

महत्त्व (*mahattva*) *m.* importance

महत्त्वपूर्ण (*mahattvapūrṇ*) *a.* important

महत्त्वाकांक्षा (*mahattvākāṅkṣā*) *f.* ambition

महफ़िल (*mahfil*) *f.* assembly

महबूब (*mahbūb*) I. *a.* liked, dear, beloved II. *m.* loved one

म

महबूबा (*mahbūbā*) *f.* sweetheart
महराब (*mahrāb*) *f.* arch
महल (*mahal*) *m.* palace
महसूस (*mahsūs*) *a.* felt, perceived
महाजन (*mahājan*) *m.* 1. moneylender 2. merchant
महाद्वीप (*mahādvīp*) *m.* continent
महान् (*mahān*) *a.* great, big
महानगर (*mahānagar*) *m.* metropolis
महानुभाव (*mahānubhāv*) *m.* a respectable form of address, sir
महापुरुष (*mahāpuruṣ*) *m.* great man
महामहिम (*mahāmahim*) *a.* His Majesty, Your Majesty
महामारी (*mahāmārī*) *f.* widespread disease, epidemic
महारत (*mahārat*) *f.* experience
महाराज (*mahārāj*) *m.* 1. supremelord 2. respectful term for a Brahmin, Guru
महावत (*mahāvat*) *m.* elephant driver/keeper
महावर (*mahāvar*) *m.* a red coloured lac paste (used by women to colour their feet)
महाविद्यालय (*mahāvidyālay*) *m.* college
महाशय (*mahāśay*) *m.* 1. a form of address 2. noble man
महासागर (*mahāsāgar*) *m.* ocean
महिमा (*mahimā*) *f.* 1. dignity 2. glory
महिला (*mahilā*) *f.* lady
महीन (*mahīn*) *a.* 1. fine 2. thin
महीना (*mahinā*) *m.* month
महुआ (*mahuā*) *m.* a tree bearing sweet flowers from which liquor is distilled
महोदय (*mahodaya*) *a.* Sir
महोदया (*mahodayā*) *a.* Madam
माँ (*māṁ*) *f.* mother
माँग (*māṁg*) *f.* demand
माँजना (*māṁjnā*) *v.t.* to cleanse
माँझी (*maṁjhī*) *m.* boatman

माँड़ (*māṁṛ*) *m.* 1. boiled rice water 2. rice starch

माँद (*māṁd*) I. *f.* lair, den (of a wild animal) II. *a.* dull, faint

मांस (*māṃs*) *m.* 1. flesh 2. meat

मांसाहार (*māṃsāhār*) *m.* non-vegetarian food or diet

माकूल (*māqūl*) *a.* 1. reasonable 2. just, fair, proper

माचिस (*mācis*) *f.* 1. a matchstick 2. matchbox

माजरा (*mājarā*) *m.* matter

माटी (*māṭī*) *f.* 1. earth 2. soil

मात (*māt*) *f.* defeat, repulse

मातम (*mātam*) *m.* mourning, grief

मातहत (*māthat*) *a.* subordinate

माता (*mātā*) *f.* 1. mother 2. smallpox

मातृत्व (*mātṛtva*) *m.* motherhood

मात्र (*mātra*) *adv.* merely, only

मात्रा (*mātrā*) *f.* quantity

माथा (*māthā*) *m.* 1. head, forehead 2. forepart

मादक (*mādak*) *a.* intoxicating

मादा (*mādā*) *f.* female

माधुरी (*mādhurī*) *f.* /**माधुर्य** (*mādhurya*) *m.* 1. sweetness 2. pleasantness

माध्यम (*mādhyam*) *m.* medium

मान (*mān*) *m.* 1. respect 2. standard 3. scale 4. measure

मानचित्र (*māncitra*) *m.* map

मानदंड (*māndaṇḍ*) *m.* standard, criterion

मानपत्र (*mānpatra*) *m.* address (of welcome)

मानक (*mānak*) *m.* standard, norm

मानदेय (*māndeya*) *m.* honorarium

मानना (*mānanā*) *v.t.* 1. to agree 2. to accept

माननीय (*mānanīya*) *a.* honourable

मानव (*mānav*) *m.* man

मानवता (*mānavtā*) *f.* 1. humanity 2. humaneness

म

मानस (*mānas*) I. *m.* 1. mind 2. heart II. *a.* mental

मानसिक (*mānasik*) *m.* mental

मानहानि (*mānahāni*) *f.* contempt, defamation

मानिंद (*mānimd*) *a.* like, resembling, similar to

मान्य (*mānya*) *a.* respectable

मान्यता (*mānyatā*) *f.* 1. accreditation 2. recognition

माप (*māp*) *m.* 1. measure 2. size

माफ़िक (*māfiq*) *a.* suitable

माफ़ी (*māfī*) *f.* pardon

मामला (*māmlā*) *m.* 1. affair 2. cause or suit in law

मामा (*māmā*) *m.* maternal uncle, mother's brother

मामी (*māmī*) *f.* maternal aunt

मामूली (*māmūlī*) *a.* 1. common 2. ordinary

मायका (*māyakā*) *m.* 1. mother's home 2. maternal village city

माया (*māyā*) *f.* illusion

मायावी (*māyāvī*) *a.* & *m.* 1. mystic 2. phantasmal, illusive

मायूस (*māyus*) *a.* disappointed, frustrated

मार (*mār*) *f.* beating, thrashing

मारना (*mārnā*) *v.t.* 1. to beat 2. to kill

मारफ़त (*mārafat*) *adv.* /**मार्फ़त** (*mārfat*) *adv.* through, by (the medium of, care of)

मार्ग (*mārg*) *m.* way, path

मार्गदर्शक (*mārgadarśak*) *m.* guide, pioneer

मार्जन (*mārjan*) *m.* wiping

मार्तंड (*mārtaṇḍ*) *m.* the sun

मार्मिक (*mārmik*) *a.* touching

माल (*māl*) *m.* 1. goods 2. riches, wealth

मालगुज़ारी (*mālguzārī*) *f.* land revenue

मालपुआ (*mālpuā*) *m.* a kind of sweet cake fried in ghee

मालवीय (*mālvīya*) *a.* a caste of Brahmins

माला (*mālā*) *f.* 1. garland 2. rosary

मालामाल (*mālāmāl*) *a.* wealthy
मालिक (*mālik*) *m.* 1. master 2. lord 3. proprietor
मालिन्य (*mālinya*) *m.* dirt
मालिश (*māliś*) *f.* massage
माली (*mālī*) I. *m.* gardener II. *a.* financial, economic
मालूम (*mālūm*) *a.* known
माशूक (*māśūk*) *m.* a male beloved, sweetheart
मास (*mās*) *m.* month
मासिक (*māsik*) *a.* monthly
मासूम (*māsūm*) I. *a.* innocent, guileless, simple II. *m.* infant
मास्टर (*māsṭar*) *m.* teacher
माह (*māh*) *m.* month
माहात्म्य (*māhātmya*) *m.* 1. greatness 2. spiritual nobleness
माहिर (*māhir*) *a.*& *m.* expert
माहौल (*māhaul*) *m.* surroundings, environs
मिचली (*miclī*) *f.* feeling of vomiting, nausea
मिज़ाज (*mizāj*) *m.* 1. nature 2. habit 3. disposition
मिटना (*miṭnā*) *v.i.* to be erased, to be blotted out
मिट्टी (*miṭṭī*) *f.* 1. earth 2. soil
मिठाई (*miṭhāī*) *f.* sweetmeat
मित्र (*mitra*) *m.* friend, ally
मित्रता (*mitratā*) *m.* friendship
मिथ्या (*mithyā*) *a.* false, untrue
मिन्नत (*minnat*) *f.* supplication, humble, entreaty
मियाद (*miyād*) *f.* limit
मिरज़ई (*mirzaī*) *f.* a quilted jacket
मिर्गी (*mirgī*) *f.* epilepsy
मिर्च (*mirc*) *f.* chilli
मिलन (*milan*) *m.* 1. association 2. meeting
मिलनसार (*milansār*) *a.* sociable, friendly, affable
मिलना (*milnā*) *v.t.* to meet
मिलाना (*milānā*) *v.t.* to mix
मिलावट (*milāvaṭ*) *m.* adulteration
मिल्कियत (*milkiyaṭ*) *f.* 1. property 2. possession 3. estate
मिश्रण (*miśraṇ*) *m.* mixing

म

मिष्टान्न (*miṣṭānn*) *m.* sweet-meat, sweets

मिसरा (*misrā*) *m.* a line of a verse

मिसाल (*misāl*) *f.* example

मिस्री (*misrī*) *f.* sugar-candy

मीठा (*mīṭhā*) *a.& m.* sweet

मीत (*mīt*) *m.* friend

मीना (*mīnā*) *m.* 1. enamel 2. a precious stone of blue colour

मीनार (*mīnār*) *m.* tower, minaret

मीमांसा (*mīmāṃsā*) *f.* critique

मुँगरी (*mum̐grī*) *f.* mallet

मुंड (*muṇḍ*) *m.* 1. head 2. skull

मुंडन (*muṇḍan*) *m.* the first ceremonial shaving of a child's head

मुँडेर (*mum̐ḍer*) *f.* parapet

मुंशी (*muṃśī*) *m.* 1. accountant 2. scribe 3. clerk

मुंसिफ (*muṃsif*) *m.* munsif, judge of a small civil court

मुँह (*mum̐h*) *m.* 1. mouth 2. face

मुँहमाँगा (*mum̐hmām̐gā*) *a.* as demanded or requested, as prayed for

मुँहासा (*mum̐hāsā*) *m.* a pimple or mole on the face

मुअत्तल (*muattal*) *a.* suspended (from service)

मुआवज़ा (*muāvzā*) *m.* 1. compensation 2. remuneration

मुक़दमा (*muqadmā*) *m.* a law suit, case

मुक़द्दर (*muqaddar*) *a.* fate luck

मुकम्मल (*mukammal*) *a.* 1. perfect 2. complete

मुकरना (*mukarnā*) *v.i.* to deny to refuse to admit

मुक़र्रर (*muqarrar*) *a.* appointed

मुक़ाबला (*muqāblā*) *m.* 1. competition 2. comparison

मुक़ाम (*muqām*) *m.* 1. abode 2. place 3. halt, goal

मुकुट (*mukuṭ*) *m.* crown

मुक्का (*mukkā*) *m.* a blow with the fist

मुक्त (*mukt*) *a.* 1. freed, liberated, released 2. open

मुक्ति (*mukti*) *f.* liberation
मुख (*mukh*) *m.* 1. mouth 2. face
मुखर (*mukhar*) *m.* talkative
मुख़ातिब (*mukhātib*) *a.* the person addressed
मुखापेक्षी (*mukhāpekṣī*) *a.* dependent on somebody for help
मुखिया (*mukhiyā*) *m.* chief, headman (especially of a village)
मुखौटा (*mukhauṭā*) *m.* mask
मुख़्तसर (*mukhtasar*) *a.* 1. brief 2. short
मुख्य (*mukhya*) *a.* 1. main 2. principal, chief
  मुख्यमंत्री *m.* chief minister
मुगदर (*mugdar*) *m.* 1. club to exercise with 2. mallet
मुग्ध (*mugdh*) *a.* charmed
मुजरा (*mujrā*) *m.* musical prformance by a dancing girl
मुजरिम (*mujrim*) *m.* criminal
मुटापा (*muṭāpā*) *m.* corpulence
मुट्ठी (*muṭṭhī*) *f.* 1. fist 2. clutch
मुठभेड़ (*muṭhbheṛ*) *f.* encounter
मुड़ना (*muṛnā*) *v.i.* to turn back
मुताबिक (*mutābiq*) *a.* 1. in accordance with 2. identical, like 3. corresponding
मुदित (*mudit*) *a.* pleased
मुद्दई (*muddaī*) *m.* complainant
मुद्दत (*muddat*) *f.* 1. time 2. duration 3. long time
मुद्दा (*muddā*) *m.* 1. intention, purpose 2. theme
मुद्रण (*mudraṇ*) *m.* printing
मुद्रा (*mudrā*) *f.* 1. money, currency, coin 2. seal 3. stamp
मुनक्का (*munaqqā*) *m.* large-size dried grape, raisin
मुनादी (*munādī*) *f.* proclamation (by beat of drum)
मुनाफ़ा (*munāfā*) *m.* profit
मुनासिब (*munāsib*) *a.* suitable
मुनीम (*munīm*) *m.* accountant
मुफ़लिस (*muflis*) *a.* poor
मुफ़ीद (*mufīd*) *a.* profitable
मुफ़्त (*muft*) *a.* 1. free 2. gratis
मुबारक (*mubārak*) *f.* congratu-

म

lation, blessing
मुमकिन (*mumkin*) *a.* possible
मुरझाना (*murjhānā*) *v.i.* 1. to wither 2. to fade
मुरब्बा (*murabbā*) *m.* jam
मुरव्वत (*muravvat*) *f.* kindness
मुराद (*murād*) *f.* will, wish
मुरीद (*murīd*) *m.* follower
मुरौवत (*murauvat*) *f.* generosity
मुर्ग़ी (*muragī*) *f.* hen
मुर्दनी (*murdanī*) *f.* 1. gloominess 2. lifelessness
मुर्दा (*murdā*) *a.* dead body, corpse
मुलतवी (*multavī*) *a.* postponed
मुलम्मा (*mulammā*) *m.* coating
मुलाक़ात (*mulāqāt*) *f.* 1. meeting 2. visit
मुलाज़िम (*mulāzim*) *m.* servant
मुलायम (*mulāyam*) *a.* soft
मुलाहिज़ा (*mulāhizā*) *m.* 1. consideration 2. regard
मुल्क (*mulk*) *m.* country
मुल्ज़िम (*mulzim*) *m.* accused
मुवक्किल (*muvakkil*) *m.* client of a lawyer
मुशायरा (*muśāyrā*) *m.* a meeting of poets
मुश्किल (*muśkil*) *a.* 1. difficult 2. hard
मुसकराना (*muskarānā*) *v.i.* to smile
मुसाफ़िर (*musāfir*) *m.* 1. traveller 2. passenger
मुसीबत (*musībat*) *f.* calamity, disaster
मुस्तैद (*mustaid*) *a.* ready
मुहताज (*muhtāj*) *a.* needy
मुहब्बत (*muhabbat*) *f.* love
मुहय्या (*muhyyā*) *a.* /**मुहैया** (*muhaiyā*) *a.* available
मुहर (*muhar*) *f.* 1. seal 2. stamp
मुहरबंद (*muharband*) *a.* sealed
मुहल्ला (*muhallā*) *m.* ward or part of a town
मुहाना (*muhānā*) *m.* mouth (of a river), estuary
मुहावरा (*muhāvrā*) *m.* idiom
मुहिम (*muhim*) *f.* 1. campaign, expedition 2. enterprise
मुहूर्त (*muhūrt*) *m.* auspicious

time

मूँगफली (*mūṁgphalī*) *f.* ground nut, peanut

मूँगा (*mūṁgā*) *m.* coral

मूँछ (*mūṁch*) *f.* moustache

मूँज (*mūṁj*) *f.* a kind of grass used for making rope

मूँदना (*mūṁdnā*) *v.t.* to shut

मूक (*mūk*) *a.* 1. silent 2. dumb

मूठ (*mūṭh*) *f.* 1. handle 2. fist

मूढ़ (*mūṛh*) *a.* foolish, stupid

मूत (*mūt*) *m.* /**मूत्र** (*mūtra*) *m.* urine, piss

मूतना (*mūtnā*) *v.t.* to urinate

मूर्ख (*mūrkh*) *a.*& *m.* foolish

मूर्च्छा (*mūrcchā*) *f.* swoon

मूर्ति (*mūrti*) *f.* 1. idol 2. statue

मूर्धन्य (*mūrdhanya*) *a.* cerebral

मूल (*mūl*) I. *m.* 1. origin 2. root II. *a.* original

मूलभूत *m.* origin, source

मूलतः (*mūltaḥ*) *adv.* basically

मूली (*mūlī*) *f.* radish

मूल्य (*mūlya*) *m.* 1. value 2. price

मूल्यवान् (*mūlyavān*) *a.* valuable, precious, costly

मूल्यहीन (*mūlyahīn*) *a.* worthless, useless

मूल्यांकन (*mūlyāṅkan*) *m.* valuation, assessment

मूसल (*mūsal*) *m.* wooden pestle

मूसलाधार (*mūslādhār*) *a.* heavy or pelting (rain)

मृग मरीचिका (*mṛg marīcikā*) *f.* /**मृगतृष्णा** (*mṛgtṛṣṇā*) *f.* mirage, delusion

मृत (*mṛt*) *a.* 1. dead 2. extinct

मृतक (*mṛtak*) *m.* dead body

मृतप्राय (*mṛtprāy*) *a.* almost dead

मृत्युंजय (*mṛtyuñjay*) *m.* one who has conquered death

मृत्यु (*mṛtyu*) *f.* death, demise

मृत्युशय्या (*mṛtyuśayyā*) *f.* death bed

मृदंग (*mṛdaṅg*) *m.* a double drum

मृदु (*mṛdu*) *a.* 1. soft 2. tender

मृदुभाषी (*mṛdubhāṣī*) *a.* soft-spoken, sweet-tongued

म

मेंड़ (*meṁṛ*) *f.* boundary
मेंढ़क (*meṁḍhak*) *m.* frog, toad
मेंहदी (*meṁhdī*) *f.* myrtle, henna
मेघ (*megh*) *m.* cloud
मेज़पोश (*mezpoś*) *m.* tablecloth
मेज़बान (*mezbān*) *m.* host
मेढ़ा (*meṛhā*) *m.* ram
मेथी (*methī*) *f.* a green leafy vegetable, fenugreek
मेधा (*medhā*) *f.* wisdom
मेधावी (*medhāvī*) *m.* intelligent
मेमना (*memnā*) *m.* lamb
मेल (*mel*) *m.* connection
मेलजोल (*meljol*) *m.* association
मेला (*melā*) *m.* fair, festival
मेवा (*mevā*) *m.* dry fruit (such as almond, cashew nut, raisin etc)
मेहतर (*mehtar*) *m.* sweeper
मेहतरानी (*mehtarānī*) *f.* sweepress, sweeper's wife
मेहनत (*mehnat*) *f.* labour, toil
मेहनताना (*mehantānā*) *m.* 1. wages 2. fees
मेहमान (*mehmān*) *m.* guest
मेहमानदारी (*mehmāndārī*) *f.* hospitality
मेहरबान (*meharbān*) *a.* kind
मेहराब (*mehrāb*) *f.* arch
मेहरारू (*mehrārū*) *f.* wife, woman
मेहरी (*mehrī*) *f.* a maid-servant
मैत्री (*māitrī*) *f.* friendship
मैदा (*maidā*) *m.* refined wheat flour
मैदान (*maidān*) *m.* open field
मैना (*mainā*) *f.* starling (bird)
मैयत (*maiyat*) *m.* dead body, corpse
मैला (*mailā*) *a.* /मैली (*mailī*) I. *a.* dirty II. *m.* faeces
मोक्ष (*mokṣ*) *f. m.* salvation
मोची (*mocī*) *m.* cobbler
मोज़ा (*mozā*) *m.* sock, stocking
मोटा (*moṭā*) *a.* /मोटी (*moṭī*) *a.* fat
मोटापा (*moṭāpā*) *m.* fatness

म

मोड़ (*moṛ*) *m.* 1. bend 2. turn
मोड़ना (*moṛnā*) *v.i.* 1. to turn to another direction 2. to bend
मोती (*motī*) *m.* pearl
मोद (*mod*) *m.* happiness
मोदी (*modī*) *m.* 1. grocer 2. storekeeper
मोम (*mom*) *m.* wax
मोमबत्ती (*mombattī*) *f.* 1. wax candle 2. candle stick
मोर (*mor*) *m.* peacock
मोरचा (*morcā*) I. *f.* rust of iron II. *m.* a line of entrenchment
मोह (*moh*) *m.* deep love
मोहक (*mohak*) *a.* charming
मोहताज (*mohtāj*) *a.* needy, poor
मोहपाश (*mohpāś*) *m.* the snare of worldly affection
मोहब्बत (*mohabbat*) *f.* love
मोहर (*mohar*) *f.* stamp, seal
मोहरा (*mohrā*) *m.* chessman, pawn
मोहर्रर (*moharrar*) *m.* clerk
मोहलत (*mohlat*) *f.* time, reprieve
मोहिनी (*mohinī*) *a.* & *f.* (a woman) who charms/ attracts
मौका (*mauqā*) *m.* occasion
मौखिक (*maukhik*) *a.* oral
मौज़ (*mauz*) *m.* 1. whim 2. emotion, delight
मौज़ूँ (*maujūṁ*) *a.* 1. fit 2. suitable, agreeable
मौजूद (*mãujūd*) *a.* present
मौत (*maut*) *f.* death, demise
मौन (*maun*) *a.* silent, quiet
मौरूसी (*maurūsī*) *a.* hereditary, ancestral
मौलिक (*maulik*) *a.* original
मौसम (*mausam*) *m.* 1. season 2. weather
मौसा (*mausā*) *m.* the husband of mother's sister
मौसी (*mausī*) *f.* mother's sister
म्यान (*myān*) *f.* sheath
म्लान (*mlān*) *a.* faded, gloomy

य

य

यंत्र (*yantra*) *m.* 1. machine 2. instrument 3. a mystic design

यंत्रणा (*yantraṇā*) *f.* agony, torment, torture

यक़ीन (*yaqīn*) *m.* 1. certainty 2. belief 3. confidence

यक्ष्मा (*yakṣmā*) *f.* tuberculosis

यजमान (*yajmān*) *m.* one who requests and pays for the performance of a sacrifice

यज्ञ (*yajñya*) *m.* sacrifice with a philanthropic motive

यज्ञोपवीत (*yajñyopavīt*) *m.* the sacred thread (a symbol indicating one's upper caste and eligibility to perform yagya)

यतीम (*yatīm*) *m.* orphan

यत्न (*yatna*) *m.* effort

यत्र-तत्र (*yatra-tatra*) *adv.* here and there, hither and thither

यथा (*yathā*) *adv.* 1. as per 2. for example, for instance

यथायोग्य (*yathāyogya*) *adv.* as one deserves, suitably, properly

यथार्थ (*yathārtha*) *a.* 1. accurate 2. genuine

यथार्थवादी (*yathārthavādī*) I. *m.* realist II. *a.* realistic

यथावत् (*yathāvat*) *adv.* intact, as before

यथाशक्ति (*yathāśakti*) *adv.* as far as possible

यथाशीघ्र (*yathāśīghra*) *adv.* as early as possible

यथास्थिति (*yathāsthiti*) *adv.* according to the situation

यथेष्ट (*yatheṣṭa*) *a.* adequate

यदाकदा (*yadākadā*) *adv.* off and on, sometimes

यद्यपि (*yadyapi*) *conj.* though, althugh

यवनिका (*yavnikā*) *f.* curtain, stage-curtain

यश (*yaś*) *m.* repute, reputation

यशस्वी (*yaśasvī*) *a.* reputed

याचक. (*yācak)*) *m.* 1. supplicant 2. beggar

यातना (*yātnā*) *f.* torture

यात्रा (*yātrā*) *f.* journey, travel

याद (*yād*) *f.* remembrance

याददाश्त (*yāddāśt*) *f.* memory

यान (*yān*) *m.* a vehicle of any kînd

यायावर (*yāyāvar*) *m.* 1. nomad 2. wanderer

यार (*yār*) *m.* 1. friend, companion 2. lover 3. paramour

युक्ति (*yukti*) *f.* 1. argument 2. plea 3. skill 4. tactics

युग (*yug*) *m.* 1. epoch, age 2. era 3. pair, couple

युगल (*yugal*) *a.* pair, couple

युद्ध (*yuddha*) *m.* war, warfare

युद्धपोत (*yuddhapot*) *m.* warship

युवक (*yuvak*) *m.* young man

युवती (*yuvatī*) *f.* young woman

युवराज (*yuvrāj*) *m.* prince, heir-apparent

युवा (*yuvā*) *m.* youth

योग (*yog*) *m.* 1. total, sum total 2. combination 3. yoga

योगदान (*yogdān*) *m.* contribution

योगफल (*yogphal*) *m.* sum, sum total

योगाभ्यास (*yogābhyās*) *m.* the practice of yoga

योगी (*yogī*) *m.* yogi, ascetic

योग्य (*yogya*) *a.* 1. able 2. capable 3. worthy

योग्यता (*yogyatā*) *f.* 1. ability 2. qualification

योजना (*yojnā*) *f.* 1. plan 2. scheme

योजनाबद्ध (*yojnābaddha*) *a.* 1. planned 2. programmed

योद्धा (*yoddhā*) *m.* warrior, fighter

योधन (*yodhan*) *m.* fighting,

combatting
योधी (*yodhī*) *m.* a warrior, a combatant
योनि (*yoni*) *f.* vagina
योषा (*yoṣā*) f. a woman
यौन (*yaun*) I. *m.* sex II. *a.* sexual
यौम (*yaum*) *m.* day
यौवन (*yauvan*) *m.* youth, adolescence, youthfulness

र

रंक (*raṅk*) *m.* poor, pauper

रंग (*raṅg*) *m.* 1. colour, dye, hue 2. complexion 3. paint

रंगना (*raṅgnā*) *v.t.* to colour, to dye, to paint

रंगभूमि (*raṅgbhūmi*) *f.* 1. stage, theatre 2. arena, amphitheatre

रंगभेद (*raṅgbhed*) *m.* colour bar, apartheid

रंगरूट (*raṅgrūṭ*) *m.* 1. recruit 2. novice

रंगीन (*raṅgīn*) *a.* coloured

रंज (*rañj*) *m.* grief, sorrow

रंजिश (*rañjiś*) *f.* 1. ill-feeling 2. displeasure

रंडी (*raṇḍī*) *f.* prostitute, harlot, call girl

रँभाना (*raṁbhānā*) *v.t.* (of a cow or bullock) to bellow

रईस (*raīs*) *m.* a rich man

रक़म (*raqam*) *f.* 1. amount, sum of money 2. capital

रक्त (*rakt*) *m.* blood

रक्तपात (*raktpāt*) *m.* 1. blood-letting 2. bloodshed

रक्षक (*rakṣak*) *m.* guard

रक्षा (*rakṣā*) *f.* 1. protection, defence, safe-keeping 2. custody

रखना (*rakhnā*) *v.t.* to keep

रखवाली (*rakhvālī*) *f.* caretaking, safekeeping, safeguarding

रखैल (*rakhail*) *f.* a kept woman, concubine, mistress

रग (*rag*) *f.* 1. vein, nerve 2. fibre

रगड़ (*ragaṛ*) *f.* abrasion

रचना (*racnā*) *m.* 1. writing 2. creation

रचनात्मक (*racnātmak*) *a.* 1. constructive 2. positive

र

रजनी (*rajanī*) *f.* night

रजस्वला (*rajasvalā*) *a.* & *f.* in menstruation

रज़ा (*razā*) *f.* 1. wish 2. consent

रज़ाई (*razāī*) *f.* quilt

रज्जु (*rajju*) *f.* cord, rope

रटना (*raṭnā*) *v.t.* to repeat or reiterate continuously

रण (*raṇ*) *m.* war, battle, fighting

रतौंधी (*rataumdhī*) *f.* moon-blindness, night-blindness

रत्न (*ratn*) *m.* 1. precious stone, gem 2. the most talented and outstanding person of a class

रत्नाकर (*ratnākar*) *m.* the sea

रथ (*rath*) *m.* chariot

रद्द (*radd*) *a.* cancelled

रद्दी (*raddī*) I. *f.* waste paper, spoilage II. *a.* 1. inferior 2. worthless, useless

रद्दोबदल (*raddobadal*) *m.* 1. reshuffling 2. change, alteration

रफ़ू (*rafū*) *m.* darning

रफ़ूचक्कर (*rafūcakkar*) *a.* gone away, fled away

रफ़्तार (*raftār*) *f.* speed, pace

रबड़ी (*rabṛī*) *f.* a sweetmeat made from condensed milk and sugar

रबर (*rabaṛ*) *f.* eraser

रमणी (*ramaṇī*) *f.* a pretty young girl, a lovely woman

रमणीक (*ramaṇīk*) *a.* 1. beautiful, charming 2. pleasing

रव (*rav*) *m.* 1. uproar, noise, tumult 2. sound

रवाना (*ravānā*) *a.* 1. despatched 2. departed 3. set out 4. started

रवानी (*ravānī*) *f.* 1. flow 2. fluency 3. running

रवि (*ravi*) *m.* the sun

रवैया (*ravaiyā*) *m.* 1. attitude 2. behaviour

रश्मि (*raśmi*) *f.* ray, beam

रस (*ras*) *m.* 1. juice 2. essence 3. pleasure 4. enjoyment

रसगुल्ला (*rasgullā*) *m.* a traditional Bengali sweetmeat made from soft cottage cheese and sugar

रसद (*rasad*) *f.* 1. provisions, rations 2. supplies 3. food

रसना (*rasnā*) *f.* tongue 2. taste

रसातल (*rasātal*) *m.* hell

रसायन (*rasāyan*) *m.* chemistry

रसास्वादन (*rasāsvādan*) *m.* aesthetic enjoyment or relish

रसिक (*rasik*) *m.* one who appreciates beauty and beautiful things

रसीद (*rasīd*) *f.* receipt

रसोई (*rasoī*) *f.* 1. kitchen 2. food (especially cooked food)

रस्म (*rasm*) *f.* tradition, custom

रस्सी (*rassī*) *f.* rope, cord, string

रहट (*rahaṭ*) *m.* persian wheel for drawing water

रहन-सहन (*rahan-sahan*) *m.* mode or style of living

रहना (*rahnā*) *v.i.* 1. to reside 2. to live 3. to stay

रहनुमा (*rahnumā*) *m.* guide

रहम (*raham*) *m.* mercy, pity

रहमत (*rahmat*) *f.* divine mercy, pity, compassion, kindness

रहस्य (*rahasya*) *a.* mystery, secretive

रहस्योद्घाटन (*rahasyodghāṭan*) *m.* divulgence or revelation of a secret

राँड़ (*rāṁṛ*) *f.* /**राँड़ा** (*rāṁṛā*) *f.* 1. harlot 2. slut 3. widow

राक्षस (*rākṣas*) *m.* monster, demon

राख (*rākh*) *f.* ash

राखी (*rākhī*) *f.* a ceremonial thread tied on the wrist of a man by his sister

राग (*rāg*) *m.* 1. musical mode 2. melody 3. classical music 4.emotion 5. love 6. passion 7. attachment

राज (*rāj*) *m.* 1. reign, government 2. kingdom, dominion, realm, state 3. mason builder, bricklayer

राज़ (*rāz*) *a.* secret

र

राजकीय (*rājkīya*) *a.* of the state government

राजतंत्र (*rājtantra*) *m.* 1. monarchy 2. state with a monarch as head

राजदूत (*rājdūt*) *m.* ambassador

राजधानी (*rājdhānī*) *f.* capital, metropolis

राजनीति (*rājnīti*) *f.* politics

राजनेता (*rājnetā*) *m.* statesman

राजपत्रित (*rājpatrit*) *a.* gazetted

राजपथ (*rājpath*) *m.* highway

राजभाषा (*rājbhāṣā*) *f.* official or state language

राजस (*rājas*) *a.* passionate

राजसभा (*rājsabhā*) *f.* royal court

राजसी (*rājsī*) *a.* royal, regal, princely, befitting or worhty of a prince or king

राजस्व (*rājasva*) *m.* revenue

राजा (*rājā*) *m.* king, monarch, sovereign

राज़ी (*rāzī*) *a.* 1. willing 2. satisfied 3. contented

राज्य (*rājya*) *m.* 1. kingdom 2. state 3. reign

राज्यपाल (*rājyapāl*) *m.* Governor

राज्य सभा (*rājya sabhā*) *f.* Rajya Sabha, Council of States (upper house of parliament in India)

राज्य सरकार (*rājya sarkār*) *f.* state government

रात (*rāt*) *f.* night

रात्रि (*rātri*) *f.* night

रान (*rān*) *f.* thigh

रानी (*rānī*) *f.* queen

रामवाण (*rāmvāṇ*) *m.* panacea, elixir, any unfailing medicine

राय (*rāya*) *f.* 1. opinion 2. advice

रार (*rār*) *f.* quarrel, altercation

राल (*rāl*) *f.* 1. resin 2. saliva

राशि (*rāśi*) *f.* 1. amount, sum 2 twelve signs of the zodiac in astrology

राष्ट्र (*rāṣṭra*) *m.* nation

र

राष्ट्रकवि (*rāṣṭrakavi*) *m.* national poet

राष्ट्र गान (*rāṣṭragān*) *m.* /**राष्ट्र गीत** (*rāṣṭragīt*) *m.* national anthem

राष्ट्रध्वज (*rāṣṭradhvaj*) *m.* national flag

राष्ट्रपति (*rāṣṭrapati*) *m.* President

राष्ट्रपति भवन *m.* President's house/ residence

राष्ट्रभाषा (*rāṣṭrabhāṣā*) *f.* national language, lingua franca

राष्ट्र संघ (*rāṣtra saṅgh*) *m.* League of Nations

राष्ट्रीय (*rāṣṭrīy*) *a.* national

रास (*rās*) *f.* a show of dance of Lord Krishna and his life

रास्ता (*rāstā*) *m.* 1. path, way 2. route

राह (*rāh*) *m.* 1. way 2. path, track

राहगीर (*rāhgir*) *m.* traveller

राहत (*rāhat*) *f.* 1. repose, respite 2. relief

राही (*rāhī*) *m.* traveller

रिकाब (*rikāb*) *f.* stirrup

रिक्तता (*riktatā*) *f.* 1. void, vacuum 2. vacancy

रिझाना (*rijhānā*) *v.t.* 1. to appease, to please 2. to allure

रिपु (*ripu*) *m.* enemy, foe

रिमझिम (*rimjhim*) *f.* drizzling

रियाज़ (*riyāz*) *m.* practice, exercise (especially of singing and dancing)

रियायत (*riyāyat*) *f.* concession

रियासत (*riyāsat*) *f.* state, estate

रिवाज (*rivāj*) *m.* 1. custom 2. practice 3. usage

रिश्ता (*riśtā*) *m.* relationship

रिश्तेदार (*riśtedār*) *m.* relatives

रिश्वत (*riśvat*) *f.* bribe, illegal gratification

रिसना (*risnā*) *v.i.* 1. to drip 2. to leak, to ooze

रिसाला (*risālā*) *m.* troop of horses, cavalry

रिहाइश (*rihāiś*) *f.* 1 residence 2. abode, lodging

रिहाई (*rihāī*) *f.* release, deliv-

र

erance, liberation

रीछ (*rīch*) *m.* a bear

रीझना (*rījhnā*) *v.i.* 1. to be charmed or fascinated/enchanted 2. to become delighted

रीठा (*rīṭhā*) *m.* soap-nut

रीढ़ (*rīṛh*) *f.* backbone, spine

रीति (*rīti*) *f.* 1. custom, practice 2. method, mode, manner

रीति-रिवाज (*rīti-rivāj*) *m.* customs and practices

रुकना (*ruknā*) *v.t.* to stop

रुकावट (*rukāvaṭ*) *m.* hurdle, obstacle, barricade

रुख़ (*ru<u>kh</u>*) *m.* face, side

रुखाई (*rukhāī*) *f.* 1. roughness 2. dryness 3. indifference

रुग्ण (*rugṇ*) *a.* ill, sick

रुचि (*ruci*) *f.* 1. interest 2. taste

रुझान (*rujhān*) *m.* trend, tendency

रुतबा (*rutbā*) *m.* 1. rank 2. honour 3. position

रुदन (*rudan*) *m.* weeping, crying

रुधिर (*rudhir*) *m.* blood

रुपया (*rupayā*) *m.* rupee

रुपहला (*rupahlā*) *a.* silvery, silvered

रुबाई (*rubāī*) *f.* a stanza of four lines

रुलाई (*rulāī*) *f.* weeping

रुष्ट (*ruṣṭa*) *a.* angry, displeased

रुई (*rūī*) *f.* cotton, cotton wool

रुक्ष (*rūkṣ*) *a.* rough, rugged

रूखा (*rūkhā*) *a.* 1. dry 2. insipid 3. rough

रूखा-सूखा (*rūkhā-sūkhā*) *a.* plain and simple

रूठना (*rūṭhnā*) *v.i.* to be offended or displeased

रूढ़ि (*rūṛhi*) *f.* convention, tradition, old custom

रूप (*rūp*) *m.* 1. form, shape, appearance 2. beauty 3. version

रूपरेखा (*rūprekhā*) *f.* 1. outline 2. synopsis 3. contour

रूपांतर (*rūpāntar*) *m.* 1. transformation 2. adaptation

रूमानी (*rūmānī*) *a.* romantic

रूमाल (*rūmāl*) *m.* handkerchief

रूह (*rūh*) *f.* 1. soul 2. spirit 3. life

रेंकना (*reṁknā*) *v.i.* (of a donkey) to bray

रेंगना (*reṁgnā*) *v.i.* to creep

रेंडी (*reṁḍī*) *f.* /**रेंड़ी** (*reṁṛī*) *f.* castor seed

रेंडी का तेल *m.* castor-oil

रेखा (*rekhā*) *f.* 1. line 2. lineament

रेखागणित (*rekhāgaṇit*) *m.* geometry

रेखाचित्र (*rekhācitra*) *m.* 1. sketch 2. line drawing

रेगिस्तान (*registān*) *m.* sandy place, desert

रेचक (*recak*) *a.* purgative

रेज़गारी (*rezgārī*) *f.* small coins, change (of currency)

रेत (*ret*) *f.* sand

रेतीला (*retīlā*) *a.* sandy, gritty

रेला (*relā*) *m.* 1. flood 2. rush 3. influx

रेवड़ी (*revṛī*) *f.* a sweetmeat of solidified sugar covered with seeds of sesame

रेशम (*reśam*) *m.* silk

रेशा (*reśā*) *m.* fibre, staple

रैयत (*raiyat*) *f.* 1. subject 2. tenant

रोंगटा (*roṁgṭā*) *m.* /**रोआँ** (*roāṁ*) *m.* soft and small hair on the body

रोक (*rok*) *f.* 1. stop 2. hindrance 3. barrier 4. restriction

रोकड़ (*rokaṛ*) *f.* cash, ready money

रोकना (*roknā*) *v.t.* 1. to check 2. to detain 3. to restrict

रोग (*rog*) *m.* 1. disease 2. malady 3. illness

रोग़न (*rog̠an*) *m.* paint, polish

रोगी (*rogī*) *m.* 1. patient 2. sick

रोचक (*rocak*) *a.* interesting, pleasant

रोज़ (*roz*) *m.* 1. daily 2. everyday

रोज़गार (*rozgār*) *m.* 1. employment 2. profession

रोज़मर्रा (*rozmarrā*) I. *a.* 1. daily

र

routine 2. daily usage (of language) II. *m.* 1. customary, usual 2. daily

रोज़ा (*rozā*) *m.* 1. fast, 2. a month's daily fast observed by Muslims during Ramzan

रोज़ाना (*rozānā*) *a.* & *adv.* daily, everyday

रोज़ी-रोटी (*rozī-roṭī*) *f.* livelihood

रोट (*roṭ*) *m.* large and thick bread

रोटी (*roṭī*) *f.* 1. bread 2. meals

रोड़ा (*roṛā*) *m.* 1. pebble 2. obstruction, obstacle

रोना (*ronā*) *v.i.* to weep, to cry

रोपण (*ropaṇ*) *m.* planting, transplanting

रोपना (*ropnā*) *v.t.* to plant, to implant, to transplant

रोब (*rob*) *m.* 1. awe 2. dignity

रोम (*rom*) *m.* soft and small hair on the body

रोमांच (*romāñc*) *m.* horripilation, thrill, titillation

रोयाँ (*royām̐*) *m.* soft and small hair on the body

रोर (*ror*) *m.* hubbub, notoriety

रोली (*rolī*) *f.* a mixture of turmeric and lime used for applying tilak

रोशन (*rośan*) *a.* 1. illuminated 2. lighted

रोशनदान (*rośadān*) *m.* ventilator

रोशनाई (*rośnāī*) *f.* ink

रोशनी (*rośanī*) *f.* light, illumination

रोष (*roṣ*) *m.* resentment, anger

रौंदना (*rauṁdnā*) *v.t.* to crush down under the feet, to trample over, to crush

रौ (*rau*) *m.* 1. flow 2. motion

रौद्र (*raudra*) *a.* dreadful, horrible, fearful

रौनक़ (*raunaq*) *f.* lustre, brightness

रौशन (*rauśan*) *a.* 1. illuminated 2. lighted, lit up

ल

लँगड़ा (*laṁgṛā*) I. *a.* lame, limping II. *m.* lame person

लंगर (*laṅgar*) *m.* 1. anchor 2. public kitchen 3. alms house

लंगूर (*laṅgūr*) *m.* a long-tailed black-faced monkey

लँगोट (*laṁgoṭ*) *m.* a loin cloth

लंपट (*lampaṭ*) *a.* lewd, profligate, debauch

लंबा (*lambā*) *a.* 1. long 2. lengthy

लंबाई (*lambāī*) *f.* length

लकड़हारा (*lakaṛhārā*) *m.* woodcutter, one who cuts and sells wood, woodman

लकड़ी (*lakṛī*) *f.* 1. wood 2. timber 3. fuel

लकवा (*lakvā*) *m.* paralysis

लकीर (*lakīr*) *f.* line, lineament

लक्षण (*lakṣaṇ*) *m.* symptom

लक्ष्य (*lakṣya*) *m.* 1. aim, target, mark 2. objective

लखपति (*lakhpati*) *m.* millionaire, rich, wealthy

लखौरी (*lakhaurī*) *f.* small brick

लगभग (*lagbhag*) *adv.* about, nearly, approximately, almost, roughly

लगातार (*lagātār*) *adv.* continuously, incessantly

लगान (*lagān*) *m.* land-rent, land-revenue

लगाना (*lagānā*) *v.t.* 1. to affix (a stamp) 2. to attach (as an enclosure) 3. to plant (a tree) 4. to impose or levy (tax)

लगाम (*lagām*) *f.* bridle, reins

लग्गी (*laggī*) *f.* 1. a thin and long pole or bamboo 2. a fishing rod

लग्न (*lagna*) *a.* auspicious time

लघु (*laghu*) *a.* 1. small, little,

short 2. minor
लघुशंका *f.* urination
लचक (*lacak*) *f.* elasticity, flexibility
लचीला (*lacīlā*) *a.* flexible, elastic
लच्छेदार (*lacchedār*) *a.* 1. having shreds 2. (of talk) interesting 3. (of style) fascinating
लजाना (*lajānā*) *v.i.* 1. to be abashed, to feel shy 2. to feel ashamed
लज़ीज़ (*lazīz*) *a.* 1. tasteful, tasty 2. delicious
लज्जा (*lajjā*) *f.* 1. modesty 2. shame
लटकना (*laṭaknā*) *v.i.* 1. to hang 2. to hang in the air
लट्टू (*laṭṭū*) *m.* 1. (spinning) top 2. door-knob 3. bulb
लट्ठ (*laṭṭh*) *m.* long heavy staff, cudgel
लड़का (*laṛkā*) *m.* 1. boy, lad 2. male child, son
लड़की (*laṛkī*) *f.* 1. girl, lass 2. female child, daughter
लड़खड़ाना (*laṛkhaṛānā*) *v.i.* to stumble, to totter, to stagger
लड़ाई (*laṛāī*) *f.* 1. fight 2. battle 3. quarrel 4. hostility
लड़ी (*laṛī*) *f.* 1. chain 2. string (as of pearls) 3. strand
लड्डू (*laḍḍū*) *m.* a ball-shaped sweetmeat
लतीफ़ा (*latīfā*) *m.* joke, jest
लथपथ (*lathpath*) *a.* drenched, soaked
लदना (*ladnā*) *v.i.* to be loaded
लदाई (*ladāī*) *f.* 1. loading 2. the wages for loading
लपक (*lapak*) *f.* 1. spring, bounce 2. flash 3. beat, throb 4. elasticity
लपट (*lapaṭ*) *f.* 1. flame 2. glow 3. heat wave
लपसी (*lapsī*) *f.* 1. a kind of porridge 2. a sticky or glutinous substance
लपेट (*lapeṭ*) *m.* 1. fold 2. coil 3. twist 4. turn

लफ़ंगा (*lafaṅgā*) *m.* 1. loafer 2. vainglorious fellow

लफ़्ज़ (*lafz*) *m.* word, term

लबादा (*labādā*) *m.* gown, kirtle, wrapper

लबालब (*labālab*) *a.* full to the brim, brimful

लमहा (*lamahā*) *m.* moment, a second

लय (*laya*) *f.* 1. rhythm 2. tune 3. melody 4. merging

लरज़ (*laraz*) *f.* 1. quivering, shivering (in fear) 2. vibrating

ललक (*lalak*) *f.* craving, longing

ललकार (*lalkār*) *f.* 1. challenge 2. calling

ललचाना (*lalcānā*) *v.t.* to tempt, to allure, to entice

ललना (*lalnā*) *f.* woman

ललाई (*lalāī*) *f.* redness

ललाट (*lalāṭ*) *m.* forehead

ललाम (*lalām*) *a.* beautiful, pretty

ललित (*lalit*) *a.* fine, pretty

लश्कर (*laśkar*) *m.* 1. host, army 2. multitude

लस्सी (*lassī*) *f.* buttermilk, whey

लहँगा (*lahṁgā*) *m.* a woman's long loose skirt

लहजा (*lahzā*) *m.* 1. tone, accent 2. manner of speech

लहर (*lahar*) *f.* wave

लहराना (*lahrānā*) *v.i.* 1. to undulate, to wave 2. to fluctuate

लहलहाना (*lahlahānā*) *v.i.* to bloom, to flourish

लहसुन (*lahsun*) *m.* garlic

लहू (*lahū*) *m.* blood

लहूलुहान (*lahūluhān*) *a.* smeared with or drenched in blood

लाँछन (*lāñchan*) *m.* blame, stigma

लाइलाज (*lāilāj*) *a.* incurable, without any remedy

लाई (*lāī*) *f.* parched rice

लाख (*lākh*) I. *a.* a hundred thousand, one lakh/lac II. *f.* lac, shellac, sealing wax

लागत (*lāgat*) *f.* 1. cost 2. outlay

लाचार (*lācār*) *a.* helpless

ल

लाज (*lāj*) *f.* 1. modesty 2. shame

लाज़मी (*lāzmī*) *a.* compulsory

लाजवाब (*lājavāb*) *a.* 1. speechless, without an answer 2. unique, matchless

लाज़िम (*lāzim*) *a.* compulsory, obligatory

लाट (*lāṭ*) *f.* pillar, high minaret

लाठी (*lāṭhī*) *f.* a long staff, cudgel

लाड़ (*lāṛ*) *m.* fondling, caressing

लात (*lāt*) *f.* 1. leg 2. kick

लानत (*lānat*) *f.* curse

लाना (*lānā*) *v.t.* 1. to bring 2. to fetch

लापता (*lāpatā*) *a.* 1. untraceable 2. missing

लापरवाह (*lāparvāh*) *a.* careless, heedless

लाभ (*lābh*) *m.* profit, gain

लाभदायक (*lābhdāyak*) *a.* profitable, gainful

लाभांश (*lābhāṃś*) *m.* dividend, bonus

लाम (*lām*) *m.& f.* 1. a line of troops, brigade 2. battlefield

लायक़ (*lāyaq*) *a.* 1. able 2. capable 3. worthy, fit

लार (*lār*) *f.* drivel, saliva

लाल (*lāl*) I. *m.* 1. ruby 2. darling, son, infant II. *a.* red, ruddy

लालच (*lālac*) *m.* 1. greed, greediness 2. temptation

लालन-पालन (*lālan-pālan*) *m.* rearing, bringing up

लालसा (*lālsā*) *f.* yearning, craving

लालित्य (*lālitya*) *m.* grace

लालिमा (*lālimā*) *f.* redness

लावण्य (*lāvaṇya*) *m.* loveliness

लावा (*lāvā*) *m.* lava (from a volcano)

लाश (*lāś*) *f.* corpse, dead body

लासा (*lāsā*) *m.* anything clammy or glutinous

लिंग (*liṁg*) *m.* 1. gender 2. male genital organ, phallus

लिखना (*likhnā*) *v.t.* to write

लिखावट (*likhāvaṭ*) *f.* writing,

handwriting

लिजलिजा (*lijlijā*) *a.* 1. loathsome, repulsive, abominable 2. lifeless

लिपटाना (*lipṭānā*) *v.t.* to embrace, to hug

लिपि (*lipi*) *f.* 1. script, writing 2. copy, facsimile

लिपिबद्ध (*lipibaddha*) *a.* written

लिफ़ाफ़ा (*lifāfā*) *m.* 1. envelope 2. cover 3. wrapper

लिबलिबा (*liblibā*) *a.* 1. gummy, sticky 2. pliable 3. soft to touch

लिबास (*libās*) *m.* dress, attire

लियाक़त (*liyāqat*) *f.* 1. ability 2. qualification

लिहाज़ (*lihāz*) *m.* 1. regard, deference 2. consideration

लिहाज़ा (*lihāzā*) *conj.* thus, accordingly, therefore, on this account

लिहाफ़ (*lihāf*) *m.* quilt

लीक (*līk*) I. *f.* 1. track, trackway 2. rut 3. marks 4. trace II. *m.* leak, leakage

लीख (*līkh*) *f.* egg of a louse, a nit

लीचड़ (*līcaṛ*) *a.* miserly, niggardly, stingy

लीची (*līcī*) *f.* lichi, a kind of small fruit and its tree

लीद (*līd*) *m.* dung

लीन (*līn*) *a.* 1. absorbed 2. engrossed 3. merged

लीलना (*līlanā*) *v.t.* to swallow, to gulp

लीला (*līlā*) *f.* sportive display, fun and frolic

लुंगी (*luṅgī*) *f.* a rectangular cloth wrapped around the waist and falling to the ankles

लुआठी (*luāṭhī*) *f.* burning stick

लुगदी (*lugdī*) *f.* pulp, paper pulp

लुगाई (*lugāī*) *f.* 1. woman 2. wife

लुच्चा (*luccā*) *a.* & *m.* profligate, depraved, scoundrel, knave

लुटिया (*luṭiyā*) *f.* a kind of round

jug

लुटेरा (*luṭerā*) *m.* marauder, plunderer, robber, bandit

लुढ़कना (*luṛhaknā*) *v.i.* 1. to roll down 2. to be toppled

लुत्फ़ (*lutf*) *m.* pleasantness

लुप्त (*lupt*) *a.* 1. hidden 2. missing 3. vanished, disappeared

लुभावना (*lubhāvnā*) *a.* charming

लुहार (*luhār*) *m.* blacksmith

लू (*lū*) *f.* hot wind, heat wave

लूट (*lūṭ*) *f.* 1. booty, loot 2. plunder

लूला (*lūlā*) *a.* with crippled hands, crippled, maimed

लूला-लँगड़ा (*lūlā-laṁgṛā*) *a.* lame and crippled, disabled

लेंड़ (*leṁṛ*) *m.* hard stool, small ball of faeces

लेख (*lekh*) *m.* 1. writing, handwriting 2. deed

लेखक (*lekhak*) *m.* writer, author

लेखा-जोखा (*lekhā-jokhā*) *m.* 1. account 2. calculation 3. estimate

लेख्य (*lekhya*) *a.* worth writing

लेटना (*leṭnā*) *v.i.* to lie

लेनदेन (*lenden*) *m.* exchange

लेना (*lenā*) *v.t.* to take

लेप (*lep*) *m.* 1. paste 2. ointment

लैस (*lais*) *a.* equipped

लोंदा (*loṁdā*) *m.* lump, ball of any material (as dough)

लोइया (*loiyā*) *f.* /**लोई** (*loī*) I. *f.* a small ball of dough II. *a.* thin woollen blanket

लोक (*lok*) *m.* 1. people, public 2. world

लोकतंत्र (*loktantra*) *m.* democracy

लोकना (*loknā*) *v.t.* to catch something

लोकप्रिय (*lokpriya*) *a.* popular

लोक सभा (*lok sabhā*) *f.* Lok Sabha (lower house of Parliament in India)

लोक सम्मत (*lok sammat*) *a.* as supported by the people

लोकोक्ति (*lokokti*) *f.* folk-saying, proverb

लोकोत्तर (*lokottar*) *a.* 1. supernatural 2. extra-worldly

लोकोपकार (*lokopkār*) *m.* public good, philanthropy

लोकोपयोगी (*lokopyogī*) *a.* useful for the public

लोग (*log*) *m.* & *pl.* people

लोच (*loc*) *f.* flexibility

लोटना (*loṭnā*) *v.i.* to roll

लोटा (*loṭā*) *m.* a small, round jug

लोप (*lop*) *m.* vanishing, disappearance

लोबान (*lobān*) *m.* a kind of resin gum used as an incense and for making medicines

लोभ (*lobh*) *m.* 1. greed, avarice, covetousness 2. lure

लोभी (*lobhī*) *a.* greedy, avaricious, covetous

लोम (*lom*) *m.* soft hair on the body

लोमड़ी (*lomṛī*) *f.* fox

लोलुप (*lolup*) *a.* avaricious, covetous, greedy

लोहा (*lohā*) I. *m.* iron II. *a.* as hard as iron, strong

लौंग (*lauṁg*) *f.* 1. clove 2. nose or ear ornament

लौंडा (*lauṁḍā*) *m.* a derogatory term used for a boy

लौंडिया (*lauṁḍiyā*) *f.* (derogatory) lass, girl, servant, girl

लौंडी (*lauṁḍī*) *f.* a servant, girl

लौ (*lau*) *f.* 1. glow, flame 2. attachment 3. devotion

लौकिक (*laukik*) *a.* earthly, worldly, mundane

लौकी (*lãukī*) *f.* bottle-gourd

लौटना (*lãuṭnā*) *v.i.* to come back, to return

लौह (*lauh*) I. *m.* iron II. *a.* made of iron

व

वंचना (*vañcanā*) *f.* deceitfulness
वंदना (*vandanā*) *f.* 1. bowing 2. adoration 3. worship, praise
वंदनीय (*vandanīya*) *a.* praiseworthy, worthy of worship
वंध्या (*vandhyā*) *f.* barren woman
वंश (*vaṃś*) *m.* family, dynasty, family lineage
वंशज (*vaṃśaj*) *m.* descendant, born of or belonging to the family of, progeny
वंशी (*vaṃśī*) I. *f.* 1. flute, pipe 2. fishing hook II. *suff.* & *adj.* lineal, of the dynasty of
वकालत (*vakālat*) *f.* 1. profession of a lawyer 2. pleading or arguing (a case)
वकील (*vakīl*) *m.* 1. pleader 2. counsellor, lawyer
वक्त (*vaqt*) *m.* 1. time 2. term
वक्तव्य (*vaktavya*) *a.* statement, utterance
वक्ता (*vaktā*) *m.* speaker
वक्र (*vakra*) *a.* crooked, curved
वक्ष (*vakṣ*) *m.* chest, breast
वक्षःस्थल (*vakṣaḥsthal*) *m.* the breast, chest
वगैरह (*vagairah*) *adv.* etcetera, so on and so forth
वचन (*vacan*) *m.* 1. utterance speech 2. word, promise
वज़न (*vazan*) *m.* 1. weight 2 metre in Urdu poetry 3. importance
वजह (*vajah*) *f.* cause, reason
वज़ीफ़ा (*vazīfā*) *m.* scholarship
वजूद (*vajūd*) *m.* existence
वज्रपात (*vajrapāt*) *m.* fall of a thunderbolt
वडा (*vaḍā*) *m.* /**वड़ा** (*vaṛā*) *m*

round ball of pulse fried in oil or ghee

वणिक (*vaṇik*) *m.* merchant, trader, commerce

वतन (*vatan*) *m.* native country, home country

वत्स (*vatsa*) *m.* 1. young of any animal 2. offspring, child, progeny

वत्सल (*vatsal*) *a.* 1. child-loving, affectionate 2. tender

वध (*vadh*) *m.* 1. killing, murder 2. slaughter

वधिक (*vadhik*) *m.* 1. murderer 2. executioner 3. hunter

वधू (*vadhū*) *f.* 1. bride 2. daughter-in-law

वन (*van*) *m.* forest, jungle, wood

वनस्पति (*vanaspati*) *m.* 1. vegetation 2. plant

वफ़ादार (*vafādār*) *a.* faithful, loyal

वमन (*vaman*) *m.* vomiting

वय (*vaya*) *f.* age

वयस्क (*vayask*) *a.* 1. adult 2. of age, major

वयोवृद्ध (*vayovṛddha*) *a.* 1. elder, old, aged 2. veteran

वर (*var*) *m.* 1. bridegroom 2. boon

वरक़ (*varaq*) *m.* 1. leaf 2. foil 3. silver/gold or tin leaf

वरदान (*vardān*) *m.* boon

वरना (*varnā*) *conj.* otherwise, or else, or if not

वरिष्ठ (*variṣṭha*) *a.* senior

वर्ग (*varga*) *m.* 1. class 2. section

वर्गमूल (*vargamūl*) *m.* square root

वर्गाकार (*vargākār*) *a.* square

वर्गीकरण (*vargīkaraṇ*) *m.* classification

वर्चस्व (*varcasva*) *m.* vital power

वर्जना (*varjanā*) *f.* prohibition

वर्ण (*varṇ*) *m.* colour

वर्णन (*varṇan*) *m.* description

वर्णमाला (*varṇamālā*) *f.* alphabet, series of letters arranged in order

व

वर्णसंकर (*varṇasaṅkar*) *a.* cross-breed, half breed, hybrid

वर्णाश्रम (*varṇāśram*) *m.* class and stage (of life) (according to Hindiu scriptures)

वर्तनी (*vartanī*) *f.* spelling

वर्तमान (*vartmān*) *a.* 1. modern 2. present, existing 3. current

वर्दी (*vardī*) *f.* uniform, livery

वर्धन (*vardhan*) *m.* 1. growing 2. blowing up

वर्ष (*varṣa*) *m.* a year

वर्षगाँठ (*varṣagāṁṭh*) *f.* anniversary, birthday

वर्षा (*varṣā*) *f.* rain, rainfall

वल्कल (*valkal*) *m.* bark of a tree

वल्द (*vald*) *m.* son, offspring

वश (*vaś*) *m.* 1. power 2. control

वशीभूत (*vaśībhūt*) *a.* overpowered, brought under control

वसंत (*vasant*) *m.* the spring season

वसन (*vasan*) *m.* clothes

वसा (*vasā*) *f.* fat, serum or marrow of bone

वसीयत (*vasīyat*) *f.* will, bequest

वसु (*vasu*) *m.* wealth

वसुधा (vasudhā) *f.* 1. the earth 2. producing wealth

वसूल (*vasūl*) *m.* 1. acquisition 2. recovery of money 3. realisation of loan, revenue etc.

वस्तु (*vastu*) *f.* thing, object

वस्तुतः (*vastutaḥ*) *adv.* actually, in reality

वस्तुस्थिति (*vastusthiti*) *f.* real position, actual state of things, reality

वस्त्र (*vastra*) *m.* 1. cloth, clothes 2. fabric, textile

वहन (*vahan*) *m.* 1. carrying 2. bearing

वहशी (*vahśī*) *m.* barbarian

वांछनीय (*vāñchanīya*) *a.* desirable, worth wishing for

वाक़ई (*vāqaī*) *adv.* really, in reality, actually, truly, in fact

वाक़िफ़ (*vāqif*) *a.* aware of

वाक्य (*vākya*) *m.* sentence
वाक्य विन्यास (*vākya-vinyās*) *m.* orderly arrangement or construction of a sentence
वाङ्मय (*vāṅmaya*) *m.* literature (of all kinds)
वाचन (*vācan*) *m.* act of reading
वाचा (*vācā*) *f.* speech, word
वाचाल (*vācāl*) *a.* talkative
वाजिब (*vājib*) *a.* 1. proper, just 2. obligatory, binding
वाटिका (*vāṭikā*) *f.* a small garden
वाण (*vāṇ*) *m.* arrow
वाणिज्य (*vāṇijya*) *m.* commerce, trade
वाणी (*vāṇī*) *f.* 1. voice 2. speech
वात (*vāt*) *m.* air, wind (one of the three humours of the body)
वातानुकूलित (*vātānukūlit*) *a.* air-conditioned
वातायन (*vātāyan*) *m.* ventilator
वातावरण (*vātāvaraṇ*) *m.* atmosphere
वात्सल्य (*vātsalya*) *m.* affectionate feeling, sentiment of affection and fondness
वाद विवाद (*vād vivād*) *m.* discussion, debate, controversy
वादा (*vādā*) *m.* 1. promise 2. agreement 3. commitment
वादी (*vādī*) I. *f.* valley II. *m.* suitor, plaintiff, complainant
वाद्य (*vādya*) *m.* instrument, musical instrument
वानर (*vānar*) *m.* monkey, ape
वानिकी (*vānikī*) *f.* forestry
वापस (*vāpas*) *a.* 1. returned 2. (given) back 3. refunded
वाम (*vām*) *a.* 1. left 2. reverse, contrary 3. adverse 4. on the left side
वायदा (*vāydā*) *m.* 1. promise 2. agreement 3. commitment
वायु (*vāyu*) *f.* air, wind
वायुमंडल (*vāyumaṇḍal*) *m.* atmosphere
वायुयान (*vāyuyān*) *m.* aero-

व

व

plane

वायु सेना (*vāyusenā*) *f.* air force

वार (*vār*) *m.* 1. assault, strike, blow 2. any day of the week

वारांगना (*vārāngnā*) *f.* prostitute

वारिस (*vāris*) *m.* heir

वारुणी (*vāruṇī*) *f.* alcoholic drink

वार्ता (*vārtā*) *f.* talk

वार्तालाप (*vārtālāp*) *m.* conversation, negotiation

वार्षिक (*vārṣik*) *a.* yearly, annual, per annum

वालिद (*vālid*) *m.* father

वालिदा (*vālidā*) *f.* mother

वाष्प (*vāṣp*) *m.* vapour, steam

वासना (*vāsnā*) *f.* sexual passion

वास्तव (*vāstav*) *a.* actual, real

वास्तविकता (*vāstavikatā*) *f.* 1. reality 2. genuineness

वास्ता (*vāstā*) *m.* 1. connection, relation 2. cause

वास्तु (*vāstu*) *m.* site or foundation of a house or building

वास्तुविद्या (*vāstuvidyā*) *f.* /**वास्तुशास्त्र** (*vāstuśāstra*) *m.* architectural science

वास्ते (*vāste*) *adv.* for, for the sake (of), in the name of

वाहक (*vāhak*) *m.* carrier, bearer

वाहन (*vāhan*) *m.* vehicle, conveyance

वाहियात (*vāhiyāt*) I. *f.* absurdities II. *a.* nonsense, ridiculous

विंदु (*viṁdu*) *m.* 1. dot 2. point

विकराल (*vikarāl*) *a.* dreadful

विकल (*vikal*) *a.* confused

विकलांग (*vikalāng*) *a.* handicapped, crippled

विकल्प (*vikalp*) *m.* option, choice, alternative

विकसित (*vikasit*) *a.* 1. bloomed, opened 2. grown, developed

विकार (*vikār*) *m.* deformation

विकास (*vikās*) *m.* evolution, development, growth,

progress

विकासशील (*vikāssīl*) *a.* developing, evolving

विकिरण (*vikiraṇ*) *m.* radiation

विकृति (*vikṛti*) *f.* 1. change, alteration 2. ugliness

विक्रम (*vikram*) *m.* prowess, valour, heroism

विक्रय (*vikray*) *m.* sale, selling

विक्रेता (*vikretā*) *m.* seller, vendor, salesman

विक्षिप्त (*vikṣipt*) *a.* 1. frustrated 2. crazy, mad

विक्षुब्ध (*vikṣubdh*) *a.* agitated

विख्यात (*vikhyāt*) *a.* famous, known, renowned

विगत (*vigat*) *a.* 1. gone away, ceased 2. past

विगलित (*vigalit*) *a.* rotten

विग्रह (*vigrah*) *m.* 1. statue 2. idol 3. form 4. quarrel

विघटन (*vighaṭan*) *m.* 1. disintegration 2. disorganization

विघ्न (*vighna*) *m.* 1. interruption 2. interference

विचलित (*vicalit*) *a.* restless, nervous

विचार (*vicār*) *m.* thought, idea

विचारधारा (*vicārdhārā*) *f.* ideology

विचार-विमर्श (*vicār-vimarś*) *m.* exchange of ideas

विचाराधीन (*vicārādhīn*) *a.* under consideration

विचित्र (*vicitra*) *a.* 1. strange 2. variegated

विच्छिन्न (*vicchinna*) *a.* 1. cut or split, cleft asunder 2. disjoined 3. incoherent

विच्छेद (*vicched*) *m.* 1. dissection 2. break, disruption

विजय (*vijay*) *f.* conquest, victory

विजातीय (*vijātīya*) *a.* 1. of different or another caste 2. exotic

विजेता (*vijetā*) *m.* conqueror

विज्ञप्ति (*vijñapti*) *f.* communique

विज्ञान (*vijñān*) *m.* 1. science 2. knowledge of a special subject

व

विज्ञापन (*vijñāpan*) *m.* 1. advertisement 2. announcement

विडंबना (*viḍambanā*) *f.* 1. frustration, distress, 2. ironical, irony

वितरण (*vitaraṇ*) *m.* 1. distribution 2. disbursement

वितान (*vitān*) *m.* canopy

वितृष्णा (*vitr̥ṣṇa*) *f.* repulsion

वित्त (*vitta*) *m.* finance, wealth

विदग्ध (*vidagdh*) *m.* 1. astute 2. witty 3. ingenious, skillful

विदा (*vidā*) *f.* taking leave, farewell, adieu

विदारक (*vidārak*) *a.* lacerating, tearing, splitting

विदित (*vidit*) *a.* known

विदीर्ण (*vidīrṇ*) *a.* lacerate, rent asunder, torn, split

विदुषी (*viduṣī*) *f.* a learned woman, scholar, a wise lady

विदूषक (*vidūṣak*) *m.* jester, joker, buffoon

विदेश (*videś*) *m.* foreign country

विदेशी (*videśi*) *a.* foreign, alien

विद्यमान (*vidyamān*) *a.* 1. living 2. present

विद्यार्थी (*vidyārthi*) *m.* student

विद्यालय (*vidyālaya*) *m.* school, educational institution

विद्युत (*vidyut*) I. *m.* lightning, electricity, power II. *a.* electric

विद्रूप (*vidrūp*) *a.* distorted, ugly

विद्वत्ता (*vidvattā*) *f.* scholarship

विद्वान (*vidvān*) *m.* scholar, learned man

विद्वेष (*vidveṣ*) *m.* malice

विधवा (*vidhavā*) *f.* widow

विधा (*vidhā*) *f.* division, part

विधाता (*vidhātā*) *m.* Brahma, the creator and lord of destiny

विधान (*vidhān*) *m.* 1. arranging, regulating 2. legislation

विधान सभा (*vidhān sabhā*) *f.* Legislative Assembly

विधि (*vidhi*) *f.* 1. destiny 2. Brahma 3 law 4. rule

विधिपूर्वक (*vidhipūrvak*) *adv.* 1. according to rules 2. duly

विधिवत् (*vidhivat*) *adv.* 1. methodically 2. duly

विधिवेत्ता (*vidhivettā*) *m.* jurist

विधुर (*vidhur*) *m.* widower

विधेयक (*vedheyak*) *m.* a bill (for legislation)

विध्वंस (*vidhvaṃs*) *m.* 1. destruction 2. ravage 3. demolition

विनती (*vinatī*) *f.* request, prayer

विनम्र (*vinamra*) *m.* 1. submissive, meek 2. respectful

विनय (*vinay*) *m.* request, prayer

विनाश (*vināś*) *m.* 1. utter loss 2. annihilation

विनिमय (*vinimay*) *m.* exchange

विनियमन (*viniyaman*) *m.* act of regulating, regulation

विनियोग (*viniyog*) *m.* 1. appointment 2. distribution

विनीत (*vinīt*) *a.* submissive, meek, humble, modest

विनोद (*vinod*) *m.* 1. humour 2. sport 3. amusement

विन्यास (*vinyās*) *m.* 1. placing or laying down 2. deposit 3. order 4.arrangement

विपक्ष (*vipakṣa*) *m.* 1. the opposite party 2. adversary, hostile, rival 3. counter-statement

विपणन (*vipaṇan*) *m.* selling, marketing

विपत्ति (*vipattī*) *f.* disaster, adversity, misfortune

विपदा (*vipadā*) *f.* misfortune, calamity, adversity, distress

विपन्न (*vipanna*) *a.* afflicted, distressed, seized by misfortune

विपरीत (*viparīt*) *a.* opposite

विपिन (*vipin*) *m.* forest, woods

विपुल (*vipul*) *a.* 1. large, big, extensive 2. great

विप्र (*vipra*) *m.* 1. priest, Brahmin 2. sage, seer

विप्लव (*viplav*) *m.* 1. rioting 2. insurgency 3. calamity

विफल (*viphal*) *a.* 1. fruitless,

useless 2. unsuccessful

विभक्त (*vibhakta*) *a.* 1. divided 2. distributed 3. split

विभव (*vibhav*) *m.* 1. wealth 2. prosperity

विभा (*vibhā*) *f.* lustre, splendour, brilliance

विभाग (*vibhāg*) *m.* 1. department 2. apportionment

विभाजन (*vibhājan*) *m.* partition, division

विभिन्न (*vibhinna*) *a.* different

विभीषिका (*vibhīṣikā*) *f.* dread

विभूति (*vibhūti*) *f.* 1. outstanding personality 2. development, evolution 3. abundance

विभूषण (*vibhūṣaṇ*) *m.* decoration, ornamentation

विभेद (*vibhed*) *m.* division

विभोर (*vibhor*) *a.* overwhelmed

विमर्श (*vimarś*) *m.* 1. consultation 2. discussion

विमल (*vimal*) *a.* clean, spotless

विमान (*vimān*) *m.* 1. aeroplane 2. chariot of the gods

विमुख (*vimukh*) *a.* 1. indifferent 2. averse or opposed to

विमूढ़ (*vimūṛh*) *a.* silly

विमोचन (*vimocan*) *m.* liberation, release, freeing, acquittal

वियोग (*viyog*) *m.* 1. separation 2. bereavement 3. disunion

वियोगी (*viyogī*) *m.* husband/lover separated from his wife/beloved

विरंचि (*virañci*) *m.* Brahma, the creator of all

विरक्त (*virakta*) *a.* detatched from worldly affairs

विरत (*virat*) *a.* 1. disengaged 2. detached

विरल (*viral*) *a.* rare, scarce

विरह (*virah*) *m.* separation from the loved one, parting

विरही (*virahī*) *m.* the hero or the lover separated from his beloved

विराग (*virāg*) *m.* detachment

विराजमान (*virājmān*) *a.* occupying the chair, sitting

विराट् (*virāṭ*) *a.* large-scale

विराम (*virām*) *m.* 1. pause (punctuation) 2. full stop 3. break

विरासत (*virāsat*) *f.* heritage

विरुद्ध (*viruddha*) *a.* against, opposed

विरोध (*virodh*) *m.* opposition

विरोधाभास (*virodhābhās*) *m.* apparent contradiction

विलंब (*vilamb*) *m.* delay

विलक्षण (*vilakṣaṇ*) *a.* 1. wonderful 2. queer, strange

विलय (*vilay*) *m.* dissolution

विलाप (*vilāp*) *m.* 1. lamentation

विलास (*vilās*) *m.* luxury

विलासिता (*vilāsitā*) *f.* luxuriousness, indulgence in glamorous life

विलीन (*vilīn*) *a.* 1. absorbed 2. engrossed 3. merged

विलुप्त (*vilupt*) *a.* vanished, disappeared

विलोम (*vilom*) *a.* 1. reverse, converse 2. without hair on the body

विवर (*vivar*) *m.* 1. cavity 2. hole

विवरण (*vivaraṇ*) *m.* 1. account, description 2. statement

विवर्ण (*vivarṇ*) *a.* discoloured

विवश (*vivaś*) *a.* helpless

विवाद (*vivād*) *m.* 1. dispute 2. quarrel, altercation

विवादास्पद (*vivādāspad*) *a.* contentious, controversial

विवाह (*vivāh*) *m.* marriage

विवाहित (*vivāhit*) *a.* married

विविध (*vividh*) *a.* various

विविधता (*vividhtā*) *f.* variety

विवेक (*vivek*) *m.* discretion, judgement, prudence

विवेकी (*vivekī*) *a.* 1. wise 2. rational 3. prudent, discreet

विवेचन (*vivecan*) *m.* 1. judicious criticism 2. evaluation

विशद (*viśad*) *a.* elaborate, detailed

विशाल (*viśāl*) *a.* large, big

विशिष्ट (*viśiṣṭ*) *a.* 1. special 2.

व

specific 3. distinct 4. typical

विशुद्ध (*viśuddha*) *a.* pure

विशृंखल (*viśr̥ṅkhal*) *a.* 1. disarrayed 2. scattered

विशेष (*veśeṣ*) *a.* special

विशेषज्ञ (*veśeṣajña*) *m.* an expert, a specialist

विशेषता (*viśeṣtā*) *f.* speciality

विश्राम (*viśrām*) *m.* rest, repose, relaxation

विश्रुत (*viśrut*) *a.* famous, renowned, reputed, well-known

विश्लेषण (*viśleṣan*) *m.* analysis

विश्व (*viśva*) *m.* 1. the world 2. universe

विश्व युद्ध (*viśva yuddha*) *m.* world war

विश्वविख्यात (*viśvavikhyāt*) *a.* world-famed

विश्वविद्यालय (*viśvavidyālaya*) *m.* university

विश्वव्यापी (*viśvavyāpī*) *a.* world-wide, all-pervading, omnipresent

विश्वसनीय (*viśvasanīya*) *a.* reliable, trustworthy

विश्वास (*viśvās*) *m.* 1. faith, belief 2. trust

विश्वासघात (*viśvāsghāt*) *m.* 1. treachery, infidelity 2. betrayal

विश्वासपात्र (*viśvāspātra*) *m.* reliable, trustworthy

विष (*viṣ*) *m.* poison, venom

विषम (*viṣam*) *a.* 1. odd 2. uneven 3. dissimilar

विषय (*viṣay*) *m.* subject, topic

विषयवस्तु (*viṣayvastu*) *f.* subject matter, text, theme

विषाक्त (*viṣākta*) *a.* poisonous

विषाद (*viṣād*) *m.* gloom

विषैला (*viṣailā*) *a.* poisonous

विष्ठा (*viṣṭhā*) *m.* faeces, stools

विसंगति (*visaṅgati*) *f.* irrelevance

विसर्जन (*visarjan*) *m.* 1. abandonment 2. disposal

विस्तार (*vistār*) *a.* expansion

विस्तारपूर्वक (*vistārpūrvak*) *adv.* 1. in detail 2. extensively 3.

elaborately

विस्तीर्ण (*vistīrṇ*) *a.* /**विस्तृत** (*vistṛt*) *a.* extended, expanded

विस्थापन (*visthāpan*) *m.* 1. displacement 2. drift 3. shift

विस्फोट (*visphoṭ*) *m.* 1. blast, explosion, burst 2. shot

विस्फोटक (*visphoṭak*) I. *a.* explosive II. *m.* cracker

विस्मृत (*vismṛt*) *a.* forgotten

विहग (*vihag*) *m.* bird

विहार (*vihār*) *m.* 1. roaming or wandering about for pleasure 2. merry-making 3. monastery

विहीन (*vihin*) *suff.* & *a.* deprived of

विह्वल (*vihval*) *a.* agonisingly, perturbed, overwhelmed

वीणा (*vīṇā*) *f.* lyre, Indian lute or harp, veena

वीतराग (*vītrāg*) *a.* having overcome passion or worldly attachments

वीथी (*vīthī*) *f.* 1. gallery 2. track

वीर (*vīr*) *m.* hero, a brave man

वीरगति (*vīrgati*) *f.* heroic end, death in battle

वीरता (*vīratā*) *f.* bravery

वीरान (*vīrān*) *a.* desolate, laid waste, ruined

वीर्य (*vīryā*) *m.* semen

वीर्यपात (*vīryapāt*) *m.* discharge of semen

वृंद (*vṛnd*) *m.* 1. assembly 2. congregation

वृंदगान (*vṛndgān*) *m.* chorus

वृक्क (*vṛkka*) *m.* kidney

वृक्ष (*vṛkṣa*) *m.* tree

वृत्त (*vṛtta*) *m.* 1. circle 2. ring 3. description

वृत्तचित्र (*vṛttacitra*) *m.* documentary film

वृत्तांत (*vṛttānt*) *m.* 1. narrative 2. account 3. report 4. news

वृत्ति (*vṛtti*) *f.* 1. profession, avocation, calling 2. livelihood

वृद्ध (*vṛddha*) I. *a.* old, aged, elderly II. *m.* old or aged

व

man

वृद्धि (*vr̥ddhi*) *f.* 1. increase 2. increment 3. growth

वृद्धिदर (*vr̥ddhidar*) *f.* 1. rate of growth 2. rate of increase

वृष (*vr̥ṣ*) *m.* /**वृषभ** (*vr̥ṣabh*) *m.* bull, bullock

वृष्टि (*vr̥ṣṭi*) *f.* rain, rains

वेग (*veg*) *m.* 1. momentum 2. velocity

वेणी (*veṇī*) *f.* (a woman's) braid of hair, braided hair

वेणु (*veṇu*) *f.* 1. bamboo 2. flute

वेतन (*vetan*) *m.* pay, salary

वेत्ता (*vettā*) *suff.* & *m.* an expert, one who knows

वेदना (*vedanā*) *f.* agony, pain

वेदी (*vedī*) *f.* altar

वेधशाला (*vedhśālā*) *f.* observatory (of planets and stars)

वेश (*veś*) *m.* 1. dress, costume 2. guise

वेश्या (*veśyā*) *f.* prostitute

वेश्यागमन (*veśyāgaman*) *m.* (act of) prostitution

वैकल्पिक (*vaikalpik*) *a.* 1. optional 2. alternative

वैचारिक (*vaicārik*) *a.* 1. ideological 2. critical

वैज्ञानिक (*vaijñānik*) I. *m.* scientist II. *a.* scientific

वैद्य (*vaidya*) *m.* Ayurvedic physician

वैध (*vaidh*) *a.* 1. legal, rightful, legitimate 2. tenable

वैधता (*vaidhtā*) *f.* validity

वैधव्य (*vaidhavya*) *m.* widowhood

वैधानिक (*vaidhānik*) *a.* constitutional

वैभव (*vaibhav*) *m.* 1. grandeur, magnificence 2. wealth

वैर (*vair*) *m.* hostility, animosity, enmity

वैरागी (*vairāgī*) *m.* 1. recluse 2 ascetic

वैराग्य (*vairāgya*) *m.* 1. renouncing the worldly pleasures 2 austerity

वैरी (*vairī*) *m.* enemy, hostile person

वैविध्य (*vaividhya*) *m.* 1. variety 2. variation

वैशिष्ट्य (*vaiśiṣṭya*) *m.* 1. speciality 2. distinction

व्यंग्य (*vyaṅgya*) *m.* satire, irony

व्यंग्यकार (*vyaṅgyakār*) *m.* satirist, writer of satires

व्यंग्य चित्र (*vyaṅgya citra*) *m.* cartoon

व्यंग्यात्मक (*vyaṅgyātmak*) *a.* satirical, ironical, sarcastic

व्यंजन (*vyañjan*) *m.* 1. consonant 2. expression 3. food, eatable

व्यंजना (*vyañjanā*) *f.* suggestion, suggestive meaning

व्यक्त (*vyakta*) *a.* 1. expressed, explicit 2. articulate

व्यक्ति (*vyakti*) *m.* person

व्यक्तिगत (*vyaktigat*) *a.* 1. individual 2. personal 3. private

व्यक्तित्व (*vyaktitatva*) *m.* 1. personality 2. individuality

व्यग्र (*vyagra*) *a.* 1. perturbed, restless, concerned 2. impatient

व्यतीत (*vytīt*) *a.* past

व्यथा (*vyathā*) *f.* agony, pain

व्यभिचार (*vyabhicār*) *m.* 1. adultery 2. fornification, wenching

व्यय (*vyay*) *m.* expense, expenditure

व्यर्थ (*vyarth*) *a.* 1. useless, fruitless 2. superfluous

व्यवधान (*vyavadhān*) *m.* 1. interruption, intervention 2. hindrance

व्यवसाय (*vyavasāya*) *m.* 1. business 2. profession, avocation

व्यवस्था (*vyavasthā*) *f.* 1. arrangement 2. set-up 3. management

व्यवस्थापक (*vyavasthāpak*) *m.* 1. manager 2. organizer

व्यवहार (*vyavhār*) *m.* behaviour

व्यष्टि (*vyaṣṭi*) *m.* 1. individual 2. singular, one

व्यसन (*vyasan*) *m.* 1. vice 2. addiction to vice

व्यस्त (*vyasta*) *a.* busy, occupied

व

व्यस्तता (*vyastatā*) *f.* state of being busy

व्याकुल (*vyākul*) *m.* perturbed, restless, agitated

व्याख्या (*vyākhyā*) *f.* 1. explanation 2. elaboration

व्याख्यान (*vyākhyān*) *m.* 1. lecture, speech 2. exposition

व्याधि (*vyādhi*) *f.* disease

व्यापक (*vyāpak*) *a.* 1. pervading 2. extensive, comprehensive

व्यापार (*vyāpār*) *m.* trade, business

व्यापारी (*vyāpārī*) *m.* merchant

व्याप्त (*vyāpta*) *a.* 1. pervaded, prevalent 2. permeated

व्याप्ति (*vyāpti*) *f.* 1. coverage 2. distribution 3. permeation

व्यायाम (*vyāyām*) *m.* exercise, physical excercise

व्यावसायिक (*vyāvasāyik*) *a.* occupational, professional

व्यावहारिक (*vyāvahārik*) *a.* 1. practical 2. customary

व्युत्पत्ति (*vyutpatti*) *f.* etymology, derivation

व्यूह (*vyūh*) *m.* 1. maze 2. military array, strategic placement

व्योम (*vyom*) *m.* sky

व्रण (*vraṇ*) *m.* 1. wound 2. boil

व्रत (*vrat*) *m.* 1. fast 2. pledge

श

शंका (*śaṅkā*) *f.* doubt, suspicion, misgiving, mistrust

शंकालु (*śaṅkālu*) *a.* suspicious

शंख (*śaṅkh*) *m.* 1. conch-sell 2. one thousand billion

शऊर (*śaūr*) *m.* 1. sense 2. intelligence

शक (*śak*) *m.* 1. doubt, suspicion 2. an era introduced by emperor Salivahan in 78 AD.

शकरकंद (*śakarkand*) *m./* **शकरकंदी** (*śakarkandī*) *f.* sweet potato

शकरपारा (*śakarpārā*) *m.* a sweetmeat made from flour, ghee and sugar

शकुन (*śakun*) *m.* augury, omen

शक्कर (*śakkar*) *f.* sugar

शक्ति (*śakti*) *f.* power, strength

शक्तिशाली (*śaktiśālī*) *a.* potent, powerful

शक्ल (*śakla*) *f.* shape, form

शख़्स (*śakhs*) *m.* person

शख़्सीयत (*śakhsīyat*) *f.* 1. personality 2. individuality

शग़ल (*śagal*) *m.* 1. pastime, recreation 2. hobby

शगुन (*śagun*) *m.* augury, omen

शगूफ़ा (*śagūfā*) *m.* 1. bud 2. blossom

शठ (*śaṭh*) *a.* 1. wicked 2. knave

शतक (*śatak*) *m.* collection of one hundred items

शत-प्रतिशत (*śat-pratiśat*) *adv.* cent percent

शतरंज (*śatrañj*) *m.* chess

शताब्दी (*śatābdī*) *f.* century

शत्रु (*śatru*) *m.* enemy, foe

शनाख़्त (*śanākht*) *f.* recognition

शनैः शनैः (*śanaiḥ śanaiḥ*) *adv.* slowly and slowly

शपथ (*śapath*) *f.* oath, swearing

श

शब (*śab*) *f.* night
शबाब (*śabāb*) *m.* youth
शब्द (*śabda*) *m.* 1. word 2. sound
शब्दकोश (*śabdakoś*) *m.* dictionary, lexicon
शब्दार्थ (*śabdārth*) *a.* literal meaning
शब्दावली (*śabdāvalī*) *f.* vocabulary, terminology, glossary
शमन (*śaman*) *m.* 1. extinguishing 2. pacifying, pacification
शमशीर (*śamśīr*) *f.* sword
शमा (*śamā*) *f.* 1. candle 2. lamp
शयन (*śayan*) *m.* sleep
शय्या (*śayyā*) *f.* bedstead
शर (*śar*) *m.* arrow, dart
शरण (*śaraṇ*) *f.* shelter, refuge
शरणागत (*śaraṇāgat*) *a.* & *m.* /**शरणार्थी** (*śarnārthī*) *m.* refugee, one who seeks shelter
शराफ़त (*śarāfat*) *f.* 1. civility 2. gentlemanliness 3. nobility
शराब (*śarāb*) *f.* wine, liquor
शरारत (*śarārat*) *f.* 1. mischief 2. wickedness 3. depravity
शरीक (*śarīk*) I. *a.* 1. united 2. included II. *m.* participant
शरीफ़ (*śarīf*) *m.* gentleman
शरीफ़ा (*śarīfā*) *m.* custard apple
शरीर (*śarīr*) I. *a.* mischievous II. *m.* body, physique
शर्त (*śart*) *f.* 1. condition 2. stipulation 3. term 4. provision
शर्तिया (*śartiyā*) *adv.* surely, certainly, definitely
शर्बत (*śarbat*) *m.* syrup
शर्म (*śarm*) *f.* shame
शर्मनाक (*śarmnāk*) *a.* shameful
शर्मीला (*śarmīlā*) *m.* /**शर्मीली** (*śarmīlī*) *f.* bashful, shy
शल्यक्रिया (*śalyakriyā*) *f.* surgical operation
शव (*śav*) *m.* dead body, corpse
शशि (*śaśi*) *m.* the moon
शस्त्र (*śastra*) *m.* weapon, arms
शस्त्रास्त्र (*śastrāstra*) *m.* weapous for striking with and throwing, arms
शहंशाह (*śahaṃśāh*) *m.* emperor
शह (*śah*) *f.* 1. encouragement 2.

instigation 3. to check (the king in the game of chess)
शहतीर (*śahtīr*) *m.* 1. beam 2. a big beam supporting the roof
शहतूत (*śahtūt*) *m.* mulberry tree and its fruit
शहद (*śahad*) *m.* honey
शहनाई (*śahnāī*) *f.* a kind of musical pipe, clarion
शहर (*śahar*) *m.* city, town
शहादत (*śahādaṭ*) *f.* 1. martyrdom 2. evidence, testimony
शहीद (*śahīd*) *m.* martyr
शांत (*śānt*) *a.* 1. cool 2. placid 3. quiet, tranquil
शांति (*śānti*) *f.* peace
शांतिप्रद (*śāntiprad*) *a.* peace-giving, pacifying, tranquilizing
शाकाहार (*śākāhār*) *m.* vegetarian food or diet
शाखा (*śākhā*) *f.* 1. branch 2. sect 3. school of thought
शागिर्द (*śāgird*) *m.* 1. pupil 2. disciple
शातिर (*śātir*) *a.* 1. clever 2. sly, cunning 3. vicious, vile
शादी (*śādī*) *f.* marriage
शान (*śān*) *f.* 1. dignity 2. lustre
शाप (*śāp*) *m.* curse
शाबाश (*śābāś*) *interj.* well-done! bravo! excellent!
शाम (*śām*) *f.* evening
शामत (*śāmat*) *f.* bad luck
शामियाना (*śāmiyānā*) *m.* pavilion, awning, canopy
शामिल (*śāmil*) *a.* including
शायद (*śāyad*) *adv.* perhaps
शायर (*śāyar*) *m.* poet
शारीरिक (*śārīrik*) *a.* bodily, physical, corporeal, somatic
शालीन (*śālīn*) *a.* well-behaved
शाश्वत (*śāśvat*) *a.* eternal
शासक (*śāsak*) *m.* ruler, king
शासन (*śāsan*) *m.* rule
शास्त्र (*śāstra*) *m.* 1. code of laws 2. religious treatise
शास्त्रार्थ (*śāstrārtha*) *m.* discussion or debate on the shastras
शास्त्रीय (*śāstrīya*) *a.* 1. classical 2. academic 3. scriptural

श

शाहज़ादा (*śāhzādā*) *m.* prince
शाही (*śāhī*) *a.* royal, regal
शिकंजा (*śikañjā*) *m.* 1. pressing board 2. clamp
शिकन (*śikan*) *f.* 1. crease 2. wrinkle
शिकवा (*śikvā*) *m.* complaint
शिकस्त (*śikast*) *f.* 1. defeat 2. rout
शिकायत (*śikāyat*) *f.* grievance
शिकार (*śikār*) *m.* 1. prey, chase 2. hunting
शिक्षक (*śikṣak*) *m.* teacher
शिक्षार्थी (*śikṣārthī*) *m.* 1. pupil, student 2. learner
शिक्षित (*śikṣit*) *a.* educated
शिखर (*śikhar*) *m.* 1. apex 2. crown, pinnacle, crest
शिखा (*śikhā*) *f.* crest
शिगूफ़ा (*śigūfā*) *m.* 1. bud 2. blossom 3. anecdote
शिथिल (*śithil*) *a.* loose, lax
शिद्दत (*śiddat*) *f.* 1. severity 2. intensity 3. difficulty
शिनाख़्त (*śinā<u>kh</u>t*) *f.* recognition, identification
शिरकत (*śirkat*) *f.* partnership
शिरा (*śirā*) *f.* vein, blood vessel
शिरोमणि (*śiromaṇi*) *m.* a jewel set in a diadem or crown
शिला (*śilā*) *f.* stone, rock
शिलान्यास (*śilānyāṣ*) *m.* laying the foundation stone
शिलालेख (*śilālekh*) *m.* rock inscription, petroglyph
शिल्प (*śilp*) *m.* 1. craft 2. technology
शिविर (*śivir*) *m.* 1. camp 2. tent
शिशिर (*śiśir*) *m.* winter
शिशु (*śiśu*) *m.* baby, infant
शिष्ट (*śiṣṭ*) *a.* polite, gentle
शिष्टाचार (*śisṭācār*) *m.* courtesy, decency, decent conduct
शिष्य (*śiṣya*) *m.* pupil, disciple
शीघ्र (*śīghra*) *a.* & *adv.* quickly, soon, quick, sharp (ly)
शीघ्रता (*śīghratā*) *f.* promptness, quickness, speediness
शीत (*śīt*) I. *a.* cold II. *m.* winter
शीतकाल (*śītkāl*) *m.* the winter

season

शीत युद्ध (*śīt yuddha*) *m.* cold war

शीतल (*śītal*) *a.* cool, cold, frigid

शीतलता (*śītaltā*) *f.* coolness

शीतला (*śītlā*) *f.* small-pox

शीर्ष (*śīrṣa*) *m.* 1. the head 2. apex 3. top, summit

शीर्षक (*śīrṣak*) *m.* caption, title, heading

शील (*śīl*) *m.* 1. modesty 2. chastity 3. virtue

शीश (*śīś*) *m.* 1. head 2. glass

शीशम (*śīśam*) *f.* a tree and its wood

शीशा (*śīśā*) *m.* 1. glass 2. looking glass, mirror

शीशी (*śīśī*) *f.* a small bottle

शुक्रिया (*śukriyā*) *m.* thank you

शुक्ल (*śukla*) *a.* white, clean

शुचिता (*śucitā*) *f.* purity

शुतुरमुर्ग (*śuturmurg*) *m.* an ostrich

शुद्ध (*śuddha*) *a.* 1. pure 2. unadulterated 3. uncorrupt

शुद्धता (*śuddhatā*) *f.* 1. cleanliness 2. rectification 3. fine

शुभ (*śubh*) I. *m.* the good II. *a.* auspicious

शुभचिंतक *m.* well-wisher

शुभाकांक्षा (*śubhākāṅkṣā*) *f.* well-wishing, good wishes

शुभेच्छु (*śubhecchu*) *a.* & *m.* well-wishing, well-wisher

शुभ्र (*śubhra*) *a.* 1. clean, spotless 2. radiant, shining

शुमार (*śumār*) *m.* 1. counting 2. regard, estimation, account

शुरुआत (*śuruāt*) *f.* 1. beginning 2. initiation

शुल्क (*śulk*) *m.* 1. fee 2. duty

शुष्क (*śuṣk*) *a.* 1. dry 2. arid

शून्य (*śūnya*) I. *a.* void, vacant II. *m.* cipher, zero

शूर (*śūr*) *a.* brave, valiant

शूल (*śūl*) *m.* prong, spear

शृंखला (*śṛṅkhalā*) *f.* 1. chain 2. belt 3. series

शृंगार (*śṛṅgār*) *m.* 1. erotic sentiment 2. adornment especially of a woman

श

शृगाल (*śṛgāl*) *m.* jackal

शेख़ी (*śekhī*) *f.* boasting

शेर (*śer*) *m.* 1. tiger, lion 2. an Urdu couplet

शेरवानी (*śervānī*) *f.* a long tight-fitting coat worn over pyjamas

शेष (*śeṣ*) I. *a.* remaining II. *m.* 1. balance 2. name of a mythological serpent

शैतान (*śaitān*) *m.* Satan, devil

शैदा (*śaidā*) *a.* 1. maddened with love 2. love-crazy

शैल (*śail*) *m.* 1. rock 2. hill, mountain

शैली (*śailī*) *f.* 1. style 2. diction

शैशव (*śaiśav*) *m.* babyhood, childhood

शोक (*śok*) *m.* sorrow, grief

शोख़ (*śokh*) *a.* 1. (of colour) bright 2. (of person) shameless

शोच (*śoc*) *m.* anxiety

शोचनीय (*śocanīya*) *a.* causing concern or anxiety

शोध (*śodh*) *f.* 1. research 2. purification

शोध-प्रबंध (*śodh-prabandh*) *m.* a research thesis, dissertation

शोभा (*śobhā*) *f.* beauty

शोभायमान् (*śobhāymān*) *a.* 1. beautiful 2. looking graceful

शोर (*śor*) *m.* noise, outcry

शोरगुल (*śorgul*) *m.* uproar, din

शोरबा (*śorbā*) *m.* 1. soup 2. broth

शोरा (*śorā*) *m.* nitre, saltpetre

शोला (*śolā*) *m.* flame, blaze

शोषण (*śoṣaṇ*) *m.* exploitation

शोहदा (*śohdā*) *m.* 1. debauchee 2. scoundrel

शोहरत (*śohrat*) *f.* repute, reputation, fame, celebrity

शौक़ (*śauq*) *m.* 1. taste 2. interest 3. ardour 4. fondness

शौचालय (*śaucālaya*) *m.* latrine, toilet, lavatory

शौर्य (*śaurya*) *m.* bravery

शौहर (*śauhar*) *m.* husband

श्मशान (*śmaśān*) *m.* cremation

or burial ground

श्रद्धांजलि (*śraddhāñjali*) *f.* tribute, homage

श्रद्धा (*śraddhā*) *f.* devotion

श्रद्धालु (*śraddhālu*) *a.* devoted

श्रम (*śram*) *m.* labour, toil

श्रमण (*śramaṇ*) *m.* & *a.* Buddhist monk

श्रमसाध्य (*śramsādhya*) *a.* arduous, strenuous

श्रवण (*śravaṇ*) *m.* hearing

श्रव्य (*śravya*) *a.* audible

श्रांत (*śrānt*) *a.* tired, fatigued

श्राद्ध (*śrāddha*) *m.* annual offering in the name of deceased relatives made to Brahmins

श्राप (*śrāp*) *m.* curse

श्रीमती (*śrīmatī*) *f.* prosperous lady, wife, Mrs.

श्रीमान् (*śrīmān*) *a.* prosperous, wealthy, Sir

श्रुति (*śruti*) *f.* 1. revelation 2. the Vedas 3. hearing

श्रेणी (*śreṇī*) *f.* 1. class 2. category 3. grade

श्रेय (*śreya*) *m.* credit

श्रेयस्कर (*śreyaskar*) *a.* auspicious meritorious

श्रेष्ठ (*śreṣṭha*) *a.* best, excellent

श्रोता (*śrotā*) *m.* a listener

श्लोक (*ślok*) *m.* 1. Sanskrit couplet 2. hymn

श्वसुर (*śvasur*) *m.* father-in-law

श्वान (*śvān*) *m.* dog

श्वास (*śvās*) *m.* breath

श्वेत (*śvet*) *a.* white

ष

ष

षट् (*ṣaṭ*) *a.* & *m.* six

षट्चक्र (*ṣaṭcakra*) *m.* six coils of veins or chakras in the human body

षडानन (*ṣaḍānan*) *m.* one having six faces (i.e. Kartikeya), the god of war

षड्दर्शन (*ṣaḍḍarśaṇ*) *m.* the six schools of Indian philosophy

षड्यंत्र (*ṣaḍyantra*) *m.* intrigue, conspiracy, plot

षष्ठ (*ṣaṣṭha*) *a.* sixth

षष्ठी (*ṣaṣṭhī*) *f.* 1. the sixth day of a fortnight 2. the sixth day after a child's birth 3. *(gram.)* the sixth or genitive case

षष्ठक (*ṣaṣṭhak*) *a.* the sixth

षष्ठांश (*ṣaṣṭhaṃś*) *m.* the sixth part

षाण्मासिक (*ṣānmāsik*) *a.* six-monthly, half-yearly

षोडश (*ṣoḍaś*) *a.* & *m.* sixteen

षोडशी (*ṣoḍaśī*) *f.* a girl of sixteen years, a girl in the prime of youth

स

संकट (*sankaṭ*) *m.* 1. crisis, catastrophe 2. emergency

संकलन (*sankalan*) *m.* 1. collection 2. compilation

संकल्प (*sankalp*) *m.* resolution

संकाय (*sankāya*) *m.* (of a university) faculty

संकीर्ण (*sankīrṇ*) *a.* narrow

संकीर्तन (*sankīrtan*) *m.* 1. congregational singing 2. devotional songs

संकुचित (*sankucit*) *a.* 1. narrow 2. closed 3. limited

संकुल (*sankul*) *a.* 1. agglomerate 2. crowded, congested

संकेत (*sanket*) *m.* signal

संकोच (*sankoc*) *m.* 1. hesitation, hitch 2. shyness

संक्रमण (*sankramaṇ*) *m.* 1. transition 2. transgression

संक्रामक (*sankrāmak*) *a.* infectious, contagious

संक्षिप्त (*sankṣipt*) *a.* 1. concise 2. brief, short

संक्षेप (*sankṣep*) *m.* summary

संख्या (*sankhyā*) *f.* number

संग (*sang*) *m.* 1. company 2. with, along with

संगठन (*sangaṭhan*) *m.* organization

संगत (*sangat*) *f.* company

संगम (*sangam*) *m.* 1. confluence 2. sexual intercourse

संगमरमर (*sangmarmar*) *m.* marble (stone)

संगीत (*sangīt*) *m.* music

संगीन (*sangīn*) I. *f.* bayonet II. *a.* 1. made of stone, stony 2. critical, serious

संग्रह (*sangrah*) *m.* collection

संग्रहालय (*sangrahālay*) *m.* museum

स

संग्राम (*saṅgrām*) *m.* battle, war

संघ (*saṅgh*) *m.* 1. association, federation 2. union

संघटन (*saṅghaṭan*) *m.* 1. composition 2. organization

संघर्ष (*saṅgharṣ*) *m.* conflict

संचय (*sañcay*) *m.* accumulation, collection

संचार (*sañcār*) *m.* 1. communication 2. movement of a body

संचालन (*sañcālan*) *m.* 1. transaction 2. conduction (as of meeting) 3. direction

संजीदगी (*sañjīdgī*) *f.* 1. seriousness 2. solemnity

संजीवनी (*sañjīvanī*) I. *a.* life-giving II. *f.* elixir

संज्ञा (*sañjñā*) *f.* 1. consciousness, senses 2. name, noun *(gram.)*

संज्ञाशून्य (*sajñāśūnya*) *a.* unconscious, senseless

सँड़सी (*saṁṛsī*) *f.* small pincers

संडास (*saṇḍās*) *m.* latrine

संत (*sant*) I. *m.* saint II. *a.* saintly

संतति (*santatī*) *f.* offspring

संतप्त (*santapt*) *a.* grieved

संतरा (*santarā*) *m.* orange (fruit)

संतरी (*santarī*) *m.* watchman

संतान (*santān*) *f.* progeny, offspring, issue, children

संतुलन (*santulan*) *m.* balance

संतोष (*santoṣ*) *m.* satisfaction

संत्रास (*santrās*) *m.* 1. torture 2. horror, terror

संदर्भ (*sandarbh*) *m.* reference

संदिग्ध (*sandigdha*) *a.* doubtful

संदूक (*sandūk*) *m.* box

संदेश (*sandeś*) *m.* message

संदेह (*sandeh*) *m.* doubt

संधि (*sandhi*) *f.* 1. treaty (peace) 2. conjunction

संध्या (*sandhyā*) *f.* 1. evening 2. evening prayer

संन्यास (*sannyās*) *m.* renunciation, abandonment of worldly affairs

संन्यासी (*sannyāsī*) *m.* ascetic, anchorite, monk

संपत्ति (*sampatti*) *f.* property

संपदा (*sampadā*) *f.* 1. wealth, riches 2. estate

संपन्न (*sampann*) *a.* rich

संपर्क (*sampark*) *m.* contact

संपादक (*sampādak*) *m.* editor

संपादन (*sampadan*) *m.* editing

संपूर्ण (*sampūrṇ*) *a.* 1. whole 2. lump-sum

सँपेरा (*sampera*) *m.* snake-charmer

सँपोला (*sampolā*) *m.* 1. young of a snake 2. a water snake

संप्रति (*samprati*) *adv.* at present, at this time, now

संप्रदाय (*sampradāya*) *m.* 1. community 2. religious sect

संप्रभुता (*samprabhutā*) *f.* sovereignty

संप्रेषण (*sampreṣaṇ*) *m.* communication

संबंध (*sambandh*) *m.* relation

संबंधी (*sambandhī*) *a.& suff.* meaning, pertaining to, in connection with

संबद्ध (*sambaddha*) *a.* affiliated

संबल (*sambal*) *m.* support

संबोधन (*sambodhan*) *m.* 1. calling aloud 2. address

संभव (*sambhav*) *a.* possible

संभवतः (*sambhavtaḥ*) *adv.* possibly, perhaps

सँभाल (*sambhāl*) *f.* care-taking

संभावना (*sambhāvanā*) *f.* possibility, likelihood, probability

संभ्रांत (*sambhrānt*) *a.* 1. confused 2. honoured

संयंत्र (*saṃyantra*) *m.* plant, machinery and fixtures

संयत (*saṃyat*) *a.* 1. controlled, restrained 2. disciplined

संयम (*saṃyam*) *m.* control

संयुक्त (*saṃyukt*) *m.* 1. united 2. joint 3. clubbed

संयोग (*saṃyog*) *m.* chance

संरक्षण (*saṃrakṣaṇ*) *m.* 1. protection 2.guardianship

संरचना (*saṃracnā*) *f.* 1. structure 2. form 3. composition

संलग्न (*saṃlagna*) *a.* attached

संवत् (*saṃvat*) *m.* 1. year 2. era

स

(as Vikrami Samvat)

संवत्सर (*saṃvatsar*) *m.* year

संवर्धन (*saṃvardhan*) *m.* 1. promotion 2. nourishment

संवाद (*saṃvād*) *m.* dialogue

संवाददाता (*saṃvaddātā*) *m.* correspondent, news reporter

संविदा (*saṃvidā*) *f.* contract

संविधान (*saṃvidhān*) *m.* constitution

संवृद्धि (*saṃvṛddhi*) *f.* 1. growth 2. enrichment 3. development

संवेदनशील (*saṃvedanśīl*) *a.* 1. sensitive 2. sensible

संवेदना (*saṃvedanā*) *f.* 1. sensitivity 2. feeling 3. sympathy

संशय (*saṃśay*) *m.* doubt

संशोधन (*saṃśodhan*) *m.* 1. correction, modification 2. amendment 3. purification

संसद (*saṃsad*) *f.* Parliament

संसदीय (*saṃsadīy*) *a.* parliamentary

संसर्ग (*saṃsarg*) *m.* contact

संसाधन (*saṃsādhan*) *m.* resources

संसार (*saṃsār*) *m.* the world

संस्करण (*saṃskaraṇ*) *m.* edition

संस्कार (*saṃskār*) *m.* 1. ceremony, rite 2. sacrament

संस्कृति (*saṃskṛti*) *f.* culture

संस्था (*saṃsthā*) *f.* 1. institution 2. concern 3. organization

संस्थान (*saṃsthān*) *m.* institute

संस्थापक (*saṃsthāpak*) *m.* founder

संस्मरण (*saṃsmaraṇ*) *m.* memoirs

संहार (*saṃhār*) *m.* annihilation

संहिता (*saṃhitā*) *f.* 1. code 2. juncture

सइयाँ (*saiyāṁ*) *m.* lover, husband

सईस (*saīs*) *m.* groom

सक्रिय (*sakriya*) *a.* 1. active 2. live

सक्षम (*sakṣam*) *a.* capable

सखी (*sakhī*) *f.* female, friend

सख़्त (*sa<u>kh</u>ta*) *a.* 1. hard 2. stiff

स

सगा (*sagā*) *a.* /**सगी** (*sagī*) *a.* born of the same parents, kin

सच (*sac*) I. *m.* truth II. *a.* genuine III. *adv.* really

सचमुच (*sacmuc*) *adv.* true, truly

सचित्र (*sacitra*) *a.* 1. pictorial 2. illustrated

सचिव (*saciv*) *m.* secretary

सचेत (*sacet*) *a.* vigilant, alert

सचेतक (*sacetak*) *m.* whip (in a legislature)

सचेष्ट (*saceṣṭ*) *a.* active, alert

सच्चरित्र (*saccaritra*) *a.* 1. of good moral character 2. chaste

सच्चा (*saccā*) *a.* /**सच्ची** (*saccī*) *a.* 1. true, truthful 2. genuine 3. sincere 4. faithful

सच्चाई (*saccāī*) *f.* 1. truth 2. reality 3. fact 4. honesty

सजग (*sajag*) *a.* 1. vigilant 2. alert

सजनी (*sajnī*) *f.* female friend

सज़ा (*sazā*) *f.* punishment

सजातीय (*sajātīy*) *a.* 1. cogent, harmonious 2. cognate

सजाना (*sajānā*) *v.t.* 1. to decorate 2. to adorn

सजिल्द (*sajild*) *a.* with binding (as of a book)

सजीव (*sajīv*) *a.* 1. living 2. animate 3. vivacious

सज्जन (*sajjan*) *m.* 1. good person 2. gentleman

सटना (*saṭnā*) *v.t.* to be close

सटीक (*saṭīk*) *a.* to the point

सटोरिया (*saṭoriyā*) *m.* speculator

सट्टा (*saṭṭā*) *m.* 1. speculation 2. mercantile transaction

सड़क (*saṛak*) *f.* 1. road 2. street

सड़ना (*saṛnā*) *v.i.* to rot

सतत (*satat*) I. *a.* continual, continuous II. *adv.* always, ever

सतर्क (*satark*) *a.* cautious, alert

सतह (*satah*) *f.* surface

सताना (*satānā*) *v.t.* 1. to vex 2. to tease

सती (*satī*) *f.* 1. a faithful and chaste woman 2. a widowed woman who burns herself

स

willingly on the funeral pyre of her husband

सत्कार (*satkār*) *m.* 1. courteous welcome 2. hospitality

सत्ता (*sattā*) *f.* 1. power, authority, sway 2. existence

सत्ता-पक्ष (*sattā-pakṣa*) *m.* ruling party, party in power

सत्त्वगुण (*sattvaguṇ*) *m.* quality of purity and austerity

सत्पात्र (*satpātra*) *m.* deserving person, worthy recipient

सत्पुरुष (*satpuruṣ*) *m.* 1. good and truthful person 2. God

सत्य (*satya*) *f.* truth, reality

सत्यनिष्ठा (*satyaniṣṭhā*) *f.* 1. integrity 2. solemnity

सत्याग्रह (*satyāgrah*) *m.* 1. insistence on truthfulness in speech, action and thought 2. movement started by Mahatma Gandhi

सत्यानाश (*satyānāś*) *m.* complete ruin

सत्यापन (*satyāpan*) *m.* verification, attestation

सत्र (*satra*) *m.* session

सत्संग (*satsaṅg*) *m.* religious congregation

सदन (*sadan*) *m.* 1. house of legislature 2. house, chamber

सदमा (*sadmā*) *m.* 1. shock 2. blow

सदर (*sadar*) I. *a.* 1. head 2. main II. *m.* president, chairman

सदस्य (*sadasya*) *m.* member

सदा (*sadā*) I. *adv.* always, ever II. *f.* 1. voice 2. sound

सदाचार (*sadācār*) *m.* good conduct, virtuous conduct

सदाबहार (*sadābahār*) *a.* 1. evergreen 2. perennial

सदी (*sadī*) *f.* century

सदुपदेश (*sadupadeś*) *m.* good advice/counsel

सदुपयोग (*sadupayog*) *m.* good or proper use

सदृश (*sadr̥ś*) *a.* like, alike

सदेह (*sadeh*) *a.* with the body

सदैव (*sadaiv*) *adv.* ever, always

सद्गुण (*sadguṇ*) *m.* good qualities, merits
सद्भावना (*sadbhāvnā*) *f.* kindly feeling
सन (*san*) *f.* a kind of jute, hemp
सनक (*sanak*) *f.* 1. craze 2. fancy
सनद (*sanad*) *f.* certificate
सनम (*sanam*) *m.* 1. lover 2. idol 3. statue 4. beloved
सनसनी (*sansanī*) *f.* 1. sensation 2. excitement, desolate state
सनातन (*sanātan*) *a.* eternal
सन्न (*sann*) *a.* stunned, stupefied, flabbergasted
सन्नद्ध (*sannaddha*) *a.* ready
सन्नाटा (*sannāṭā*) *m.* silence
सन्निकट (*sannikaṭ*) *a.* nearby
सन्मार्ग (*sanmārg*) *m.* the right path, path of virtue
सन्मुख (*sanmukh*) *a.* 1. in front of 2. facing
सपना (*sapnā*) *m.* dream
सपरिवार (*saparivār*) *a.* with family
सपाट (*sapāṭ*) *a.* 1. flat 2. smooth
सपूत (*sapūt*) *m.* worthy son
सपेरा (*saperā*) *m.* snake-charmer
सफ़र (*safar*) *m.* journey, travel
सफल (*saphal*) *a.* 1. successful 2. fruit-bearing
सफ़ा (*safā*) I. *a.* clean II. *m.* page
सफ़ाई (*safāī*) *f.* cleanliness
सफ़ेद (*safed*) *a.* 1. white 2. clean
सबक़ (*sabaq*) *m.* 1. lesson 2. moral lesson
सबब (*sabab*) *m.* cause, reason
सबूत (*sabūt*) *m.* 1. proof 2. evidence
सबेरा (*saberā*) *m.* early morning
सब्ज़ (*sabz*) *a.* 1. green 2. unripe
सब्ज़ी (*sabzī*) *f.* 1. vegetables 2. greenery, foliage
सब्र (*sabra*) *m.* patience
सभा (*sabhā*) *f.* 1. meeting 2. assembly
सभापति (*sabhāpati*) *m.* chairman
सभ्य (*sabhya*) *a.* civilized, cul-

स

tured, courteous

सभ्यता (*sabhyatā*) *f.* civilisation

समकक्ष (*samkakṣ*) *a.* of the same level or status

समकालीन (*samkālīn*) *a.* contemporary

समक्ष (*samakṣ*) *adv.* in front, face to face with

समग्र (*samagra*) *a.* aggregate, whole, total, entire

समझ (*samajh*) *f.* 1. understanding, sense 2. intellect

समझदार (*samajhdār*) *a.* 1. intelligent 2. sensible

समझौता (*samjhautā*) *m.* 1. compromise 2. settlement

समतल (*samtal*) *a.* level, plain

समता (*samtā*) *f.* 1. similarity, likeness 2. parity, equality

समत्व (*samatva*) *m.* equality

समदृष्टि (*samdṛṣṭi*) *f.* impartiality

समधी (*samdhī*) *m.* father of a son or daughter-in-law

समन्वय (*samanvaya*) *m.* 1. coordination 2. harmony

समय (*samay*) *m.* 1. time 2. period

समयानुसार (*samayānusār*) *adv.* according to the times

समयोचित (*samayocit*) *a.* 1. opportune 2. timely

समर (*samar*) *m.* war, battle

समरसता (*samarasatā*) *f.* equanimity

समर्थ (*samarth*) *a.* capable

समर्थन (*samarthan*) *m.* support

समर्पण (*samarpaṇ*) *m.* 1. surrender 2. dedication

समवयस्क (*samvayask*) *a.* of same age

समष्टि (*samaṣṭi*) *f.* universe

समसामयिक (*samsāmayik*) *a.* contemporary

समस्त (*samast*) *a.* whole, all

समस्या (*samasyā*) *f.* problem

समांतर (*samāntar*) *f.* parallel

समागम (*samāgam*) *m.* 1. coming together 2. association 3. intercourse

समाचारपत्र (*samācārpatra*) *m.* newspaper

समाज (*samāj*) *m.* society
समाजवाद (*samājvād*) *m.* socialism
समाजसेवक (*samājsevak*) *m.* social worker
समादृत (*samādṛt*) *a.* respected, honoured revered, venerated
समाधान (*samādhān*) *m.* solution
समाधि (*samādhi*) *f.* 1. trance 2. deep meditation 3. a tomb
समाधिस्थ (*samādhistha*) *a.* in a state of trance
समान (*samān*) *a.* 1. common 2. equal, equivalent 3. similar
समानता (*samāntā*) *f.* 1. equality 2. equivalence 3. similarity
समाना (*samānā*) *v.i.* 1. to be contained (in) 2. to fit in
समापन (*samāpan*) *m.* 1. conclusion 2. completion
समाप्त (*samāpta*) *a.* finished
समारंभ (*samārambh*) *m.* inauguration
समारोह (*samāroh*) *m.* function
समालोचक (*samālocak*) *m.* critic
समालोचना (*samālocanā*) *f.* 1. review 2. criticism
समावेश (*samāveś*) *m.* 1. inclusion 2. entry
समास (*samās*) *m. (gram.)* compound, compound word
समाहित (*samāhit*) *a.* merged
समिति (*samiti*) *f.* committee
समीक्षक (*samīkṣak*) *m.* reviewer
समीक्षा (*samīkṣā*) *f.* review
समीचीन (*samīcīn*) *a.* 1. fit, proper 2. expedient
समीप (*samīp*) *m.* near
समीर (*samīr*) *f.* /**समीरण** (*samīraṇ*) *m.* breeze, air
समुचित (*samucit*) *a.* proper
समुदाय (*samudāya*) *m.* 1. community 2. group 3. collection
समुद्र (*samudra*) *m.* sea
समुन्नत (*samunnat*) *a.* 1. elevated 2. well developed
समुपस्थित (*samupasthit*) *a.* 1. present 2. turned up
समूचा (*samūcā*) *m.* the whole
समूल (*samūl*) *a.* with roots
समूह (*samūh*) *m.* group

स

समृद्धि *(samṛddhi) f.* prosperity
समेकित *(samekit) a.* integrate
सम्मत *(sammat) a.* agreed
सम्मति *(sammati) f.* consent
सम्मान *(sammān) m.* honour
सम्मिलित *(sammilit) a.* 1. compound 2. mixed 3. included
सम्मिश्रण *(summiśraṇ) m.* 1. blending 2. fusion
सम्मुख *(sammukh) a.* in front of
सम्मेलन *(sammelan) m.* 1. meeting 2. conference 3. assembly
सम्यक् *(samyak) a.* 1. proper 2. well 3. due
सम्हलना *(samhalnā) v.i.* 1. to be supported 2. to recover from a fall
सयाना *(sayānā) a.* 1. clever, cunning 2. grown up
सर *(sar) m.* head
सरअंजाम *(sarañjām) m.* 1. accomplishment 2. completion
सरकंडा *(sarkaṇḍā) m.* a reed
सरकना *(saraknā) v.i.* to slip
सरकार *(sarkār) f.* 1. government 2. administration
सरगम *(sargam) m.* 1. musical scale 2. gamut
सरगर्मी *(sargarmī) f.* zeal
सरदार *(sardār) m.* 1. chief, chieftain 2. leader
सरपरस्त *(sarparast) m.* guardian
सरल *(saral) a.* 1. simple 2. easy
सरलता *(saraltā) f.* simplicity
सरस *(saras) a.* 1. juicy 2. tasty
सरसरी *(sarsarī) a.* cursory
सरसों *(sarsoṁ) f.* mustard seed/plant
सरहद *(sarhad) f.* 1. border 2. boundary 3. frontier
सराफ़ा *(sarāfā) m.* gold merchant
सराय *(sarāya) f.* inn, hospice
सरासर *(sarāsar) adv.* 1. wholly, entirely 2. altogether
सराहना *(sarāhnā) v.t.* 1. to praise, to applaud 2. to appreciate
सरिता *(saritā) f.* river, stream

सरूर (*sarūr*) *m.* pleasure, joy
सरेस (*sares*) *f.* glue
सरोकार (*sarokār*) *m.* 1. concern 2. relation 3. object
सरोद (*sarod*) *m.* lyre, a stringed musical instrument
सरोवर (*sarovar*) m. lake, pond
र्ग (*sarg*) *m.* canto (in an epic)
र्जन (*sarjan*) *m.* creation
र्दी (*sardi*) *f.* cold, coldness
र्प (*sarp*) *m.* serpent, snake
र्राफ़ (*sarrāf*) *m.* gold merchant
र्वकालीन (*sarvakālīn*) *a.* of all times, perpetual, eternal
र्वज्ञ (*sarvajña*) *a.* all-knowing
र्वत्र (*sarvatra*) *adv.* everywhere
र्वथा (*sarvathā*) *adv.* completely
र्वदा (*sarvadā*) *adv.* at all times
र्वनाश (*sarvanāś*) *m.* utter destruction, complete ruin
र्वप्रिय (*sarvapriy*) *a.* all loving
र्वमान्य (*sarvamānya*) *a.* accepted by all
सर्वव्यापक (*sarvavyāpak*) *a.* 1. omnipresent 2. universal
सर्वश्री (*sarvaśrī*) *m.* (in addresses, letter-openings) Messers
सर्वश्रेष्ठ (*sarvaśresṭha*) *a.* best, best of all
सर्वसम्मत (*sarvasammat*) *a.* unanimous
सर्वांगीण (*sarvāṅgīṇ*) *a.* general
सर्वाधिक (*sarvādhik*) *a.* maximum
सर्वाधिकार (*sarvādhikār*) *m.* 1. full powers 2. full
सर्वेक्षण (*sarvekṣaṇ*) *m.* survey
सर्वेसर्वा (*sarvesarvā*) *a.* all-in-all
सर्वोत्तम (*sarvottam*) *a.* best, the very best
सर्वोदय (*sarvodaya*) *m.* uplift of all
सर्वोपरि (*sarvopari*) *a.* above all
सलवार (*salvār*) *f.* baggy trousers
सलाम (*salām*) *m.* salutation
सलामत (*salāmat*) *a.* 1. safe 2. well
सलाह (*salāh*) *f.* adivce

स

सलाहकार (*salāhkār*) *m.* adviser
सलीक़ा (*salīqā*) *m.* manner
सलीब (*salīb*) *f.* cross, crucifix
सलोना (*salonā*) *a.* 1. charming, winsome 2. saltish
सल्तनत (*saltanat*) *f.* kingdom
सवर्ण (*savarṇ*) *m.* belonging to an upper caste Hindu
सवाब (*savāb*) *m.* virtuous action
सवार (*savār*) *m.* rider
सवाल (*savāl*) *m.* question
सविनय (*savinaya*) *adv.* politely
सवेरा (*saverā*) *m.* early morning
सशंक (*saśaṅk*) *a.* suspicious
सशक्त (*saśakt*) *a.* forceful
सशरीर (*saśarīr*) *a.* & *adv.* physically, bodily
सशस्त्र (*saśastr*) *a.* armed
ससम्मान (*sasammān*) *adv.* honourably, respectfully
ससुर (*sasur*) *m.* father-in-law
ससुराल (*sasurāl*) *f.* father-in-law's house or family
सस्ता (*sastā*) *a.* /**सस्ती** *(sastī) a.* 1. cheap 2. inferior
सस्नेह (*sasneh*) *a.* & *adv.* with love
सस्वर (*sasvar*) *a.*&*adv.* with intonation, in tune
सहकर्मी (*sahkarmī*) *m.* colleague
सहकारी (*sahkārī*) I. *a.* cooperative II. *m.* a fellow-worker
सहज (*sahaj*) *a.* 1. innate, natural 2. easy, simple (as a task)
सहन (*sahan*) *m.* 1. forbearance 2. tolerance 3. courtyard
सहपाठी (*sahpāṭhī*) *m.* classmate
सहभागिता (*sahbhāgitā*) *f.* partnership
सहमति (*sahmati*) *f.* agreement
सहयोग (*sahyog*) *m.* 1. cooperation 2. collaboration
सहवर्ती (*sahvartī*) *a.* 1. concurrent 2. contemporary
सहवास (*sahvās*) *m.* cohabitation
सहशिक्षा (*sahśikṣā*) *f.* co-education

सहसा (*sahsā*) *adv.* suddenly
सहानुभूति (*sahānubhūti*) *f.* sympathy
सहायक (*sahāyak*) I. *m.* helper, assistant II. *a.* subsidiary
सहायता (*sahāytā*) *f.* help, aid, assistance
सहारा (*sahārā*) *m.* support
सहित (*sahit*) *a.* along with
सहिष्णु (*sahiṣṇu*) *a.* tolerant
सही (*sahī*) *a.* right, correct
सही-सलामत (*sahī-salāmat*) *a.* safe and sound, hale and hearty
सहृदय (*sahr̥day*) *a.* tender-hearted, compassionate
सहेली (*sahelī*) *f.* female friend
सांकल (*sāṅkal*) *f.* chain
सांख्य (*sāṅkhya*) I. *a.* numerical II. *m.* philosophy of sage Kapil
सांगोपांग (*sāṅgopāṅg*) *a.* complete, with all parts
साँचा (*sāṁcā*) *m.* mould, modelling tool or model
सांझ (*sāṁjh*) *f.* evening, dusk
साँड़ (*sāṁṛ*) *m.* bull
सांत्वना (*sāntvanā*) *f.* consolation
साँप (*sāṁp*) *m.* snake, serpent
सांप्रदायिक (*sāmpradāyik*) *a.* communal
साँवला (*sāṁvalā*) *a.* of dark or sallow colour
साँस (*sāṁs*) *f.* 1. breath 2. sigh
साँसत (*sāṁsat*) *f.* trouble
सांसारिक (*sāṃsārik*) *a.* worldly, earthly, mundane
सांस्कृतिक (*sāṃskr̥tik*) *a.* cultural
साईस (*sāis*) *m.* one who grooms and hires out horses
साकार (*sākār*) *a.* having a form or image
साक़ी (*sāqī*) *m.* 1. cup-bearer, a page 2. the beloved one
साक्षर (*sākṣar*) *a.* literate
साक्षात् (*sākṣāt*) *a.* visible
साक्षात्कार (*sākṣātkār*) *m.* interview
साक्षी (*sākṣī*) *m.* witness, eye witness

स

साक्ष्य (*sākṣya*) *m.* evidence
साख (*sākh*) *f.* 1. credit 2. reputation 3. trust 4. goodwill
साग (*sāg*) *m.* 1. greens 2. vegetable
सागर (*sāgar*) *m.* 1. sea, ocean 2. peg, cup (of wine)
साज (*sāj*) *m.* 1. embellishment, 2. apparatus 3. equipment 4. musical instrument
साजन (*sājan*) *m.* 1. lover 2. husband
साज-सज्जा (*sāj-sajjā*) *f.* 1. decoration 2. equipment
साज़िश (*sāziś*) *f.* intrigue, conspiracy, plot
साझा (*sājhā*) *m.* partnership
साड़ी (*sāṛī*) *f.* saree, dress worn by Indian women
साढ़ू (*sāṛhū*) *m.* wife's brother-in-law
सात्त्विक (*sāttvik*) *a.* combining purity and simplicity
साथी (*sāthī*) *m.* companion
सादगी (*sādgī*) *f.* simplicity
सादर (*sādar*) *adv.* respectful
साधन (*sādhan*) *m.* 1. means 2 medium 3. resource
साधना (*sādhanā*) *f.* 1. menta training or practice 2. devotion 3. to train 4. to tame
साधारण (*sādhāraṇ*) *a.* 1. ordinary 2. common
साधारणतः (*sādhāraṇtaḥ*) *adv* 1. usually 2. ordinarily
साधिकार (*sādhikār*) *adv.* wit authority
साधु (*sādhu*) *m.* saint, hermi
सानंद (*sānand*) *a.* happy
सान्निध्य (*sānnidhya*) *m.* nearness, proximity, closenes
सापेक्ष (*sāpekṣ*) *a.* relative
साप्ताहिक (*sāptāhik*) *a.* weekl
साफ़ (*sāf*) *a.* 1. clean 2. clea
साफ़ा (*sāfā*) *m.* turban
साबित (*sābit*) *a.* proved
साबुत (*sābut*) *a.* unbroken
साबुन (*sābun*) *m.* soap
सामंजस्य (*sāmañjasya*) *m.* harmony
सामंत (*sāmant*) *m.* feudal chieftain/lord

सामग्री (*sāmagrī*) *f.* materials
सामने (*sāmne*) *adv.* in front
सामयिक (*sāmayik*) *a.* current
सामरिक (*sāmarik*) *a.* 1. military 2. combatant 3. strategic
सामर्थ्य (*sāmarthya*) *f.* 1. capacity, ability 2. power, strength
सामाजिक (*sāmājik*) *a.* having to do society, social
सामान (*sāmān*) *m.* 1. goods, things 2. luggage
सामान्य (*sāmānya*) *a.* general, common
सामान्यतः (*sāmānyataḥ*) *adv.* generally, commonly
सामीप्य (*sāmīpya*) *m.* nearness, proximity, vicinity
सामुदायिक (*sāmudāyik*) *a.* (from community, group) 1. collective 2. communal
सामूहिक (*sāmūhik*) *m.* collective
साम्य (*sāmya*) *m.* similarity, resemblance
साम्राज्य (*sāmrājya*) *m.* empire
सायंकाल (*sāyaṅkāl*) *m.* dusk, evening
साया (*sāyā*) *m.* 1. shadow 2. shade
सारंगी (*sāraṅgī*) *f.* a stringed musical instrument
सार (*sār*) *m.* abstract, essence
सारगर्भित (*sārgarbhit*) *a.* sententious, substantial
सारणी (*sāraṇī*) *f.* timetable, schedule
सारथि (*sārathi*) *m.* one who drives a chariot, charioteer
सारस (*sāras*) *m.* crane
सारांश (*sārāṃś*) *m.* summary
सारा (*sārā*) *a.* all, the whole
सार्थक (*sārthak*) *a.* meaningful
सार्वजनिक (*sārvjanik*) *a.* (pertaining to all people) public
सार्वदेशिक (*sārvdeśik*) *a.* pertaining to all lands or countries, universal
सार्वभौम (*sārvbhaum*) *a.* universal
साल (*sāl*) *m.* 1. year 2. sal (a timber tree)

स

सालगिरह (*sālgirah*) *f.* birthday
सालन (*sālan*) *m.* 1. meat 2. curry
साला (*sālā*) *m.* wife's brother
सावधानी (*sāvdhānī*) *f.* caution, cautiousness
साष्टांग (*sāstāṅg*) *a.* genuflection
सास (*sās*) *f.* mother-in-law
साहचर्य (*sāhcarya*) *m.* companionship
साहब (*sāhab*) *m.* /**साहिब** (*sāhib*) *m.* 1. sir 2. master, lord, boss
साहस (*sāhas*) *m.* courage
साहसी (*sāhsī*) *a.* courageous
साहित्य (*sāhitya*) *m.* literature
साहित्यकार (*sāhityakār*) *m.* litterateur
साहिल (*sāhil*) *m.* shore, coast
साहू (*sāhū*) *m.* a rich man
साहूकार (*sāhūkār*) *m.* 1. moneylender 2. moneyed man
सिंचाई (*siṁcāi*) *f.* irrigation
सिंदूर (*siṁdūr*) *m.* vermilion
सिंह (*siṃha*) *m.* lion
सिंहावलोकन (*siṃhāvlokan*) *m.* round-up, retrospection
सिंहासन (*siṃhāsan*) *m.* a throne
सिकड़ी (*sikṛī*) *f.* chain (as for a lock, or ornamental)
सिकोड़ना (*sikoṛnā*) *v.t.* 1. cause to shrink 2. to contract
सिक्का (*sikkā*) *m.* stamped coin
सिखाना (*sikhānā*) *v.t.* to teach
सिटकिनी (*siṭkinī*) *f.* latch
सिटपिटाना (*siṭpiṭānā*) *v.i.* to be taken aback, disconcerted
सितम (*sitam*) *m.* oppression
सितार (*sitār*) *f.* an Indian musical instrument with three strings
सितारा (*sitārā*) *m.* 1. star 2. planet 3. fate
सिद्ध (*siddha*) *m.* 1. saint 2. proved
सिद्धांत (*siddhānt*) *m.* 1. theory 2. principle 3. doctrine, tenet
सिद्धि (*siddhi*) *f.* 1. supernatural powers of a yogi 2. fulfilment

स

सिन्नी (*sinnī*) *f.* sweets, sweets offered to a deity

सिपाही (*sipāhī*) *m.* 1. soldier, sepoy 2. policeman, constable

सिफ़त (*sifat*) *f.* quality

सिफ़र (*sifar*) *m.* 1. zero 2. cypher

सिफ़ारिश (*sifāriś*) *f.* 1. recommendation 2. intercession

सिमटना (*simaṭnā*) *v.i.* to shrink

सियार (*siyār*) *m.* jackal

सियासत (*siyāsat*) *f.* 1. political 2. administration

सियाही (*siyāhī*) *f.* ink

सिर (*sir*) *m.* 1. head 2. skull

सिरका (*sirkā*) *m.* vinegar

सिरमौर (*sirmaur*) *m.* 1. chief among men 2. crown

सिरहाना (*sirhānā*) *m.* the upper end of a bedstead

सिरा (*sirā*) *m.* 1. end 2. edge

सिर्फ़ (*sirf*) *adv.* 1. only, mere, sheer 2. exclusively

सिलवट (*silvaṭ*) *f.* wrinkle, crease

सिलसिला (*silsilā*) *m.* series

सिलाई (*silāī*) *f.* sewing

सिल्ली (*sillī*) *f.* 1. tablet 2. slab

सिवईं (*sivaīṁ*) *f.* vermicelli

सिवार (*sivār*) *f.* 1. a water-plant 2. a green scum forming on stagnant water

सिसकी (*siskī*) *f.* a sob, sobbing

सिहरन (*siharan*) *f.* shiver

सींक (*sīṁk*) *f.* 1. wicker of straw or broom 2. tooth-pick

सींग (*sīṁg*) *m.* horns

सींचना (*sīṁcnā*) *v.t.* to irrigate

सीख (*sīkh*) *f.* 1. advice 2. moral lesson 3. teaching

सीख़चा (*sīkhcā*) *m.* a window bar

सीटी (*sīṭī*) *f.* whistle, catcall

सीढ़ी (*sīṛhī*) *f.* 1. stairway, staircase 2. ladder

सीताफल (*sītāphal*) *m.* 1. sweet pumpkin 2. a vegetable

सीधा (*sīdhā*) *a.* 1. straight 2. direct

सीना (*sīnā*) I. *v.t.* to sew, to stitch II. *m.* chest, breast

सीमा (*sīmā*) *f.* 1. border,

स

bounds, boundary 2. frontier

सीमावर्ती (*sīmāvartī*) *a.* bordering, lying on the border

सीमित (*sīmit*) *a.* limited

सील (*sīl*) *f.* damp, moisture

सीसा (*sīsā*) *m.* lead

सुँघनी (*suṁghnī*) *f.* snuff

सुंदर (*sundar*) *a.* 1. beautiful, handsome, pretty 2. fine 3. good

सुअर (*suar*) *m.* pig, boar

सुअवसर (*suavasar*) *m.* a good chance

सुई (*suī*) *f.* needle

सुकुमार (*sukumār*) *a.* 1. delicate, tender 2. (of a child) pretty

सुकून (*sukūn*) *m.* 1. peace, quietude 2. rest 3. tranquility

सुख (*sukh*) *m.* happiness

सुखद (*sukhad*) *a.* comfortable

सुखांत (*sukhānt*) *a.* ending happily, with a happy ending

सुखाना (*sukhānā*) *v.t.* to dry up, to desiccate

सुखी (*sukhī*) *a.* happy

सुगंध (*sugandh*) *f.* fragrance

सुगठित (*sugaṭhit*) *a.* 1. well organized 2. well-built

सुगम (*sugam*) *a.* easy, simple

सुगम संगीत *m.* light music

सुग्गा (*suggā*) *m.* parrot

सुघड़ (*sughaṛ*) *a.* well-built

सुचारु (*sucāru*) *a.* 1. good, fai 2. charming, pretty, comel

सुचिंतित (*sucimtit*) *a.* 1. well thought of 2. well considere

सुझाव (*sujhāv*) *m.* suggestion

सुडौल (*suḍaul*) *a.* well-built

सुत (*sut*) *m.* son

सुतली (*sutlī*) *f.* string, thin rop

सुदर्शन (*sudarśan*) *a.* handsom

सुदीर्घ (*sudīrgha*) *m.* very lor

सुदूर (*sudūr*) *a.* 1. very far 2. fa away

सुदृढ़ (*sudṛṛh*) *a.* very strong

सुधबुध (*sudhbudh*) *f.* 1. co sciousness 2. senses

सुधा (*sudhā*) *f.* 1. nectar 2. (mythology) a drink of god

सुधार (*sudhār*) *m.* reform

सुधारक (*sudhārak*) *m.* reform

सुधि (*sudhi*) *f.* consciousness

सुनना (*sunanā*) I. *v.i.* to hear, to listen II. *m.* hearing

सुनसान (*sunsān*) *a.* 1. desolate 2.dreary

सुनहरा (*sunahrā*) *a.* /**सुनहरी** (*sunahrī*) *a.* 1. golden 2. gilded

सुनार (*sunār*) *m.* goldsmith

सुनियोजित (*suniyojit*) *a.* 1. well-planned 2. well-employed

सुनिश्चित (*suniścit*) *a.* 1. definite 2. precise

सुपात्र (*supātra*) *m.* well-deserving person

सुपारी (*supārī*) *f.* betel nut, *areca catechu*

सुपुत्र (*suputra*) *m.* good son, able and obedient son

सुप्त (*supt*) *a.* asleep

सुप्रभात (*suprabhāt*) *m.* 1. auspicious good morning 2. happy daybreak

सुप्रसिद्ध (*suprasiddha*) *a.* very famous, renowned, reputed

सुफल (*suphal*) I. *m.* good or welcome result II. *a.* 1. bearing good fruit 2. fruitful

सुबह (*subah*) *f.* morning

सुबुद्धि (*subuddhi*) *f.* intelligence, wisdom

सुबोध (*subodh*) *a.* easily understood, intelligible

सुभाषित (*subhāṣit*) I. *m.* quotable saying II. *a.* well said

सुमन (*suman*) I. *m.* flower II. *a.* well-disposed, beautiful

सुमिरनी (*sumirnī*) *f.* rosary

सुयश (*suyaś*) *m.* fame

सुयोग (*suyog*) *m.* a happy chance

सुयोग्य (*suyogya*) *a.* very able

सुरंग (*suraṅg*) *f.* 1. underpass, tunnel 2. mine

सुर (*sur*) *m.* 1. a gods 2. sound

सुरक्षा (*surakṣā*) *f.* safeguard

सुरख़ाब (*sur<u>kh</u>āb*) *m.* ruddy goose

सुरती (*suratī*) *f.* a tobacco leaves for chewing

सुरभि (*surabhi*) *f.* 1. fragrance, aroma 2. perfume, scent

सुरमा (*surmā*) *m.* collyrium

सुरम्य (*suramya*) *m.* extremely

स

charming, beautiful

सुरसुराहट (*sursurāhaṭ*) *f.* 1. hissing sound 2. itching

सुरा (*surā*) *f.* wine, liquor

सुराख़ (*surākh*) *m.* hole

सुराग़ (*surāg*) *m.* 1. clue 2. trace

सुराही (*surāhī*) *f.* flask, flagon

सुरीला (*surīlā*) *a.* sonorous

सुरुचि (*suruci*) *f.* good taste

सुरूर (*surūr*) *m.* pleasure, joy

सुर्ख़ (*surkh*) *a.* red

सुलगना (*sulagnā*) *v.i.* to burn without flame, to smoulder

सुलझाना (*suljhānā*) *v.t.* 1. to disentangle 2. to resolve

सुलभ (*sulabh*) *a.* easy

सुलह (*sulah*) *f.* 1. conciliation 2. truce, treaty 3. peace

सुलाना (*sulānā*) *v.t.* 1. to put to sleep 2. to lull to sleep

सुलूक (*sulūk*) *m.* behaviour, treatment

सुविधा (*suvidhā*) *f.* convenience

सुविधानुसार (*suvidhānusār*) *adv.* at one's convenience

सुव्यवस्था (*suvyavasthā*) *f.* good organisation

सुशील (*suśīl*) *a.* /**सुशीला** (*suśīlā*) *a.* of good disposition

सुशोभित (*suśobhit*) *a.* adorned

सुश्री (*suśrī*) *f.* way of addressing or mentioning any unmarried woman, Miss

सुश्रूषा (*śuśrūṣā*) *f.* 1. nursing 2. attendance 3. care

सुषमा (*suṣmā*) *f.* natural charm

सुषुप्ति (*suṣupti*) *f.* deep sleep

सुसज्जित (*susajjit*) *a.* well decorated, well adorned

सुस्त (*sust*) *a.* 1. lazy 2. idle

सुस्पष्ट (*suspaṣṭ*) *a.* very clear

सुहाग (*suhāg*) *m.* state of wifehood

सुहाना (*suhānā*) I. *a.* 1. pleasant 2. charming II. *v.t.* to be agreeable

सुहृद (*suhṛd*) I. *m.* friend II. *a.* 1. friendly 2. loving

सूँघना (*sūṁghnā*) *v.t.* to smell

सूँड (*sūṁḍ*) *f.* /**सूँड़** (*sūṁṛ*) *f.* trunk of an elephant

सूअर (*sūar*) *m.* boar, pig, hog

swine (also a word of abuse)

सूक्त (*sūkt*) *m.* a set of mantras of the Vedas

सूक्ति (*sūkti*) *f.* maxim, epigram, a pithy saying

सूक्ष्म (*sūkṣm*) *a.* 1. minute 2. subtle

सूखना (*sūkhnā*) *v.i.* to dry up

सूचना (*sūcanā*) *f.* information

सूचनाकेंद्र (*sūcnākeṁdra*) *m.* information centre

सूचनार्थ (*sūcnārth*) *adv.* for information

सूची (*sūcī*) *f.* list, catalogue

सूजना (*sūjnā*) *v.i.* to swell

सूझ (*sūjh*) *f.* foresight

सूत (*sūt*) *m.* 1. yarn, thread 2. born 3. a professional charioteer

सूती (*sūtī*) *a.* (of cloth) cotton

सूत्र (*sūtra*) *m.* 1. thread 2. source

सूत्रधार (*sūtradhār*) *m.* stage manager (of dramatic performances), all in all, incharge

सूत्रपात (*sūtrapāt*) *m.* beginning

सूद (*sūd*) *f.* 1. profit, gain 2. interest

सूदख़ोर (*sūdkhor*) *m.* usurer

सूना (*sūnā*) *a.* 1. desolate 2. void 3. empty

सूप (*sūp*) *m.* 1. winnowing basket 2. soup 3. broth

सूफ़ी (*sūfī*) *m.* Muslim ascetic and mystic

सूबा (*sūbā*) *m.* province

सूम (*sūm*) *a.* & *m.* a miser

सूर (*sūr*) *m.* hero, warrior

सूरज (*sūraj*) *m.* /**सूर्य** (*surya*) *m.* sun

सूरत (*sūrat*) *f.* 1. countenance, appearance 2. means

सूरमा (*sūrmā*) *a.* & *m.* brave valiant or bold person, hero, warrior

सूराख़ (*sūrākh*) *m.* hole, orifice

सूर्योदय (*sūryoday*) *m.* sunrise

सूली (*sūlī*) *f.* 1. gibbet 2. gallows

सृजन (*sṛjan*) *m.* creation

स

सृष्ट (*sr̥ṣṭ*) *a.* created

सेंकना (*seṁknā*) *v.t* 1. to bake 2. to roast 3. to foment

सेंध *(seṁdh) f.* house-breaking, burglary

सेंधा (*seṁdhā*) *m.* rock-salt

सेज (*sej*) *f.* bed, a comfortable bed

सेठ (*seṭh*) *m.* rich man

सेतु (*setu*) *m.* bridge, causeway

सेना (*senā*)I. *m.* army, military II. *v.t.* to hatch (eggs)

सेनापति (*senāpati*) *m.* commander of an army

सेब (*seb*) *m.* apple

सेम (*sem*) *m.* bean, kidney-bean

सेवक (*sevak*) *m.* servant, worker

सेवा (*sevā*) *f.* service

सेवा-सुश्रूषा (*sevāsuśrūṣā*) *f.* attendance and nursing (of a person or animal)

सेहत (*sehat*) *f.* health

सेहरा (*sehrā*) *m.* nuptial head wear (worn by the bridegroom)

सैनिक (*sainik*) *m.* soldier, fighter, army man, military person

सैन्य (*sainya*) *a.* military

सैर (*sair*) *f.* 1. tour 2. walk, walking

सैलानी (*sailānī*) *m.* tourist

सैलाब (*sailāb*) *m.* flood, deluge

सोंटा (*soṁṭā*) *m.* 1. club 2. mace

सोंठ (*soṁṭh*) *f.* dry ginger

सोखना (*sokhnā*) *v.t.* 1. to dry up 2. to absorb

सोख़्ता (*so<u>kh</u>tā*) *m.* blotting paper

सोच (*soc*) *f.* thought

सोचना (*socnā*) *v.i.* to think

सोता (*sotā*) I. *m.* spring, fountain II. *a.* sleeping

सोद्देश्य (*soddeśya*) *a.* purposive

सोना (*sonā*) I. *m.* gold II. *vi.* to sleep

सोपान (*sopān*) *m.* ladder, stairs

सोया (soyā) I. p.p. (of **सोना**) slept, asleep II. m. a sweet-smelling plant (the leaves of which are used for cooking)

सोरठा (*sorṭhā*) *m.* a popular couplet common in medieval Hindi poetry

सोहनपपड़ी (*sohanpapṛī*) *f.* variety of sweetmeat

सोहबत (*sohbat*) *f.* company

सौंदर्य (*sãuṁdarya*) *m.* beauty

सौंपना (*sãuṁpnā*) *v.t.* to hand over, to entrust

सौंफ (*sauṁph*) *m.* anise, aniseed, seed of sweet fennel

सौगंध (*saugandh*) *f.* 1. oath, swearing 2. vow

सौग़ात (*saug̱āt*) *f.* special gift

सौजन्य (*saujanya*) *m.* 1. goodness 2. nobility 3. courtesy

सौत (*saut*) *f.* /**सौतन** (*sautan*) *f.* co-wife

सौदा (*saudā*) *m.* deal, bargain

सौदागर (*saudāgar*) *m.* merchant

सौभाग्य (*saubhāgya*) *m.* good luck, fortune

सौम्य (*saumya*) *a.* amiable, benign, gentle, kindly

सौरभ (*saurabh*) *m.* sweet smell

सौष्ठव (*sauṣṭhava*) *m.* elegance

सौहार्द (*sauhārd*) *m.* friendship

स्खलन (*skhalan*) *m.* discharge

स्तंभ (*stambh*) *m.* 1. pillar 2. column 3. shaft

स्तंभित (*stambhit*) *a.* stunned

स्तन (*stan*) *m.* female breast

स्तब्ध (*stabdha*) *a.* stunned

स्तर (*star*) *m.* 1. level 2. standard

स्तुति (*stuti*) *f.* 1. prayer 2. hymn

स्तूप (*stūp*) *m.* a domelike monument (especially one erected over the remains of a saint Lord Buddha), stupa, mound

स्तोत्र (*stotra*) *m.* eulogy of a god or goddess

स्त्री (*strī*) *f.* woman, lady

स्थगन (*sthagan*) *m.* postponement

स्थगित (*sthagit*) *a.* postponed

स्थल (*sthal*) *m.*1. land 2. site

स्थली (*sthalī*) *f.* /**स्थान** (*sthān*) *m.* 1. place 2. spot

स्थानांतर (*sthānāntar*) *m.* 1. transfer 2. translocation

स्थानापन्न (*sthānāpann*) *a.* substitute, officiating

स्थानाभाव (*sthānābhāv*) *m.* shortage of space

स्थानीय (*sthānīya*) *a.* local

स्थापत्य (*sthāpatya*) *m.* architecture

स्थापना (*sthāpanā*) *f.* 1. establishment 2. founding

स्थायित्व (*sthāyitva*) *m.* 1. stability 2. permanency

स्थायी (*sthāyī*) *a.* permanent

स्थावर (*sthāvar*) *a.* immovable

स्थित (*sthit*) *a.* situated

स्थिति (*sthiti*) *f.* condition, state

स्थिर (*sthir*) *a.* 1. still, unmoved 2. steady, firm 3. stationary

स्थिरता (*sthiratā*) *f.* stability

स्थूल (*sthūl*) *a.* 1. plump, fat 2. bulky

स्नातक (*snātak*) *m.* graduate

स्नान (*snān*) *m.* bathing, ablution

स्नानागार (*snānāgār*) *m.*/**स्नानगृह** (*snāngṛh*) *m.* bath-room, bath

स्नायु (*snāyu*) *f.* nerve, ligament

स्निग्ध (*snigdha*) *a.* oily, soft

स्नेह (*sneh*) *m.* love, affection

स्पंदन (*spandan*) *m.* 1. vibration 2. pulsation

स्पर्धा (*spardhā*) *f.* 1. competition 2. envy 3. rivalry

स्पर्श (*sparś*) *m.* touch, contact

स्पष्ट (*spaṣṭ*) *a.* 1. clear 2. explicit

स्पष्टतः (*spaṣṭataḥ*) *adv.* 1. clearly 2. vividly 3. obviously

स्पष्टीकरण (*spaṣṭīkaraṇ*) *m.* 1. clarification 2. explanation

स्पृहणीय (*spṛhaṇīya*) *a.* worth aspiring for or craving for

स्फटिक (*sphaṭik*) *m.* quartz

स्फीति (*sphīti*) *f.* inflation

स्फुट (*sphuṭ*) *a.* 1. distinct, manifest 2. miscellaneous

स्फुरण (*sphuraṇ*) *m.* 1. spurt 2. pulsation 3. throbbing

स्फुलिंग (*sphurliṁg*) *m.* spark

स्फूर्ति (*sphūrti*) *f.* 1. agility, smartness 2. liveliness

स्मरण (*smaraṇ*) *m.* 1. remembrance 2. recollection

स्मारक (*smārak*) *m.* memorial, monument

स्मृति (*smṛti*) *f.* memory

स्याह (*syāh*) *a.* black, dark

स्रष्टा (*sraṣṭā*) *m.* creator, God

स्राव (*srāv*) *m.* 1. flow 2. secretion

स्रोत (*srot*) *m.* source, origin

स्वगत (*svagat*) *a.* speaking or addressing to oneself

स्वचालित (*svacālit*) *a.* automatic

स्वच्छंद (*svacchand*) *m.* free, unrestrained

स्वच्छ (*svaccha*) *a.* clean

स्वजन (*svajan*) *m.* kith and kin

स्वजातीय (*svajātīya*) *a.* belonging to one's own caste or race

स्वतंत्र (*svatantra*) *a.* independent, free, autonomous

स्वतंत्रता (*svatantratā*) *f.* independence, freedom

स्वतः (*svataḥ*) *adv.* one's own

स्वतःस्फूर्त *a.* spontaneous

स्वत्व (*svatva*) *m.* 1. ownership, right 2. copyright

स्वत्वाधिकार (*svatvādhikār*) *m.* right, copyright

स्वदेशी (*svadeśī*) *a.* native, indigenous

स्वनामधन्य (*svanāmdhanya*) *a.* famous, celebrated

स्वप्न (*svapna*) *m.* dream

स्वप्नदर्शी (*svapnadarśī*) *m.* dreamer

स्वभाव (*svabhāv*) *m.* 1. nature, temperament 2. innate disposition

स्वभावतः (*svabhāvataḥ*) *adv.* naturally, by nature

स्वयं (*svayaṁ*) *adv.* 1. self, by oneself 2. personally

स्वयंसेवक (*svayaṁsevak*) *m.* volunteer

स्वर (*svar*) *m.* 1. tone 2. voice

स्वराज्य (*svarājya*) *m.* self government

स्वराष्ट्र (*svarāṣṭra*) *m.* 1. one's own country 2. homeland

स

स्वरूप (*svarūp*) *m.* 1. appearance 2. shape, form 3. mask

स्वर्ग (*svarg*) *m.* paradise

स्वर्ण (*svarṇ*) *m.* gold

स्वर्णकार (*svarṇkār*) *m.* goldsmith

स्वर्ण जयन्ती (*svarṇajayantī*) *f.* golden jubilee

स्वर्णिम (*svarṇim*) *a.* golden

स्वलिखित (*svalikhit*) *a.* autographed, self-written

स्वल्प (*svalp*) *a.* very little

स्वस्ति (*svasti*) I. *f.* 1. happiness 2. well-being II. *interj.* may you be happy and prosperous!

स्वस्ति पाठ *m.* chanting of benedictory mantras

स्वस्तिक (*svastik*) *m.* Swastika, a benedictory and auspicious mark

स्वस्थ (*svasth*) *a.* healthy, hale

स्वाँग (*svāṁg*) *m.* mime

स्वागत (*svāgat*) *m.* welcome

स्वातंत्र्य (*svāṭantrya*) *m.* freedom

स्वाद (*svād*) *m.* taste, relish

स्वादिष्ट (*svādiṣṭ*) *a.* 1. tasteful, tasty 2. delicious

स्वाधीन (*svādhīn*) *a.* independent, free

स्वाध्याय (*svādhyāya*) *m.* self-study

स्वाभाविक (*svābhāvik*) *a.* 1. natural 2. innate, inborn, inherent

स्वाभिमान (*svābhimān*) *m.* self-respect

स्वामित्व (*svāmitva*) *m.* 1. ownership 2. proprietorship

स्वामी (*svāmī*) *m.* 1. master, lord 2. owner

स्वायत्त (*svāyatta*) *a.* autonomous

स्वार्थ (*svārth*) *m.* selfishness, self-interest

स्वार्थी (*svārthī*) *a.* & *m.* selfish

स्वावलंबन (*svāvlamban*) *m.* self-dependence, self-support

स्वास्थ्य (*svāsthya*) *m.* health, fitness

स्वाहा (*svāhā*) *m.* & ! *interj.* let

this oblation be for our happiness

स्वीकार (*svīkār*) *m.* 1. acceptance, approval 2. confessing

स्वीकार्य (*svīkārya*) *a.* acceptable, admissible

स्वीकृत (*svīkṛt*) *a.* 1. accepted 2. adopted 3. granted

स्वीकृति (*svīkṛti*) *f.* acceptance, approbation

स्वेच्छा (*svecchā*) *f.* one's own will, free will

स्वेद (*sved*) *m.* sweat

स्वेदज (*svedaj*) *a.* engendered by heat (as insects), sweat-born

स्वेदन (*svedan*) *m.* sweating, perspiration

स्वेदित (*svedit*) *a.* sweated, perspired

स्वैच्छिक (*svaicchik*) *a.* voluntary, arbitrary

ह

हंगामा (*haṅgāmā*) *m.* uproar commotion, disturbance

हंडा (*haṅḍā*) *m.* cauldron, a big metallic container

हंता (*hantā*) *m.* killer, murderer

हंस (*haṃs*) *m.* 1. swan 2. soul

हँसमुख (*haṁsmukh*) *a.* gay, cheerful, having a smiling face

हँसाना (*haṁsānā*) *v.t.* to make one laugh

हँसिया (*haṁsiyā*) *f.* sickle, scythe

हँसी (*haṁsī*) *f.* 1. laughter 2. joke

हँसोड़ (*haṁsoṛ*) *a.* jolly

हक़ (*haq*) *m.* 1. right, claim 2. entitlement

हक़दार (*haqdār*) *a.* entitled, rightful claimant

हकलाना (*haklānā*) *v.i.* to stammer

हक़ीक़त (*haqīqat*) *f.* truth, reality

हक़ीम (*haqīm*) *m.* physician who practices Unani medicine

हक्का-बक्का (*hakkā-bakkā*) *a.* shocked, confused, stunned

हज़म (*hazam*) *a.* digested

हजामत (*hajāmat*) *f.* haircut, shaving

हटना (*haṭnā*) *v.i.* to move away, to move aside, to withdraw

हटाना (*haṭānā*) *v.t.* to remove

हठ (*haṭh*) *m.* stubbornness, obstinacy

हठात् (*haṭhāt*) *adv.* 1. forcibly 2. all of a sudden

हठी (*haṭhī*) *a.* intransigent, obstinate

हड़कंप (*haṛkamp*) *m.* furore, great commotion

हड़ताल (*haṛtāl*) *f.* strike
हड़प (*haṛap*) *m.* grabbing, act of swallowing
हड़बड़ाना (*haṛbaṛānā*) *v.i.* to act in a hurry, to be confused
हड्डी (*haḍḍī*) *f.* bone
हतप्रभ (*hatprabh*) *a.* 1. out of wits 2. nonplussed
हताश (*hatāś*) *a.* despondent, disappointed
हताहत (*hatāhat*) *m.* the killed and the wounded, casualties
हत्या (*hatyā*) *f.* murder
हत्यारा (*hatyārā*) *m.* murderer
हथकड़ी (*hathkaṛī*) *f.* handcuffs
हथकरघा (*hathkarghā*) *m.* handloom
हथगोला (*hathgolā*) *m.* hand grenade
हथिनी (*hathinī*) *f.* female elephant
हथियार (*hathiyār*) *m.* weapon
हथेली (*hathelī*) *f.* palm of the hand
हथौड़ा (*hathauṛā*) *m.* hammer
हद (*had*) *f.* limit, boundary
हदबंदी (*hadbandī*) *f.* fixing the boundaries
हनन (*hanan*) *m.* killing, slaughter, murder, assassination
हफ्ता (*haftā*) *m.* week
हबशी (*habśī*) *m.* negro
हमउम्र (*hamumra*) *a.* of the same age
हमदम (*hamdam*) *m.* bosom friend
हमदर्द (*hamdard*) *m.* sympathiser
हमल (*hamal*) *m.* pregnancy
हमला (*hamlā*) *m.* 1. attack 2. assault
हमशक्ल (*hamśakla*) *a.* of the same appearance
हमाम (*hamām*) *m.* /**हम्माम** (*hammām*) *m.* Turkish bath, a hot bath
हमेशा (*hameśā*) *adv.* always, ever, constantly
हया (*hayā*) *f.* shame, modesty
हरकत (*harkat*) *f.* 1. motion 2. act
हरगिज़ (*hargiz*) *adv.* ever, un-

ह

der any circumstances
हरजाना (*harjānā*) *m.* damages, compensation, indemnity
हरण (*haraṇ*) *m.* kidnapping
हरदम (*hardam*) *adv.* at every moment, always, constantly
हरम (*haram*) *m.* harem, seraglio, female apartments
हरसिंगार (*harsiṁgār*) *m.* a kind of sweet smelling flower and its plant
हरा-भरा (*harā-bharā*) *a.* verdant, prosperous, flourishing
हराम (*harām*) I. *a.* unlawful, forbidden II. *m.* unlawful act
हरामख़ोर (*harāmkhoṛ*) *m.* one who lives on ill-gotten resources
हरामज़ादा (*harāmzādā*) *a.* illegitimate, bastard
हरामी (*harāmī*) *a.* & *m.* (person) illegitimate, bastard
हरारत (*harārat*) *f.* 1. slight fever, feverishness 2. heat
हरिजन (*harijan*) *m.* a person of the scheduled caste, Dalit
हरिण (*hariṇ*) *m.* deer
हरित (*harit*) *a.* green
हरियाली (*hariyālī*) *f.* greenery
हरीतिमा (*harītimā*) *f.* greenery
हर्र (*harra*) *f.* myrobalan
हर्ष (*harṣ*) *m.* joy, happiness
हल (*hal*) *m.* 1. solution 2. plough
हलका (*halka*) I. *a.* 1. light 2. cheap 3. thin 4. faint II. *m.* 1. a ring, a circle 2. circuit of a village
हलका-फुलका (*halkā-phulkā*) *a.* very light
हलचल (*halcal*) *f.* agitation, commotion, hustle-bustle
हलदी (*haldī*) *f.* turmeric
हलवा (*halvā*) *m.* a sweet dish made of flour, ghee and sugar
हलवाई (*halvāī*) *m.* sweetmeat-seller, confectioner
हलवाहा (*halvāhā*) *m.* ploughman, farmer, peasant
हलाक (*halāk*) *a.* killed, murdered
हल्ला (*hallā*) *m.* noise, uproar

हवन (*havan*) *m.* a Hindu rite in which oblations are made to the fire, fire sacrifice

हवलदार (*havaldār*) *m.* a petty military officer

हवस (*havas*) *f.* lust, passion

हवा (*havā*) *f.* air, wind

हवाला (*havālā*) *m.* 1. charge, care 2. custody 3. reference

हवालात (*havālāt*) *f.* lock-up

हवेली (*havelī*) *f.* a large spacious building

हश्र (*haśra*) *m.* 1. doomsday 2. consequence, result

हसरत (*hasrat*) *f.* desire, longing

हसीन (*hasīn*) *a.* beautiful, comely

हस्तक्षेप (*hastakṣep*) *m.* intervention

हस्तगत (*hastagat*) *a.* obtained, possessed, in hand

हस्तांतरण (*hastāntaraṇ*) *m.* transfer, transference

हस्ताक्षर (*hastākṣar*) *m.* signature

हस्ती (*hastī*) *f.* existence, status

हाँक (*hāṁk*) *f.* call, calling aloud

हाँड़ी (*hāṁṛī*) *f.* an earthen cooking pot

हाँफना (*hāṁphnā*) *v.i.* to breathe with short quick breaths

हाकिम (*hākim*) *m.* officer, ruler

हाज़मा (*hāzmā*) *m.* digestion, digestive system

हाज़िरी (*hāzirī*) *f.* presence, attendance

हाट (*hāṭ*) *f.* a periodic market

हाड़ (*hāṛ*) *m.* bone

हाथ (*hāth*) *m.* 1. hand, handle 2. arm (of a chair) 3. turn in chess

हाथापाई (*hāthāpāī*) *f.* fighting with hands

हाथी (*hāthī*) *m.* elephant, jumbo, castle or rook (in chess)

हादसा (*hādsā*) *m.* accident

हानि (*hāni*) *f.* 1. disadvantage 2. loss 3. detriment

हायतोबा (*hāyatobā*) *f.* loud

ह

protestation

हार (*hār*) I. *f.* defeat II. *m.* garland, wreath, necklace

हार्दिक (*hārdik*) *a.* hearty, cordial

हाल (*hāl*) *m.* 1. condition, state 2. account 3. news

हालचाल (*hālcāl*) *m.* general welfare

हालत (*hālat*) *f.* state, condition

हालांकि (*hālāṅki*) *conj.* though, although

हावभाव (*hāvbhāv*) *m.* (of women) coquetry

हावी (*hāvī*) *a.* dominant

हाशिया (*hāśiyā*) *m.* margin, border

हास (*hās*) *m.* /**हास्य** (*hāsya*) *m.* 1. laugh, laughter 2. fun, joke

हास्यास्पद (*hāsyāspad*) *a.* ridiculous, ludicrous

हाहाकार (*hāhākār*) *m.* cry of distress, distressful lamentation

हिंडोला (*himḍolā*) *m.* a swing adorned with a seat

हिंसक (*himsak*) *a.* violent, ferocious

हिंसा (*himsā*) *f.* violence

हिंस्र (*himsra*) *a.* violent, wildly cruel

हिकमत (*hikmat*) *f.* wisdom 2. skill

हिकारत (*hikārat*) *f.* contempt

हिचक (*hicak*) *f.* hesitation

हिचकी (*hickī*) *f.* hiccup

हिजड़ा (*hijṛā*) I. *m.* eunuch II. *a.* impotent

हिज्जे (*hijje*) *m.* & *pl.* spellings

हित (*hit*) *m.* 1. interest 2. well-being, welfare

हितचिंतक (*hitcimtak*) *m.* well-wisher, benefactor

हितैषी (*hitaiṣī*) *a.* & *m.* well-wishing (person), well-wisher

हिदायत (*hidāyat*) *f.* instruction

हिनहिनाना (*hinhinānā*) *v.i.* to neigh, to whinny

हिना (*hinā*) *f.* myrtle, paste of myrtle leaves

हिफ़ाज़त (*hifāzat*) *f.* 1. guarding 2. safety, security

हिम (*him*) *m.* snow, ice, frost

हिमपात (*himpāt*) *m.* snowfall

हिमाच्छन्न (*himācchanna*) *a.* snowclad

हिमायत (*himāyat*) *f.* support

हिम्मत (*himmat*) *f.* courage

हिरासत (*hirāsat*) *f.* 1. custody 2. lock-up

हिलकोर (*hilkor*) *f.* /**हिलकोरा** (*hilkorā*) *m.* wave, surge, billow

हिलना (*hilnā*) *v.i.* to move

हिसाब (*hisāb*) *m.* 1. calculation 2. arithmetic

हिस्सा (*hissā*) *m.* share, part

हींग (*hīṁg*) *f.* asafoetida

हीन (*hīn*) I. *a.* 1. low 2. destitute II. *a.* & *suff.* devoid of

हीन भावना (*hīn bhāvanā*) *f.* inferiority complex

हीरा (*hīrā*) *m.* diamond

हीला-हवाला (*hīlāhavāla*) *m.* chicanery, pretence

हुंडी (*huṇḍī*) *f.* a bill of exchange, a promissory note

हुकूमत (*hukūmat*) *f.* 1. jurisdiction, sway 2. government

हुक्क़ा (*huqqā*) *m.* a hubble-bubble

हुक्म (*hukm*) *m.* 1. order 2. judgment 3. rule

हुजूम (*hujūm*) *m.* crowd

हुज़ूर (*huzūr*) *m.* your honour

हुज्जत (*hujjat*) *f.* 1. argument 2. discussion

हुड़दंग (*huṛdaṅg*) *m.* commotion, tumult, uproar

हुतात्मा (*hutātmā*) *m.* martyr

हुनर (*hunar*) *m.* 1. talent 2. art, craft 3. skill

हुलास (*hulās*) *m.* 1. joy 2. hilarity

हुलिया (*huliyā*) *m.* features

हुस्न (*husn*) *m.* beauty, prettiness, comeliness, elegance

हूबहू (*hūbahū*) *a.* exactly alike

हूर (*hūr*) *f.* a virgin of paradise, nymph, a very beautiful girl

हृदयंगम (*hṛdayaṅgam*) *a.* taken to heart, mentally assimi-

ह

lated

हृदय (*hṛdaya*) *m.* heart

हृदयग्राही (*hṛdayagrāhī*) *a.* captivating, fascinating

हृष्ट-पुष्ट (*hṛṣṭ-puṣṭ*) *a.* stout and robust

हेंगा (*heṁgā*) *m.* field leveller

हेकड़ी (*hekṛī*) *f.* 1. arrogance, insolence 2. stubbornness

हेठा (*heṭhā*) *a.* low, mean, inferior

हेतु (*hetu*) *m.* reason, cause, motive, object

हेय (*hey*) *a.* petty, trivial, insignificant

हेरफेर (*herpher*) *m.* interchange, rotation

हेराफेरी (*herāpherī*) *f.* 1. manipulation 2. interchange of things with evil motive, cheating

हेलमेल (*helmel*) *m.* intimacy, close relationship, hobnobbing

हैज़ा (*haizā*) *m.* cholera

हैरत (*hairat*) *f.* astonishment, amazement, wonder

हैरान (*hairān*) *a.* astonished, amazed, perplexed, confounded

हैवान (*haivān*) *m.* animal, beast, brute, savage

हैसियत (*haisiyat*) *m.* status, rank

होंठ (*hoṁṭh*) *m.* lip

होड़ (*hoṛ*) *f.* competition, race, bet

होनहार (*honhār*) I. *a.* promising, likely to turn out well II. *f.* destiny, predestination, the inevitable

होनी (*honī*) *f.* destiny, predestination

होम (*hom*) *m.* a kind of fire-worship

होश (*hoś*) *m.* 1. consciousness 2. sense

होशियार (*hośiyār*) *a.* 1. clever 2. wise

हौआ (*hauā*) *m.* /**हौवा** (*hauvā*) *m.* 1. bugbear, bogey 2. scarecrow

हौज़ (*hauz*) *m.* 1. reservoir 2. tank

हौदा (*haudā*) *m.* 1. a seat placed on an elephant 2. a pond

हौदी (*haudī*) *f.* 1. a small tank, reservoir 2. sink

हौले-हौले (*haule-haule*) *adv.* slowly and easily, slowly and gently

हौसला (*hauslā*) *m.* courage, morale, spirit

ह्रस्व (*hrasvā*) I. *m.* a dwarf, a short vowel II. *a.* short, low in stature

ह्रास (*hrās*) *m.* 1. decay, fall 2. decrease

परिशिष्ट

परिशिष्ट-1

Appendix-1

हिन्दी वर्णमाला/Hindi Alphabet

स्वर

अ	आ	इ	ई	उ	ऊ	
ऋ	ए	ऐ	ओ	औ	अं	अः

व्यंजन

क	ख	ग	घ	ङ		
च	छ	ज	झ	ञ		
ट	ठ	ड	ढ	ण	ड़	ढ़
त	थ	द	ध	न		
प	फ	ब	भ	म		
य	र	ल	व			ळ
श	ष	स	ह			

संयुक्त व्यंजन

क्ष	त्र	ज्ञ	श्र

परिशिष्ट-2

Appendix-2

हिन्दी की गिनती/Hindi Counting

एक	1	छब्बीस	26	इक्यावन	51	छिहत्तर	76
दो	2	सत्ताईस	27	बावन	52	सतहत्तर	77
तीन	3	अट्ठाईस	28	तिरपन	53	अठहत्तर	78
चार	4	उनतीस	29	चौवन	54	उनासी	79
पांच	5	तीस	30	पचपन	55	अस्सी	80
छह	6	इकतीस	31	छप्पन	56	इक्यासी	81
सात	7	बत्तीस	32	सतावन	57	बयासी	82
आठ	8	तैंतीस	33	अठावन	58	तिरासी	83
नौ	9	चौंतीस	34	उनसठ	59	चौरासी	84
दस	10	पैंतीस	35	साठ	60	पचासी	85
ग्यारह	11	छत्तीस	36	इकसठ	61	छियासी	86
बारह	12	सैंतीस	37	बासठ	62	सतासी	87
तेरह	13	अड़तीस	38	तिरसठ	63	अठासी	88
चौदह	14	उनतालीस	39	चौंसठ	64	नवासी	89
पन्द्रह	15	चालीस	40	पैंसठ	65	नब्बे	90
सोलह	16	इकतालीस	41	छियासठ	66	इक्यानवे	91
सत्रह	17	बयालीस	42	सड़सठ	67	बानवे	92
अठारह	18	तैंतालीस	43	अड़सठ	68	तिरानवे	93
उन्नीस	19	चवालीस	44	उनहत्तर	69	चौरानवे	94
बीस	20	पैंतालीस	45	सत्तर	70	पचानवे	95
इक्कीस	21	छियालीस	46	इकहत्तर	71	छियानवे	96
बाईस	22	सैंतालीस	47	बहत्तर	72	सतानवे	97
तेईस	23	अड़तालीस	48	तिहत्तर	73	अठानवे	98
चौबीस	24	उनचास	49	चौहत्तर	74	निन्यानवे	99
पच्चीस	25	पचास	50	पचहत्तर	75	सौ	100

परिशिष्ट-3

Appendix-3

देशी संवत् महीने और दिन

हिन्दू वर्ष और उसके महीने चैत्र से आरंभ होकर फाल्गुन तक चलते हैं और चांद्र गणना पर आधारित हैं। इसलिए अंग्रेजी महीनों से इनका तालमेल बदलता रहता है, परंतु सामान्य रूप से ये उन अंग्रेज़ी महीनों के समकक्ष चलते हैं, जिन्हें उनके सामने दिया गया है।

संवत्

भारत में दो संवत् प्रचलित हैं: विक्रम और शक। विक्रम संवत् अंग्रेज़ी सन् से लगभग 57 वर्ष अधिक चलता है और शक संवत् उससे 78 वर्ष कम। उदाहरण के रूप में, 1998 के जनवरी मास का विक्रम संवत् 2054 तथा शक संवत् 1919 होगा।

महीने

पूस, पौष	January	आसाढ़	July
माघ	February	सावन, श्रावण	August
फागुन, फाल्गुन	March	भादौं, भाद्रपद	September
चैत, चैत्र	April	आश्विन, क्वार	October
बैसाख	May	कार्तिक	November
ज्येष्ठ	June	अगहन	December

दिन

सोमवर	Monday	शुक्रवार	Friday
मंगलवार	Tuesday	शनिवार, शनीचर	Saturday
बुधवार	Wednesday	रविवार, इतवार	Sunday
बृहस्पतिवार	Thursday		

शिष्ट-4

pendix-4

शरीर के अंग : अंग्रेज़ी-हिन्दी शब्दावली

le	टखना	Lip	ओंठ
ı	बाँह	Mouth	मुख
ıpit	काँख	Muscle	पेशी (पुट्ठा)
f	पिंडली	Nail	नाखून
eks	गाल	Neck	गर्दन
st	छाती	Nose	नाक
n	ठुड्डी	Nostril	नथुना
	कान	Shoulder	कंधा
ow	कोहनी	Sole	तलवा
	आँख	Spine	रीढ़ की हड्डी
brow	भौंह	Stomach	पेट (भीतरी)
lid	पलक	Thigh	जाँघ
e	चेहरा	Throat	गला
ger	अँगुली	Thumb	अँगूठा
t	पैर	Toe	अँगुली (पैर की)
ehead	माथा, मस्तक	Tongue	जीभ
stine	आँत	Tooth	दाँत
/	जबड़ा	Waist	कमर
ee	घुटना	Wrist	कलाई
	लात		

परिशिष्ट-5

Appendix-5

पारिवारिक संबंधों की अंग्रेज़ी-हिन्दी शब्दावली

Grandparents	
Grandfather	
Father's father	दादा
Mother's father	नाना
Grandmother	
Father's mother	दादी
Mother's mother	नानी
Parents	
Father	पिता
Mother	माँ, माता
Children	
Son	पुत्र
Daughter	पुत्री, बेटी
Uncles and Aunts	
Father's elder brother and his wife	ताऊ, ताई
Father's younger brother and his wife	चाचा, चाची
Father's sister and her husband	बुआ, फूफा
Mother's brother and his wife	मामा, मामी
Mother's sister and her husband	मौसी, मौसा
Cousins	
Children of father's brother	चचेरा भाई, चचेरी बह
Children of mother's brother	ममेरा भाई, ममेरी बहन
Children of mother's sister	मौसेरा भाई, मौसेरी बह

क्रम

कोश में प्रयुक्त संकेत-चिह्न

Abbreviations used in the Dictionary

m.	:	noun (masculine)
f.	:	noun (feminine)
v.i.	:	verb intransitive
v.t.	:	verb transitive
a.	:	adjective
adv.	:	adverb
pron.	:	pronoun
pref.	:	prefix
suff.	:	suffix
p.p.	:	past participle
prep.	:	preposition
interj.	:	interjection
ppn.	:	post position

स्थापित 1912
100 वर्षों की
श्रेष्ठ प्रकाशन परम्परा
राजपाल

₹ 135

ISBN : 9788170285014

RAJPAL POCKET HINDI-ENGLISH DICTIONARY

by Dr. Hardev Bahri

मुद्रक : शीतल प्रिंट्स, दिल्ली

राजपाल एण्ड सन्ज़

1590, मदरसा रोड, कश्मीरी गेट, दिल्ली-110006

फोन : 011-23869812, 23865483, 23867791

website : www.rajpalpublishing.com

e-mail : sales@rajpalpublishing.com

www.facebook.com/rajpalandsons

RAJPAL

POCKET

HINDI-ENGLISH DICTIONARY

राजपाल

पॉकेट

हिन्दी-अंग्रेज़ी शब्दकोश

डॉ. हरदेव बाहरी

एम. ए., एम. ओ. एल., पी-एच.डी, डी. लिट्, शास्त्री

राजपाल